VINCENT ISABEL

D1083691

p. 227 # 1-2
p. 233 # 1, 2, 3, 5
p. 251 # 7, 11

P. 57 - 1-2
61 - 5
63 - 15
67 - 1-2

69 1,3
73 1,23
78 a,g,h

P. 166
11, 13, 14, 18, 20, 21, 23

Intersection

Mathématique

2e cycle du secondaire
1re année

Manuel de l'élève **A**

Claude Boucher
Lynn Marotte
Michel Coupal

GRAFICOR
CHENELIÈRE ÉDUCATION

Intersection
Mathématique, 2e cycle du secondaire, 1re année

Claude Boucher, Lynn Marotte, Michel Coupal

© 2007 Les Éditions de la Chenelière inc.

Éditrice : Guylaine Cloutier
Coordination : Anne Melançon, Caroline Bouffard,
   Geneviève Gagné, Amélie Coulombe-Boulet
Révision linguistique : Anne Melançon, Caroline Bouffard,
   Nicole Blanchette
Correction d'épreuves : Chantale Landry
Conception graphique et couverture : Matteau Parent graphisme
   et communication inc.
Infographie : Matteau Parent graphisme et communication inc.,
   Linda Szefer et Nancy Lafontaine
Illustrations d'ambiance : Paul Bordeleau
Illustrations techniques : Bertrand Lachance, Jacques Perreault
   et Serge Rousseau
Impression : Imprimeries Transcontinental

Remerciements

Nous remercions Hassane Squalli, professeur au département de didactique de l'Université de Sherbrooke, qui a agi à titre de consultant pour la réalisation de cet ouvrage.

Nous tenons également à remercier Dominic Gagnon, Anne-Marie Goyet, Brahim Miloudi et Matthieu Petit pour leur contribution à cet ouvrage.

Pour le soin qu'elles et ils ont porté à leur travail d'évaluation et pour leurs commentaires avisés sur la collection, nous tenons à remercier Alain Bombardier, enseignant, Collège Mont Sacré-Cœur ; Philippe Chénier, enseignant, Collège Notre-Dame-du-Sacré-Cœur ; Patricia Deslauriers, enseignante, École secondaire Marcellin-Champagnat ; Sylvie Éthier, enseignante, Collège Sainte-Anne-de-Lachine ; Patricia Eustache, enseignante, C.S. des Chênes ; Martin Gaudreault, enseignant, C.S. de Montréal ; Michel Gendron, enseignant, École secondaire Marcellin-Champagnat ; Martine Jacques, enseignante, Collège Laval ; Robert Lacroix, enseignant, Séminaire Salésien ; Sébastien Préfontaine, enseignant, C.S. Marie-Victorin ; Étienne Rouleau, enseignant, Collège Jean-Eudes ; Lucie Sergerie, enseignante, C.S. Marguerite-Bourgeoys.

GRAFICOR

CHENELIÈRE ÉDUCATION

7001, boul. Saint-Laurent
Montréal (Québec)
Canada H2S 3E3
Téléphone : 514 273-1066
Télécopieur : 514 276-0324
info@cheneliere.ca

Tous droits réservés.

Toute reproduction, en tout ou en partie, sous quelque forme et par quelque procédé que ce soit, est interdite sans l'autorisation écrite préalable de l'Éditeur.

ISBN 978-2-7652-0043-7

Dépôt légal : 2e trimestre 2007
Bibliothèque et Archives nationales du Québec
Bibliothèque et Archives Canada

Imprimé au Canada

4 5 6 7 ITIB 12 11 10 09

Nous reconnaissons l'aide financière du gouvernement du Canada par l'entremise du Programme d'aide au développement de l'industrie de l'édition (PADIÉ) pour nos activités d'édition.

Gouvernement du Québec – Programme de crédit d'impôt pour l'édition de livres – Gestion SODEC.

Table des matières

Organisation du manuel

La collection *Intersection* propose deux manuels (A et B) pour la 1re année du 2e cycle du secondaire.

Le début d'un chapitre • Phase de préparation

L'ouverture du chapitre te propose un court texte d'introduction qui porte sur le sujet à l'étude du chapitre et qui établit un lien avec un domaine général de formation.

Le survol te présente le contenu du chapitre en un coup d'œil.

Le domaine général de formation abordé dans le chapitre est précisé dans le survol.

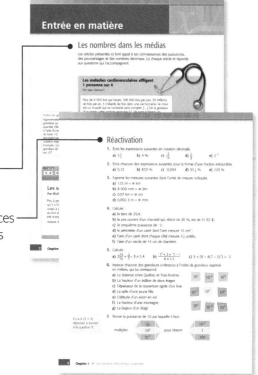

L'*Entrée en matière* fait appel à tes connaissances au moyen de situations et de questions de réactivation. Ces connaissances te seront utiles pour aborder les concepts du chapitre.

Les sections • Phase de réalisation

Chaque chapitre est composé de plusieurs sections qui portent sur le sujet à l'étude. L'ensemble des activités d'exploration proposées dans ces sections te permettent de développer tes compétences.

La situation-problème t'amène à découvrir les concepts et les processus mathématiques qui seront approfondis dans la section, ainsi qu'à développer différentes stratégies de résolution de problèmes.

Les concepts et les processus à l'étude sont inscrits dans un encadré, au début de l'activité d'exploration.

Chaque activité d'exploration te permet d'aborder certains concepts et processus à l'étude.

La rubrique *Ai-je bien compris?* te donne l'occasion de vérifier ta compréhension des concepts abordés au cours de l'activité d'exploration.

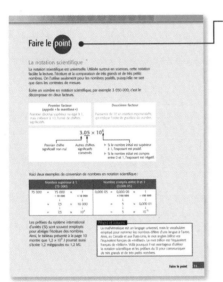

Les pages intitulées *Faire le point* présentent la synthèse des concepts et des processus que tu as explorés dans la section. Facilement repérables, ces pages peuvent t'être utiles lorsque tu veux te rappeler un sujet bien précis.

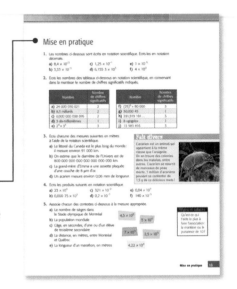

La *Mise en pratique* réunit un grand nombre d'exercices et de problèmes qui te permettent de réinvestir les concepts et les processus abordés tout au long de la section.

La fin d'un chapitre • Phase d'intégration et de réinvestissement

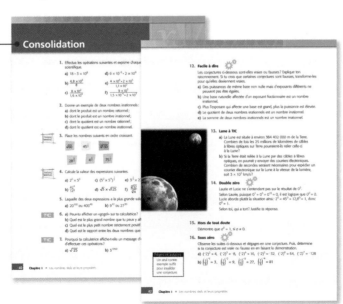

La *Consolidation* te propose une banque d'exercices et de problèmes supplémentaires qui te permettent de réinvestir les concepts et les processus abordés dans l'ensemble des sections du chapitre et ainsi de continuer à développer tes compétences. Les problèmes, qui te permettent de développer tes compétences, sont précédés d'un titre pour en faciliter le repérage.

L'Intersection

L'*Intersection* te permet de réinvestir les apprentissages des chapitres précédents au moyen de situations riches, qui ciblent plus d'un champ mathématique à la fois.

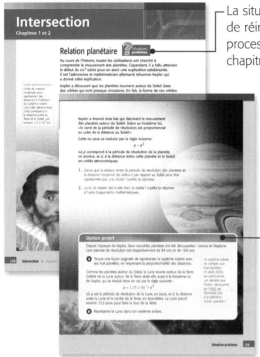

La situation-problème te permet de réinvestir certains concepts et processus abordés au cours des chapitres précédents.

Une banque de problèmes te permet de réinvestir les compétences, les concepts et les processus des chapitres précédents.

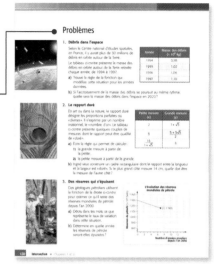

L'*Option projet* te propose de traiter la situation-problème sous forme de projet.

Les pages intitulées *Perspectives d'avenir* présentent deux volets.

Vers les séquences a pour but de t'aider à choisir l'une des séquences offertes en 2ᵉ année de cycle. Cette partie te donne l'occasion d'observer le contexte dans lequel tu préfères utiliser la mathématique.

Le monde du travail te présente des programmes d'études et des métiers qui font appel aux concepts et aux processus que tu as abordés dans les chapitres précédents et à tes compétences en mathématique.

Outils technologiques

Les pages intitulées *Outils technologiques* te présentent les fonctions de base d'un tableur, d'un traceur de courbes, d'un logiciel de géométrie dynamique en 3D et d'un moteur de recherche. Chaque outil est accompagné d'une activité qui te permet de mettre en application les fonctions décrites.

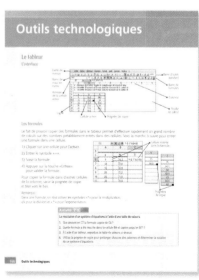

Les rubriques

Pièges et astuces

Qu'est-ce qui t'aide le plus à faire l'association : la mantisse ou la puissance de 10?

Te présente une méthode de travail, des erreurs courantes et des stratégies de résolution de problèmes.

Fait divers

La bactérie la plus étudiée est la *Escherichia coli*, communéme appelée « E. coli », car elle se multiplie rapidement. Cette bactérie souvent associée

Relate un fait intéressant ou une anecdote en lien avec le sujet à l'étude.

Point de repère

Hippase de Métaponte

Hippase de Métaponte est un du Ve siècle av. J.-C. On attrib la découverte des nombres ir considéraient que la découver t qu'ell oit rest rêt

Te présente des personnages et des faits historiques en lien avec l'étude de la mathématique.

Médias

Les sondages occup une très grande plac dans les médias. Toutefois, il faut être prudent quant à

Te propose des questions relatives à l'un des domaines suivants : santé et bien-être, orientation et entrepreneuriat, environnement et consommation, médias, vivre-ensemble et citoyenneté.

TIC

Les calculatrices ont une façon particulière d'afficher les nombres en notation scientifique. Le signe de multiplication

T'invite à mieux connaître l'une des technologies de l'information et de la communication (TIC) ou à l'utiliser dans la résolution d'un problème.

Ordre de grandeur

Approximation d'une grandeur ou d'une quantité. Elle s'exprime à l'aide d'une puissance de base 10, généralement en notation exponentielle.

Te donne une définition qui vise à préciser un concept ou à faire un retour sur des savoirs à l'étude dans les années précédentes. Le mot défini est en bleu dans le texte courant pour en faciliter le repérage.

Les pictogrammes

Résoudre une situation-problème.

Déployer un raisonnement mathématique.

Communiquer à l'aide du langage mathématique.

Répondre à la question à l'aide du calcul mental.

Consulter la partie *Vers les séquences*.

Au besoin, utiliser la fiche reproductible disponible.

Utiliser la calculatrice ou l'ordinateur.

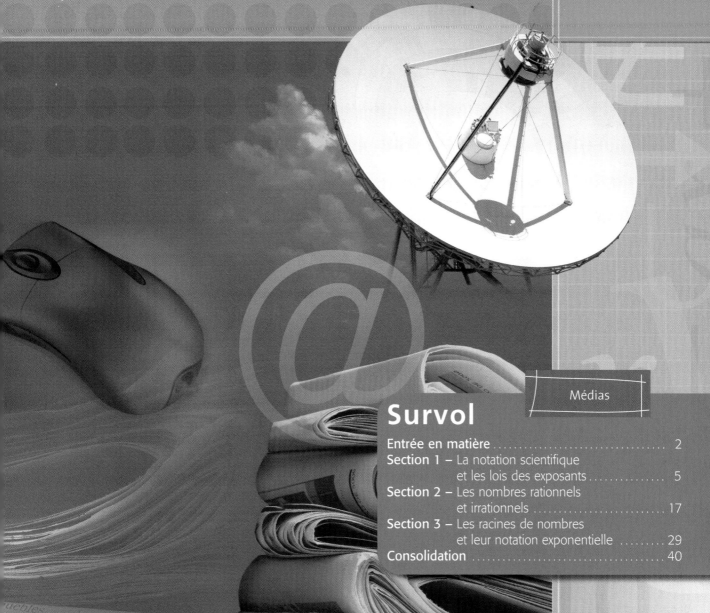

Les nombres réels et leurs propriétés

Les nombres occupent une place importante dans l'information. Que ce soit dans les journaux, les revues, les sites Internet, à la télévision ou à la radio, toutes sortes de nombres sont employés pour décrire des faits ou soutenir des propos. Savoir décoder le sens de ces nombres permet de mieux interpréter la réalité.

Pense à des types de nombres qu'on trouve dans les médias. Comprends-tu toujours leur signification ? L'interprétation que les médias en font est-elle toujours juste ? Observes-tu parfois des nombres présentés sous des formes qui ne te sont pas familières ?

Médias

Survol

Entrée en matière

Les nombres dans les médias

Les articles présentés ici font appel à tes connaissances des puissances, des pourcentages et des nombres décimaux. Lis chaque article et réponds aux questions qui l'accompagnent.

Les maladies cardiovasculaires affligent 1 personne sur 4

Par Jean Hamann

Plus de 4 500 fois par heure, 108 000 fois par jour, 39 millions de fois par an, 3 milliards de fois dans une vie humaine : le cœur est un muscle qui se contracte sans compter. [...] De la grosseur d'un poing, cette pompe propulse 5 L de sang à travers un réseau de 950 km de vaisseaux. En 60 secondes, le cœur fait faire le tour complet du propriétaire à 2 500 milliards de globules rouges et à leur précieuse cargaison d'oxygène, essentielle à la vie.

Contact, printemps 2005.

> **Ordre de grandeur**
> Approximation d'une grandeur ou d'une quantité. Elle s'exprime à l'aide d'une puissance de base 10, généralement en notation exponentielle.
> *Exemple :* L'ordre de grandeur de 20 000 est 10^4.

1. À l'aide d'une puissance de base 10, exprime l'**ordre de grandeur** :
   a) de chacun des nombres contenus dans l'article qui précède ;
   b) du diamètre d'un globule rouge qui est d'environ 8 millionièmes de mètre.

Marc-André Fleury

Les séries : Fleury y croit
Par Richard Labbé

Peu à peu, Marc-André Fleury est en train de prouver qu'il a l'étoffe d'un gardien de but numéro 1 dans la LNH. [...] Jusqu'à présent, en 11 parties, son pourcentage de tirs au but arrêtés est de 92,1 %. Seulement 2,64 buts ont été marqués contre lui, en moyenne, par partie.

Adapté de *Cyberpresse*, 9 novembre 2006.

2. Lors des 11 parties jouées par Marc-André Fleury, détermine:

   a) le nombre total de buts qui ont été marqués contre lui;

   b) le nombre de tirs au but qu'il a reçus;

   c) le nombre de tirs au but qu'il a arrêtés.

LES JEUNES ADULTES, ACCROS DU CRÉDIT

Vis-à-vis de l'endettement, les jeunes d'aujourd'hui n'entretiennent pas le même rapport que ceux d'hier. Depuis 1987, le nombre de faillites des jeunes Québécois a doublé chaque année. La sollicitation à la consommation et l'accessibilité au crédit, notamment au moyen des cartes de crédit, figurent parmi les facteurs qui contribuent à placer les jeunes sur la voie de l'endettement.

Les taux de faillites au Québec
(nombre de faillites par 1 000 personnes)

Groupe d'âge	1987	2005
18 à 24 ans	1,14	2,41
25 à 29 ans	2,62	4,97

Source: Bureau du surintendant des faillites, Industrie Canada.

3. En 1987, il y avait, selon Statistique Canada, 797 240 jeunes Québécois âgés de 18 à 24 ans. À l'aide du taux donné dans le tableau qui accompagne l'article précédent, calcule le nombre de faillites des jeunes de ce groupe d'âge en 1987.

4. Selon l'article, «le nombre de faillites des jeunes Québécois a doublé chaque année» depuis 1987.

   a) En te basant sur la réponse que tu as donnée en **3**, calcule le nombre de faillites des jeunes de 18 à 24 ans en 2005, si l'on se fie uniquement au texte de l'article.

   b) Selon Statistique Canada, il y avait, en 2005, 684 631 jeunes Québécois âgés de 18 à 24 ans. Calcule le nombre de faillites des jeunes de ce groupe d'âge en 2005, en te basant sur le taux fourni dans le tableau.

   c) Comment expliques-tu la différence entre les réponses données en **a** et en **b**?

Réactivation

1. Écris les expressions suivantes en notation décimale.

    a) $3\frac{3}{4}$ **b)** 4 %   **c)** $\frac{-3}{16}$ **d)** $\frac{2}{9}$ **e)** 2^{-3}

2. Écris chacune des expressions suivantes sous la forme d'une fraction irréductible.

    a) 0,12   **b)** 87,5 %   **c)** $^-$0,004   **d)** $33\frac{1}{3}$ %   **e)** 120 %

3. Exprime les mesures suivantes dans l'unité de mesure indiquée.

    a) 125 m = ■ km

    b) 8 000 mm = ■ dm

    c) 0,07 km = ■ cm

    d) 0,000 3 m = ■ mm

4. Calcule :

    a) le tiers de 29,4 ;

    b) le prix courant d'un chandail qui, réduit de 20 %, est de 31,92 $;

    c) la cinquième puissance de $^-$2 ;

    d) le périmètre d'un carré dont l'aire mesure 15 cm^2 ;

    e) l'aire d'un carré dont chaque côté mesure $3\frac{1}{3}$ unités ;

    f) l'aire d'un cercle de 14 cm de diamètre.

5. Calcule :

    a) $2\left(\frac{3}{5} + 1\right) - 3 \times 1,4$ **b)** $\dfrac{^-3^2 + 2 \times {}^-5 - 1}{8 \times 1,5}$ **c)** $5 + (8 - 4(7 - 5)^2) \div {}^-2$

6. Associe chacune des grandeurs ci-dessous à l'ordre de grandeur, exprimé en mètres, qui lui correspond.

    a) La distance entre Québec et Trois-Rivières

    b) La hauteur d'un édifice de deux étages

    c) L'épaisseur de la couverture rigide d'un livre

    d) La taille d'une jeune fille

    e) L'altitude d'un avion en vol

    f) La hauteur d'une montagne

    g) La largeur d'un doigt

10^1 10^{-2} 10^4

10^{-1} 10^5 10^0

10^2 10^{-3} 10^3

> Il y a 9 réponses, soit 3×3, à donner à la question **7**.

7. Trouve la puissance de 10 par laquelle il faut :

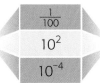

multiplier $\frac{1}{100}$ 10^2 10^{-4} pour obtenir 10^{-3} 1   100

La notation scientifique et les lois des exposants

Une goutte d'eau dans l'océan  Situation-problème

En 1938, un mathématicien américain, Edward Kasner, a demandé à son neveu de 9 ans de trouver un nom pour désigner le nombre obtenu lorsque le chiffre 1 est suivi de 100 zéros :

10 000 000 000 000 000 000 000 000 000 000 000 000 000 000 000 000 000 000 000 000 000 000 000 000 000 000 000 000 000 000 000 000 000 000 000

Ce nombre est aussi noté 10^{100}. Le petit garçon, Milton Sirotta, a répondu « gogol » (*googol* en anglais).

On pourrait croire que le nombre de gouttes d'eau dans les océans de la Terre est si grand qu'il se compare au « gogol ». Mais qu'en est-il en réalité ?

On évalue que les océans de la Terre contiennent environ $1,4 \times 10^{21}$ L d'eau. Le volume d'une goutte d'eau est de $2,5 \times 10^{-5}$ L.

Combien de planètes identiques à la nôtre seraient nécessaires pour totaliser un « gogol » de gouttes d'eau ?

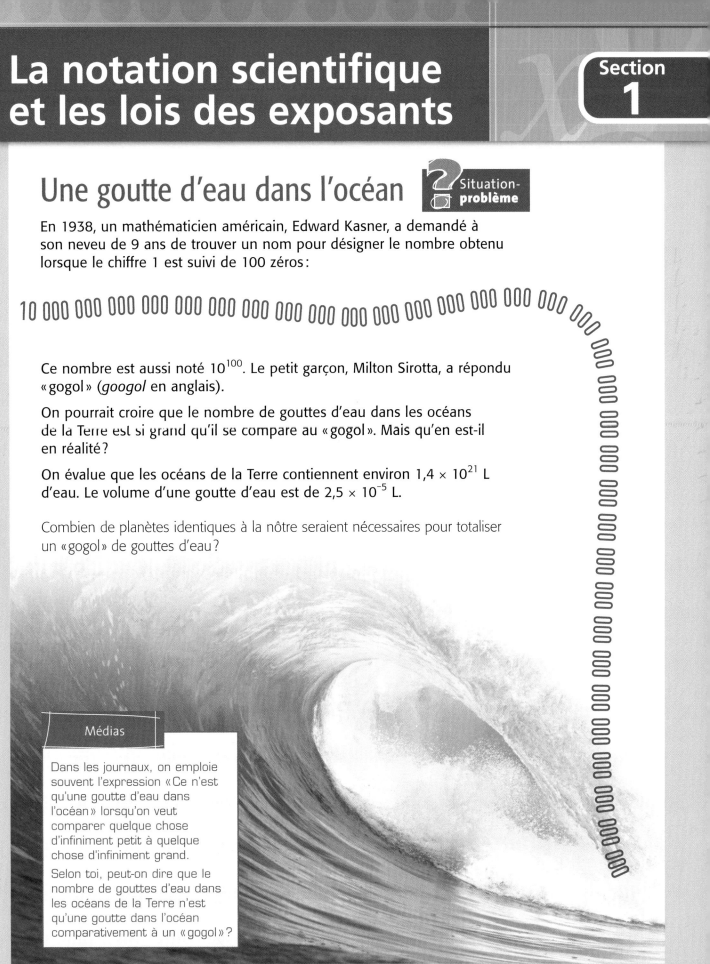

Médias

Dans les journaux, on emploie souvent l'expression « Ce n'est qu'une goutte d'eau dans l'océan » lorsqu'on veut comparer quelque chose d'infiniment petit à quelque chose d'infiniment grand.

Selon toi, peut-on dire que le nombre de gouttes d'eau dans les océans de la Terre n'est qu'une goutte dans l'océan comparativement à un « gogol » ?

ACTIVITÉ D'EXPLORATION ❶

Notation scientifique

Une question de précision

Sur les cartes routières, on trouve souvent deux échelles : une échelle numérique et une échelle graphique. L'échelle numérique représente le rapport, à l'aide de chiffres, entre la carte et la réalité. L'échelle graphique, graduée en kilomètres, permet de mesurer des distances réelles sur une carte à l'aide des distances entre deux points.

Voici une partie d'une carte routière du Québec.

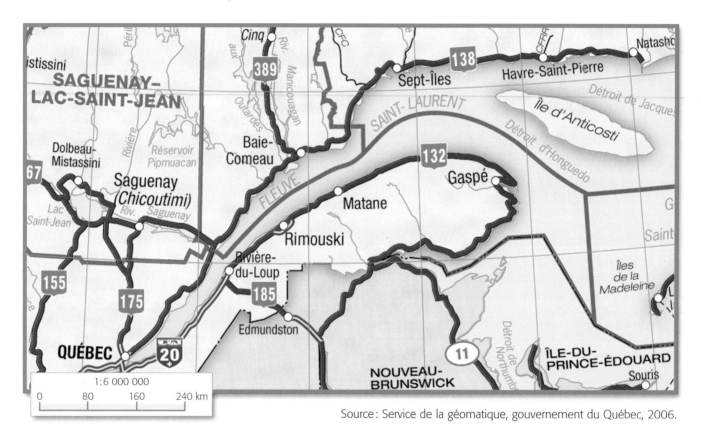

Source : Service de la géomatique, gouvernement du Québec, 2006.

A Estime le nombre de kilomètres qu'il faut parcourir sur la route 138 pour se déplacer de Baie-Comeau à Sept-Îles, en utilisant :

1) ta règle et l'échelle numérique ;
2) l'échelle graphique.

B Est-ce que tu arrives aux mêmes résultats que les autres élèves de ta classe ?

C Observe les réponses que tu as données en **A**.

1) Combien chacune de tes réponses contient-elle de chiffres ?
2) Es-tu certaine ou certain de tous ces chiffres ?

D Combien de **chiffres significatifs** tes réponses contiennent-elles ?

Chiffres significatifs

Lors d'une mesure, les chiffres qui font l'unanimité des personnes qui effectuent la mesure sont qualifiés de «chiffres certains». Ces chiffres, ainsi que le chiffre suivant, forment ce qu'on appelle «les chiffres significatifs».

Certains outils technologiques permettent d'observer aussi bien les photos prises par un satellite qui voyage autour du globe que les détails d'objets minuscules. Les photos suivantes ont été obtenues respectivement grâce à un satellite artificiel et à un microscope électronique.

1:200 000 000

La planète Terre

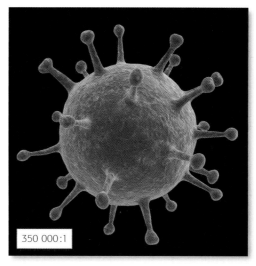

350 000:1

L'influenzavirus

L'homme est infiniment grand par rapport à l'infiniment petit et infiniment petit par rapport à l'infiniment grand, ce qui le réduit presque à zéro.
Vladimir Jankélévitch, philosophe français (1903-1985)

E À l'aide d'une règle graduée en millimètres, mesure, sur les photos, le diamètre de la Terre et celui du virus.

F Estime, en mètres, le diamètre réel :
1) de la Terre ;
2) du virus.

G Quel est l'ordre de grandeur de chaque diamètre que tu as trouvé en **F**? Écris tes réponses en puissance de 10.

H Écris le diamètre réel de la Terre et celui du virus sous la forme d'un produit de deux facteurs. Dans chaque cas, le deuxième facteur doit correspondre à l'ordre de grandeur du diamètre.

La forme d'écriture demandée à la question **H** est appelée «une notation scientifique». Comme son nom l'indique, cette notation est surtout utilisée en science pour écrire de très grandes et de très petites mesures ou quantités.

Ai-je bien compris?

1. Écris les expressions suivantes en notation scientifique.
   a) 10 000 000   **c)** 110 milliards   **e)** 0,000 000 9   **g)** 234×10^6
   b) 5 020 000   **d)** 3 millionièmes   **f)** 0,000 32   **h)** 45×10^{-5}

2. Convertis les mesures suivantes en mètres, puis écris-les en notation scientifique.
   a) Le rayon de la Lune est de $1,74 \times 10^3$ km.
   b) Le rayon d'un atome de magnésium est de 0,000 000 136 mm.

ACTIVITÉ D'EXPLORATION **2**

Lois des exposants

L'aventure exponentielle

Vers les séquences p. 133

En 1865, Lewis Carroll, mathématicien et auteur, publia ce qui allait devenir son plus célèbre récit d'aventures : *Alice au pays des merveilles*. Ce récit raconte les aventures surréalistes d'une petite fille. Après avoir bu une boisson qui l'a rendue minuscule, Alice découvre un gâteau tout aussi spécial. Chaque bouchée qu'Alice prend de ce gâteau fait doubler sa taille.

Fait divers

En tant que mathématicien, Lewis Carroll (1832–1898) s'intéressa particulièrement à la logique. Cette branche de la mathématique permet notamment de tirer des conclusions en recourant au raisonnement et à la déduction. Dans *Logique sans peine*, Carroll traite avec humour de l'enchaînement de propositions et de conclusions parfois loufoques, du type : « Plus il y a de gruyère, plus il y a de trous. Et plus il y a de trous, moins il y a de gruyère. Donc, plus il y a de gruyère, moins il y a de gruyère ! »

A Trouve, sous la forme d'une puissance de base 2, le facteur par lequel la taille d'Alice sera multipliée :

1) si elle mange trois bouchées de gâteau ;

2) si elle mange huit bouchées de gâteau ;

3) si elle ne mange aucune bouchée de gâteau.

Supposons qu'Alice mange quelques bouchées de gâteau une première fois, se promène pendant un certain temps, puis revient manger du gâteau une deuxième fois.

B Reproduis le tableau ci-dessous et complète-le. Inscris tes réponses en notation exponentielle.

Croissance d'Alice (la première fois)	Croissance d'Alice (la deuxième fois)	Croissance totale d'Alice
2^3	2^4	
2^5		2^8
	2^4	2^5

C En te référant au tableau que tu as complété en **B**, énonce une règle qui permet :

1) de calculer le produit de deux puissances qui ont la même base. Vérifie si ta règle fonctionne avec les produits suivants.

$$4^2 \times 4^3 \qquad 3^8 \times 3^{-2} \qquad 5^{-1} \times 5^{-2} \qquad \left(\frac{1}{2}\right)^3 \times \left(\frac{1}{2}\right)^{-2}$$

2) de calculer le quotient de deux puissances qui ont la même base. Vérifie si ta règle fonctionne avec les quotients suivants.

$$3^6 \div 3^2 \qquad 5^3 \div 5^{-2} \qquad 8^{-2} \div 8^{-4} \qquad \left(\frac{1}{5}\right)^6 \div \left(\frac{1}{5}\right)^3$$

Supposons qu'Alice mange le même nombre de bouchées de gâteau chaque jour, pendant plusieurs jours.

D Reproduis le tableau ci-dessous et complète-le. Dans les première et troisième colonnes, inscris les facteurs de croissance d'Alice en notation exponentielle.

Croissance d'Alice par jour	Nombre de jours	Croissance totale d'Alice
2^3	5	
2^4		2^{28}
	8	2^{16}

E En te référant au tableau que tu as complété en **D**, énonce une règle qui te permet de calculer la puissance d'une puissance. Vérifie si ta règle fonctionne avec les puissances suivantes.

$(3^3)^2$ $(5^2)^3$ $(2^{-2})^3$ $(0,5^2)^{-1}$

Ai-je bien compris ?

1. Voici quatre puissances de base 10 :

 10^{-4} 10^3 10^{-7} 10^5

a) Choisis deux puissances différentes dont le produit est :
   1) le plus grand possible ;
   2) le plus petit possible ;
   3) égal à 10 ;
   4) égal à 10^{-4}.

b) Choisis deux puissances différentes dont le quotient est :
   1) le plus grand possible ;
   2) le plus petit possible ;
   3) égal à 10^2 ;
   4) égal à 10^{-10}.

c) Choisis quatre puissances dont le produit est égal à chacune des expressions suivantes. Attention ! Ici, tu peux choisir la même puissance plus d'une fois.
   1) 10^{18} 2) 10^4 3) 10^{-22} 4) 10^{-5}

2. Simplifie chacune des expressions suivantes.
   a) $5^2 \times 5^4$ c) $6^8 \times 6^{-4}$ e) $3^{-2} \div 3^7$ g) $(2^4)^3$
   b) $\left(\frac{2}{5}\right)^3 \times \left(\frac{2}{5}\right)^8$ d) $2^7 \div 2^4$ f) $\left(\frac{1^5}{4^2}\right)^3$ h) $(5^{-3})^5$

3. Les égalités suivantes sont-elles vraies ou fausses ? Justifie chacune de tes réponses.
   a) $a^4 + a^3 = a^7$ c) $(a^4)^3 = a^7$ e) $a^4 - a^3 = a^1$
   b) $a^4 \times a^3 = a^7$ d) $a^4 \div a^3 = a^1$

Notation scientifique et calculs

L'immensité dans le minuscule

La fibre optique est une technologie de pointe qui permet de transporter d'énormes quantités de données à la vitesse de la lumière. Elle est utilisée, entre autres choses, dans le fonctionnement du téléphone ou pour la connexion Internet. Les câbles à fibres optiques s'étendent aujourd'hui sur plus de 25 millions de kilomètres partout dans le monde. Les câbles contiennent de nombreuses fibres optiques de forme cylindrique. Le diamètre d'une fibre est d'environ 130 micromètres (μm).

Le tableau ci-contre présente les préfixes les plus courants du système international d'unités (SI), accompagnés des puissances de 10 correspondantes. Ce tableau te sera utile pour répondre aux questions qui suivent.

Préfixe	Puissance de 10		
Téra (T)	Billion	ou	10^{12}
Giga (G)	Milliard	ou	10^9
Méga (M)	Million	ou	10^6
Kilo (k)	Mille	ou	10^3
Milli (m)	Millième	ou	10^{-3}
Micro (μ*)	Millionième	ou	10^{-6}
Nano (n)	Milliardième	ou	10^{-9}
Pico (p)	Billionième	ou	10^{-12}

* La lettre grecque μ se lit « mu ».

A Utilise la notation scientifique :

1) pour exprimer, en mètres, les mesures données dans le premier paragraphe de l'activité ;

2) pour exprimer, en mètres carrés, l'aire de l'extrémité d'une fibre optique.

B En octobre 2006, un laboratoire japonais a obtenu, par fibres optiques, une vitesse de transmission de l'information de 1,75 téraoctet par seconde (To/s). Combien de disques DVD de 60 mégaoctets (Mo) cette vitesse de transmission permet-elle de transférer sur le disque dur d'un ordinateur en 1 heure ?

> Un octet est une unité de mesure élémentaire en informatique. Son symbole est « o ».

TIC

Les calculatrices ont une façon particulière d'afficher les nombres en notation scientifique. Le signe de multiplication et la base 10 sont remplacés par « E » ou encore par un espace.

Exemple :
$340\,000\,000\,000 = 3,4 \times 10^{11}$ pourrait être affiché ainsi : 3,4E11 ou 3,4 11.

Pour entrer un nombre de plus de 10 chiffres sur une calculatrice, on doit utiliser la notation scientifique. Les touches du clavier diffèrent d'une calculatrice à l'autre, mais les plus fréquentes sont EE , 10* ou EXP .

Ai-je bien compris ?

1. Effectue les opérations suivantes, puis exprime le résultat en notation scientifique.

a) $8,4 \times 10^3 \cdot 2,5 \times 10^6$

c) $3,8 \times 10^{-4} \cdot 7,1 \times 10^6$

b) $\dfrac{3,22 \times 10^8}{5,6 \times 10^4}$

d) $\dfrac{4 \times 10^8}{6,3 \times 10^{-4}}$

2. Linda affirme que la vitesse de croissance de ses ongles est de 1,2 nanomètre (nm) par seconde.

a) Exprime cette vitesse en centimètres par mois.

b) En combien de temps les ongles de Linda auront-ils poussé de 3 mm ?

Faire le

La notation scientifique

La notation scientifique est universelle. Utilisée surtout en sciences, cette notation facilite la lecture, l'écriture et la comparaison de très grands et de très petits nombres. On l'utilise seulement pour les nombres positifs, puisqu'elle ne sert que dans les contextes de mesure.

Écrire un nombre en notation scientifique, par exemple 3 050 000, c'est le décomposer en deux facteurs.

Premier facteur (appelé « la mantisse »)	Deuxième facteur
Nombre décimal supérieur ou égal à 1, mais inférieur à 10, formé de chiffres significatifs.	Puissance de 10 en notation exponentielle, qui indique l'ordre de grandeur du nombre.

$$3,05 \times 10^6$$

Premier chiffre significatif non nul

Autres chiffres significatifs conservés

▸ Si le nombre initial est supérieur à 1, l'exposant est positif.

▸ Si le nombre initial est compris entre 0 et 1, l'exposant est négatif.

Voici deux exemples de conversion de nombres en notation scientifique :

Nombre supérieur à 1 (75 000)				Nombre compris entre 0 et 1 (0,000 05)			
75 000	=	75 000 ÷ **10 000**	×	1 × **10 000**	0,000 05 =	0,000 05 × **100 000**	×	1 ÷ **100 000**
	=	7,5	×	10 000	=	5	×	0,000 01
	=	7,5	×	10^4	=	5	×	10^{-5}

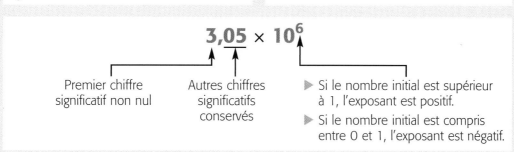

Les préfixes du système international d'unités (SI) sont souvent employés pour abréger l'écriture des nombres. Ainsi, le tableau présenté à la page 10 montre que $1,2 \times 10^6$ J pourrait aussi s'écrire 1,2 mégajoules ou 1,2 MJ.

Pièges et astuces

La mathématique est un langage universel, mais le vocabulaire employé pour nommer les nombres diffère d'une langue à l'autre. Ainsi, au Canada et aux États-Unis, le mot anglais *billion* est l'équivalent français de « milliard ». Le mot *trillion* est l'équivalent français de « billion ». Voilà pourquoi il est avantageux d'utiliser la notation scientifique et les préfixes du SI pour communiquer de très grands et de très petits nombres.

Les lois des exposants

Voici des lois qui facilitent le calcul d'expressions comprenant des exposants. Ces lois s'appliquent aussi aux exposants négatifs.

Loi	Exemple
Produit de puissances de même base Le résultat est la base affectée de la somme des exposants des puissances. $a^m \times a^n = a^{m+n}$	$\overbrace{5^3} \quad \times \quad \overbrace{5^4}$ $\underbrace{5 \times 5 \times 5} \quad \times \quad \underbrace{5 \times 5 \times 5 \times 5}$ 5^7 $5^3 \times 5^4 = 5^{3+4} = 5^7$
Quotient de puissances de même base Le résultat est la base affectée de la différence des exposants des puissances (exposant du dividende moins exposant du diviseur). $a^m \div a^n = a^{m-n}$ $a \neq 0$	$6^5 \div 6^3 = \dfrac{6^5}{6^3} = \dfrac{6 \times 6 \times 6 \times 6 \times 6}{6 \times 6 \times 6} = 6^2$ $6^5 \div 6^3 = 6^{5-3} = 6^2$
Puissance d'une puissance Le résultat est la base affectée du produit des exposants. $(a^m)^n = a^{mn}$	$(8^4)^3 = 8^4 \times 8^4 \times 8^4 = 8^{4+4+4} = 8^{12}$ $(8^4)^3 = 8^{4 \times 3} = 8^{12}$

Les calculs avec des nombres exprimés en notation scientifique

La notation scientifique facilite le calcul d'expressions qui comprennent de très grands nombres et de très petits nombres.

Voici les étapes de la multiplication de $2,5 \times 10^8$ et $4,8 \times 10^5$.

Par commutativité de la multiplication, regrouper les mantisses ensemble et les puissances de 10 ensemble.	$2,5 \times 10^8 \quad \times \quad 4,8 \times 10^5$ $(2,5 \times 4,8) \quad \times \quad (10^8 \times 10^5)$
Par associativité de la multiplication, calculer le produit des mantisses et des puissances de 10.	$\underbrace{12} \quad \times \quad 10^{13}$ $\div \mathbf{10} \qquad \qquad \times \mathbf{10}$ $\downarrow \qquad \qquad \downarrow$
Exprimer le résultat en notation scientifique.	$1,2 \quad \times \quad 10^{14}$

On procède de façon similaire pour calculer le quotient de deux nombres exprimés en notation scientifique.

Voici les étapes de la division de $2,7 \times 10^{12}$ et 3×10^4.

Par associativité, regrouper les mantisses ensemble et les puissances de 10 ensemble.	$\dfrac{2,7 \times 10^{12}}{3 \times 10^4}$ $\dfrac{2,7}{3} \times \dfrac{10^{12}}{10^4}$
Calculer le quotient des mantisses et des puissances de 10.	$\underbrace{0,9} \times \underbrace{10^8}$ $\times \mathbf{10} \qquad \div \mathbf{10}$ $\downarrow \qquad \qquad \downarrow$
Exprimer le résultat en notation scientifique.	$9 \quad \times \quad 10^7$

Mise en pratique

1. Les nombres ci-dessous sont écrits en notation scientifique. Écris-les en notation décimale.

   a) $8,4 \times 10^{12}$ c) $1,25 \times 10^{-1}$ e) 1×10^{-5}

   b) $3,33 \times 10^{-5}$ d) $6,155\ 3 \times 10^{3}$ f) 4×10^{0}

2. Écris les nombres des tableaux ci-dessous en notation scientifique, en conservant dans la mantisse le nombre de chiffres significatifs indiqués.

Nombre	Nombre de chiffres significatifs
a) 24 000 070 021	2
b) 8,3 milliards	2
c) 0,000 000 038 076	2
d) 3 dix-millionièmes	1
e) $2^8 \times 3^5$	3

Nombre	Nombre de chiffres significatifs
f) $(25)^0 \div 80\ 000$	3
g) 30,000 45	1
h) 291,919 191…	3
i) 8 «gogols»	1
j) 13 983 816	3

3. Écris chacune des mesures suivantes en mètres à l'aide de la notation scientifique.

   a) Le littoral du Canada est le plus long du monde : il mesure environ 91 000 km.

   b) On estime que le diamètre de l'Univers est de 800 000 000 000 000 000 000 000 km.

   c) La grand-mère d'Emma a une assiette plaquée d'une couche de 8 μm d'or.

   d) Un acarien mesure environ 0,06 mm de longueur.

Fait divers

L'acarien est un animal qui appartient à la même classe que l'araignée. On en trouve des colonies dans les matelas, entre autres. L'acarien se nourrit de morceaux de peau morte, 1 million d'acariens pouvant se contenter de 1,5 g de ce délicieux mets !

4. Écris les produits suivants en notation scientifique.

   a) 23×10^{4} c) 321×10^{-2} e) $0,04 \times 10^{9}$

   b) $0,000\ 75 \times 10^{3}$ d) $0,2 \times 10^{-7}$ f) 140×10^{-5}

5. Associe chacun des contextes ci-dessous à la mesure appropriée.

   a) Le nombre de sièges dans le Stade olympique de Montréal

   b) La population mondiale

   c) L'âge, en secondes, d'une ou d'un élève de troisième secondaire

   d) La distance, en mètres, entre Montréal et Québec

   e) La longueur d'un marathon, en mètres

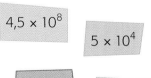

$4,5 \times 10^{8}$ 5×10^{4} 7×10^{9} $2,5 \times 10^{5}$ $4,22 \times 10^{4}$

Pièges et astuces

Qu'est-ce qui t'aide le plus à faire l'association : la mantisse ou la puissance de 10 ?

6. Quel est le signe de chacune des expressions suivantes?

a) $(^-3)^4$ b) $^-1^7$ c) $(^-5)^8$ d) $^-(^-4)^6$ e) $(((^-1)^3)^4)^5$

Calcul mental

7. Exprime les multiplications et les divisions suivantes sous la forme d'une base affectée d'un seul exposant.

a) $3^3 \times 3^{-2}$ c) $2^4 \times 4^2$ e) $5^{-3} \div 5^{-2}$ g) $(5^{-3})^2$

b) $2^7 \div 2^4$ d) $8^5 \div 4^2$ f) $10^5 \times (0,1)^{-5}$ h) $(7^3 \div 15^2)^0$

8. Vrai ou faux? Si tu crois que certaines égalités sont fausses, transforme les membres de droite de ces égalités pour qu'elles deviennent vraies.

a) $(2 + 3)^2 = 2^2 + 3^2$ d) $(^-1)^{12} = (^-5^0)^4$ g) $5^2 \times 5^3 = 5^6$

b) $(3^4)^2 = 9^{16}$ e) $\dfrac{6^5}{3^5} = 2^5$ h) $(3^2)^3 = 3^5$

c) $(^-9)^2 = ^-9^2$ f) $10^6 \div 5^4 = 2^2$ i) $2^3 + 2^4 = 2^7$

Calcul mental

9. Réduis chacune des expressions suivantes.

a) $\dfrac{3^5 \times 3^4}{3^{11}}$ b) $\dfrac{5^{-2}}{5^1} \times \dfrac{5^1}{5^3}$ c) $\dfrac{10^{-5} \times 10^{12}}{10^3}$

10. Pour chacune des expressions ci-dessous, exprime les puissances dans la même base, puis réduis l'expression obtenue.

a) 125×25^3 b) $\dfrac{8^3}{16^{-2}}$ c) $9^{-3} \times 27^2$ d) $\dfrac{1000 \times 10^8}{10^{-2}}$

11. Effectue les opérations suivantes et note chaque résultat en notation scientifique.

a) $\dfrac{4,6 \times 10^5}{2}$ d) $7,11 \times 10^{32} \cdot 8,9 \times 10^{32}$

b) $3 \times 10^{-3} \cdot 2 \times 10^3$ e) $4 \times 10^5 \cdot 2 \times 10^5 \cdot 1,1 \times 10^3$

c) $\dfrac{8 \times 10^2}{1,6 \times 10^4}$ f) $2000 \cdot 8,3 \times 10^{32}$

12. Voici un extrait d'un article de journal dans lequel on trouve des informations numériques présentées sous une forme peu commune. Exprime ces informations sous une forme plus adéquate pour ce genre de texte.

LA GRIPPE: UN VIRUS QUI COÛTE CHER

Cet hiver, au Québec, 2 284 163 personnes contracteront la grippe. Malgré sa petite taille, un diamètre d'environ 15 000 nm, le virus de la grippe pourrait occasionner des coûts très élevés. On estime qu'il coûtera à l'ensemble des citoyens pas moins de $0,04 \times 10^7$ \$ en frais médicaux et $3,2 \times 10^8$ ¢ en journées de maladie.

---

13. Effectue les opérations suivantes.

    a) $2,5 \times 10^5 + 3 \times 10^4$

    b) $8,4 \times 10^7 + 5 \times 10^1$

    c) $5 \times 10^{-6} + 6 \times 10^{-6}$

    d) $2,9 \times 10^6 - 3,1 \times 10^5$

14. Une mathématicienne visite un musée où un squelette de tyrannosaure est exposé. Le guide du musée affirme que l'animal a vécu il y a plus de 65 000 005 ans. La mathématicienne, surprise, demande au guide pourquoi il ne dit pas simplement «65 000 000». Le guide lui répond : «Lorsque j'ai commencé à travailler ici, il y a 5 ans, c'est ce que je disais.»

    a) Est-ce que le guide a raison d'ajouter ainsi des unités au nombre d'années? Pourquoi?

    b) Selon toi, quand sera-t-il pertinent qu'un guide change le nombre d'années?

15. Brigitte doit observer la prolifération des bactéries. Elle dépose donc 5 bactéries sur une gélose et les place dans un milieu où les conditions sont propices à leur division. Elle constate que chaque bactérie se divise en 2 toutes les 20 minutes.

    a) Le nombre de bactéries après n périodes de 20 minutes est représenté par l'expression suivante : $5(2)^n$. Note, sous cette forme, le nombre de bactéries que Brigitte observera sur la gélose après 1 heure 20 minutes.

    b) Écris, en notation scientifique, le nombre de bactéries que comptera la gélose après 12 heures.

    c) Sur une autre gélose, Brigitte dépose 2 bactéries d'une même espèce. Celles-ci se divisent toutes les 3 heures. Combien y en aura-t-il après 24 heures?

Fait divers

La bactérie la plus étudiée est la *Escherichia coli*, communément appelée « E. coli », car elle se multiplie rapidement. Cette bactérie est souvent associée à la maladie du hamburger, à la gastro-entérite et à la méningite.

Vers les séquences
p. 133

16. Lis le texte suivant qui relate un fait assez étonnant.

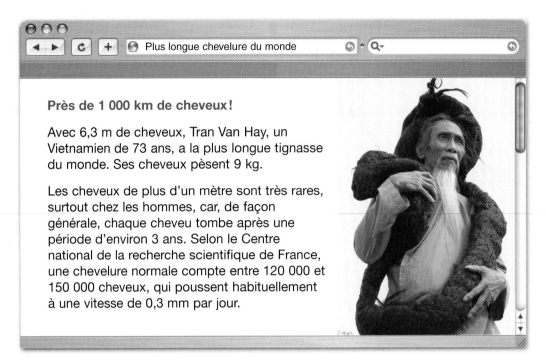

Près de 1 000 km de cheveux !

Avec 6,3 m de cheveux, Tran Van Hay, un Vietnamien de 73 ans, a la plus longue tignasse du monde. Ses cheveux pèsent 9 kg.

Les cheveux de plus d'un mètre sont très rares, surtout chez les hommes, car, de façon générale, chaque cheveu tombe après une période d'environ 3 ans. Selon le Centre national de la recherche scientifique de France, une chevelure normale compte entre 120 000 et 150 000 cheveux, qui poussent habituellement à une vitesse de 0,3 mm par jour.

a) Selon toi, combien d'années ont été nécessaires pour que les cheveux de Tran Van Hay atteignent 6,3 m ?

b) Exprime la vitesse de pousse des cheveux en kilomètres par heure.

c) Michel se fait raser la tête dans le but de récolter des fonds pour la lutte contre le cancer. Il passe ensuite une année entière sans se faire couper les cheveux. Estime la longueur qu'on pourrait obtenir si l'on plaçait bout à bout, à la fin de l'année, tous les cheveux qui ont poussé sur la tête de Michel.

17. Lis l'extrait qui suit.

> **Un autre exploit en nanotechnologie**
>
> En 2006, un scientifique allemand a fabriqué le plus petit terrain de soccer du monde. La reproduction à l'échelle 1:210 000 000 mesure 500 nm sur 380 nm. Elle est si minuscule qu'on pourrait en mettre 20 000 sur le bout d'un cheveu !

a) Quel est l'ordre de grandeur de l'aire, en mètres carrés, de ce terrain de soccer ?

b) Détermine les dimensions d'un terrain de soccer grandeur nature.

Les nombres rationnels et irrationnels

Est-ce possible ?  Situation-problème

En 1858, l'archéologue écossais Henry Rhind a acheté à Louxor, en Égypte, un papyrus vieux de plus de 3 600 ans. Ce papyrus, qui aurait été rédigé par un scribe égyptien, contient 87 problèmes mathématiques et leurs solutions.

Voici une de ces solutions :

> *L'aire d'un disque de diamètre 9 est égale à l'aire d'un carré dont le côté a la même mesure que le diamètre du disque auquel on a enlevé $\frac{1}{9}$ de sa longueur.*

1. À l'aide de cette solution, calcule la valeur du nombre π.

2. Que peux-tu conclure de cette solution ?

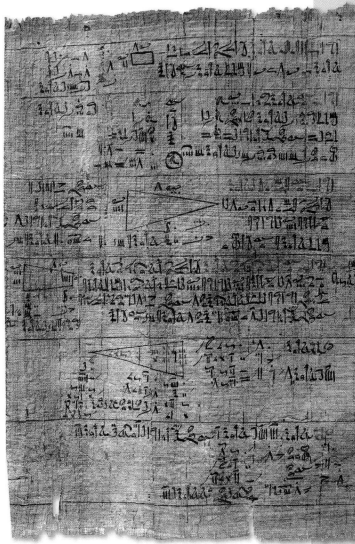

Médias

L'expression « Chercher la quadrature du cercle » est parfois employée dans les textes pour parler d'une personne qui fait face à un problème insurmontable ou qui se fixe un objectif inatteignable. Cette métaphore est en lien direct avec le problème du papyrus de Rhind que tu viens de réaliser. Pourquoi, selon toi ?

Le papyrus de Rhind est aujourd'hui conservé au British Museum, à Londres.

Soyons rationnels !

Vers les
séquences
p. 133

Lis l'article suivant.

- Notation fractionnaire
- Développement
  périodique

Médias

Les sondages occupent une très grande place dans les médias. Toutefois, il faut être prudent quant à l'interprétation qu'on en fait. Par exemple, à la lecture des résultats du *Recensement à l'école*, il serait erroné de conclure qu'au Québec, 7 élèves sur 10 n'admirent aucun des membres de leur famille. Pourquoi, selon toi ?

TIC

UN SONDAGE INTERNATIONAL

En 2005-2006, plus de 31 000 élèves canadiens ont pris part au *Recensement à l'école*, un sondage international qui recense autant les habitudes alimentaires des élèves que leurs préoccupations vis-à-vis de l'avenir. Voici certains des résultats obtenus.

- Au Québec, 1 élève sur 11 dit ne pas déjeuner le matin, comparativement à 1 élève sur 20 en Alberta et à 1 élève sur 7 dans les provinces maritimes.

- Dans l'ensemble du Canada, 2 garçons sur 9 affirment que le hockey est leur sport favori et 1 fille sur 6 répond que c'est la natation.

- Au Québec, le tiers des élèves du secondaire considèrent que la santé est le principal enjeu auquel doivent faire face les jeunes, alors qu'un élève sur cinq considère que c'est l'environnement.

- À la question « Qui admirez-vous ? », 3 élèves sur 10 au Québec ont répondu « Un membre de la famille », alors que cette réponse a été choisie par le quart des élèves au Nouveau-Brunswick.

Adapté de Statistique Canada.

A Transforme les résultats du sondage en fractions.

B À l'aide de ta calculatrice, convertis en notation décimale chacune des fractions que tu as trouvées en **A**. Tes réponses doivent être les plus précises possible.

C Observe la partie décimale de chacune des fractions que tu as converties en **B**.
  1) À partir de tes observations, classe ces fractions en les regroupant en deux ou trois ensembles.
  2) Explique tes critères de classification.

Voici les premières étapes de la division de 2 par 13 pour convertir $\frac{2}{13}$ en notation décimale. À chaque étape, le reste est identifié en vert.

$$
\begin{array}{r|l}
2 & 13 \\
-\,0 & 0 \\
\hline
2 &
\end{array}
\qquad
\begin{array}{r|l}
2 & 13 \\
-\,0 & 0,1 \\
\hline
20 & \\
-\,13 & \\
\hline
7 &
\end{array}
\qquad
\begin{array}{r|l}
2 & 13 \\
-\,0 & 0,15 \\
\hline
20 & \\
-\,13 & \\
\hline
70 & \\
-\,65 & \\
\hline
5 &
\end{array}
$$

D Poursuis cette division et observe les restes que tu obtiens. Que remarques-tu ?

E Quelle est la représentation décimale de $\frac{2}{13}$?

F Énonce une **conjecture** sur la notation décimale associée à une fraction. Trouve des arguments et des exemples pour appuyer ta conjecture.

Conjecture
Affirmation que l'on croit vraie, mais qui n'a pas encore été démontrée ou réfutée.

G Y a-t-il une **période** dans le développement décimal de $\frac{8}{17}$? Explique pourquoi.

H À l'aide de ta calculatrice, convertis les fractions ci-dessous en notation décimale, puis observe la période. Que remarques-tu ? `TIC`

1) $\frac{2}{9}$, $\frac{5}{9}$, $\frac{13}{9}$

2) $\frac{1}{99}$, $\frac{74}{99}$, $\frac{101}{99}$

3) $\frac{8}{999}$, $\frac{52}{999}$, $\frac{125}{999}$, $\frac{1004}{999}$

I Convertis les nombres suivants en fractions à l'aide des régularités que tu as observées en **H**. Vérifie ensuite tes réponses à l'aide de ta calculatrice.

1) $0,\overline{7}$　　　　**2)** $0,\overline{37}$　　　　**3)** $0,\overline{071}$　　　　**4)** $0,\overline{256}$

J Associe à chaque fraction la notation décimale qui lui correspond.

1) $\frac{1}{9}$

2) $\frac{1}{90}$

3) $\frac{1}{99}$

4) $\frac{1}{990}$

5) $\frac{1}{999}$

$0,\overline{01}$　　　$0,\overline{1}$　　　$0,\overline{001}$　　　$0,0\overline{01}$　　　$0,00\overline{1}$

> **Période**
> Séquence de chiffres qui se répète indéfiniment dans la partie décimale d'un nombre. On identifie la période en plaçant un trait horizontal au-dessus.
>
> *Exemples :*
> 1) Le nombre 0,333 3… a une période d'un chiffre et s'écrit $0,\overline{3}$.
> 2) Le nombre 0,321 212 1… a une période de deux chiffres et s'écrit $0,3\overline{21}$.

K En t'aidant de la notation fractionnaire du nombre $0,\overline{37}$, que tu as trouvée en **I**, détermine la notation fractionnaire des nombres suivants. Explique ton raisonnement.

1) $0,0\overline{37}$　　　　**2)** $3,\overline{7}$　　　　**3)** $0,3\overline{7}$　　　　**4)** $0,0\overline{37}$

L Selon toi, est-ce que tous les nombres qui ont un développement décimal périodique peuvent s'exprimer sous la forme d'une fraction ? Justifie ta réponse.

Ai-je bien compris ?

1. Convertis chacune des fractions suivantes en notation décimale.

a) $\frac{3}{8}$　　　　b) $\frac{5}{7}$　　　　c) $\frac{100}{3}$

2. Convertis les nombres suivants en notation fractionnaire.

a) $0,\overline{8}$　　　b) $0,\overline{52}$　　　c) $2,\overline{5}$　　　d) $1,\overline{23}$

3. Associe chaque fraction à sa notation décimale.

a) $\frac{15}{999}$

b) $\frac{15}{990}$

c) $\frac{14}{9}$

d) $\frac{15}{99}$

e) $\frac{104}{90}$

$1,\overline{5}$　　　$0,\overline{15}$　　　$0,0\overline{15}$　　　$0,0\overline{15}$　　　$1,1\overline{5}$

Tout un choc!

Différence entre nombre rationnel et nombre irrationnel

Il y a deux façons d'identifier un segment : soit par une lettre minuscule, soit par une lettre majuscule placée à chaque extrémité du segment.

Les Grecs de l'Antiquité croyaient que tous les nombres pouvaient être représentés par des grandeurs géométriques et par des rapports entre ces grandeurs, en prenant un segment comme unité de mesure. Voici un exemple.

Dans cette construction, le rapport entre le segment b et le segment a est de $\frac{3}{2}$.

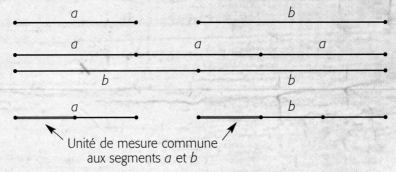

Unité de mesure commune
aux segments a et b

Les segments a et b ont une unité de mesure commune. On les appelle «des segments commensurables».

A Trace un segment quelconque c. Puis, à l'aide de tes instruments de géométrie, trace un segment dont la mesure correspond au $\frac{3}{4}$ de celle de ton segment c.

B Mesure les deux segments ci-dessous. Selon toi, si l'on prend le segment **AB** comme unité de mesure, quel nombre est associé au segment **CD**?

A _____ B   C _____ D

Pythagore est l'un des plus importants mathématiciens de l'Antiquité. Ses travaux et ceux de ses disciples ont permis de découvrir plusieurs propriétés mathématiques importantes, dont la relation de Pythagore, que tu aborderas au chapitre 4.

Or, un jour, un disciple de Pythagore nommé Hippase analysa la figure suivante.

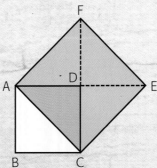

Cette figure est formée de deux carrés. Le côté **AC** du grand carré est une diagonale du petit carré.

C Observe la figure analysée par Hippase. Si le segment **AB** mesure une unité, quelle est l'aire de chaque carré?

D Selon toi, quelle longueur peut-on associer au segment **AC**? Trouve une façon de vérifier ta réponse.

E La longueur du segment **AC** répond-elle à la définition de **nombre rationnel**? Explique pourquoi.

> **Nombre rationnel**
> Nombre qui peut s'écrire sous la forme d'une fraction avec un numérateur et un dénominateur entiers. Le mot *rationnel* signifie «qui appartient à la raison».

En fait, en observant la figure formée de deux carrés, Hippase constata que les segments **AB** et **AC** n'avaient pas d'unité de mesure commune: ils étaient «incommensurables». Hippase venait ainsi de découvrir les **nombres irrationnels**. Cette découverte fut tout un choc et transforma la conception que les Grecs se faisaient des nombres.

> **Nombre irrationnel**
> Nombre qui ne peut pas s'écrire sous la forme d'une fraction avec un numérateur et un dénominateur entiers. Le mot *irrationnel* signifie «qui est contre la raison».

F Connais-tu d'autres nombres irrationnels? Si oui, lesquels?

Point de repère

Hippase de Métaponte

Hippase de Métaponte est un disciple de Pythagore qui a vécu au milieu du Ve siècle av. J.-C. On attribue à ce philosophe et mathématicien grec la découverte des nombres irrationnels. Or, les disciples de Pythagore considéraient que la découverte des nombres irrationnels était troublante et qu'elle devait rester secrète. Certains racontent qu'Hippase, pour se punir d'avoir rendu sa découverte publique, se serait jeté à la mer. D'autres soutiennent que ce sont ses collègues pythagoriciens qui l'auraient noyé…

Ai-je bien compris?

1. Parmi les nombres suivants, lesquels sont irrationnels?

   a) $\sqrt{3}$ b) $\sqrt{4}$ c) $\sqrt{5}$ d) $\sqrt{6\frac{1}{4}}$ e) $\sqrt{7,5}$

2. Les énoncés suivants sont-ils vrais ou faux? Dans chaque cas, justifie ta réponse.

   a) Le double d'un nombre irrationnel est irrationnel.

   b) Le quart d'un nombre irrationnel est irrationnel.

   c) Le carré d'un nombre irrationnel est un nombre rationnel.

De plus en plus précis

Nombre irrationnel et
notation décimale

Il est possible de trouver une approximation d'un nombre irrationnel en procédant par **encadrements successifs**. Voici les premières étapes de l'approximation de $\sqrt{2}$, c'est-à-dire du nombre qui, élevé au carré, donne 2.

Procédure par encadrements successifs

Stratégie qui consiste à encadrer la valeur recherchée dans des intervalles de plus en plus petits. En augmentant la précision, on s'approche de la valeur du nombre.

x	x^2
0	0
1	1
2	4
3	9

< 2
> 2

Le nombre recherché se situe entre

x	x^2
1,0	1
1,1	1,21
1,2	1,44
1,3	1,69
1,4	1,96
1,5	2,25
1,6	2,56
1,7	2,89
1,8	3,24
1,8	3,61
2,0	4

< 2
> 2

Le nombre recherché se situe entre

x	x^2
1,40	1,96
1,41	1,988 1
1,42	2,016 4
1,43	2,044 9
1,44	2,073 6
1,45	2,102 5
1,46	2,131 6
1,47	2,160 9
1,48	2,190 4
1,49	2,220 1
1,50	2,25

< 2
> 2

$\sqrt{2} = 1, ...$ ⟹ $\sqrt{2} = 1, 4 ...$ ⟹ $\sqrt{2} = 1, 41...$ ⟹

A Trouve la prochaine décimale de $\sqrt{2}$.

B Écris une approximation de $\sqrt{3}$ jusqu'à la troisième décimale, en procédant par encadrements successifs.

C Qu'est-ce qui caractérise la notation décimale des nombres irrationnels?

D Le nombre suivant a une infinité de décimales: 0,100 100 010 000 100 000 1... S'agit-il d'un nombre irrationnel? Justifie ta réponse.

Fait divers

Le nombre π est irrationnel. À ce jour, on connaît plus de $1,24 \times 10^{12}$ décimales de π. Si on les écrivait une à la suite de l'autre, il faudrait environ 2 millions de manuels de mathématique comme celui-ci pour toutes les contenir!

Ai-je bien compris?

Voici l'affichage que Sofia a obtenu lorsqu'elle a fait $\sqrt{10}$ sur sa calculatrice:

$$3,1622777$$

Peut-on affirmer que $\sqrt{10} = 3,162\ 2\overline{7}$? Justifie ta réponse.

Les ensembles de nombres

Le tableau suivant présente les ensembles de nombres de façon détaillée.

Ensemble de nombres (symbole)	Définition	Notation décimale
Nombres naturels ($\mathbb{N}$)	Nombres qui servent à dénombrer : $\{0, 1, 2, 3, 4, …\}$.	La partie décimale des nombres naturels et des nombres entiers est nulle.
Nombres entiers ($\mathbb{Z}$)	Nombres naturels et leurs opposés : $\{…, ^-3, ^-2, ^-1, 0, 1, 2, 3, …\}$.	
Nombres rationnels ($\mathbb{Q}$)	Nombres qui peuvent s'exprimer comme le quotient de deux nombres entiers : $\frac{a}{b}$ où $a \in \mathbb{Z}$ et $b \in \mathbb{Z}^*$.	Les nombres rationnels possèdent une suite de décimales infinie et périodique, qu'on appelle «période». *Exemples :* 1) $\frac{-1}{11} = {}^-0{,}090\ 909… = {}^-0{,}\overline{09}$ 2) $\frac{31}{24} = 1{,}291\ 666… = 1{,}291\ \overline{6}$ 3) $\frac{3}{4} = 0{,}75 = 0{,}750\overline{0}$
Nombres irrationnels ($\mathbb{Q}'$)	Nombres qui ne peuvent pas s'exprimer comme le quotient de deux nombres entiers.	Les nombres irrationnels possèdent une suite de décimales infinie et non périodique. On ne peut pas les représenter de façon précise à l'aide de la notation décimale.
Nombres réels ($\mathbb{R}$)	Ensemble qui correspond à l'union des nombres rationnels et des nombres irrationnels.	Les nombres réels s'écrivent en notation décimale seulement s'il s'agit de nombres rationnels.

Ce diagramme illustre la relation entre les ensembles de nombres.

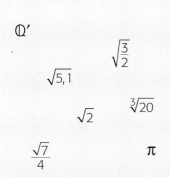

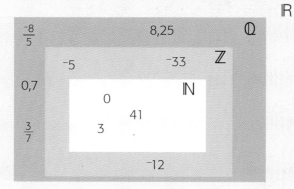

Pièges et astuces

Il est impossible d'écrire la suite de décimales d'un nombre irrationnel, car celle-ci est infinie et non périodique. C'est pourquoi on désigne les nombres irrationnels à l'aide de symboles, comme $\sqrt{5}$ ou π.

Voici des symboles couramment utilisés en notation ensembliste.

Symbole (signification)	Exemple
$\in$ (est élément de)	$3 \in \mathbb{N}$ Le nombre 3 est élément de (ou *appartient à*) l'ensemble $\mathbb{N}$.
$\notin$ (n'est pas élément de)	$\frac{3}{4} \notin \mathbb{Z}$ Le nombre $\frac{3}{4}$ n'est pas élément de (ou *n'appartient pas à*) l'ensemble $\mathbb{Z}$.
$+$ (positif)	$\mathbb{Z}_+$ Tous les éléments de $\mathbb{Z}$ qui sont positifs. $\mathbb{Z}_+ = \mathbb{N}$
$-$ (négatif)	$\mathbb{R}_-$ Tous les éléments de $\mathbb{R}$ qui sont négatifs.
$*$ (non nul)	$\mathbb{N}^*$ (le symbole se lit «étoilé») Tous les nombres naturels sauf 0. $\mathbb{N}^* = \{1, 2, 3, 4, ...\}$
$'$ (est complément de)	$\mathbb{Q}'$ (le symbole se lit «prime») Tous les éléments qui n'appartiennent pas à l'ensemble $\mathbb{Q}$. $\mathbb{Q}'$ est complément de $\mathbb{Q}$, car il représente tous les nombres qui ne sont pas rationnels.
$\cup$ (union)	$\mathbb{Q} \cup \mathbb{Q}'$ Union des éléments des ensembles $\mathbb{Q}$ et $\mathbb{Q}'$ pour n'en former qu'un seul, soit $\mathbb{R}$.
$\cap$ (intersection)	$\mathbb{Q} \cap \mathbb{Q}'$ L'intersection de $\mathbb{Q}$ et de $\mathbb{Q}'$ correspond à l'ensemble des éléments communs aux deux ensembles. Or, aucun élément n'appartient à la fois à $\mathbb{Q}$ et à $\mathbb{Q}'$. Le résultat de l'opération est donc l'ensemble vide : { }.

(Opérations sur les ensembles)

Remarque : On dit que deux ensembles sont égaux lorsqu'ils sont composés de tous les mêmes éléments. On utilise le symbole d'égalité (=) pour les associer.

Mise en pratique

1. Écris chacun des nombres suivants en notation décimale.

   a) $\dfrac{7}{15}$ **c)** $\dfrac{7}{16}$ **e)** $2\dfrac{5}{18}$ **g)** $\dfrac{22}{7}$

   b) $\dfrac{14}{5}$ **d)** $51\dfrac{51}{100}$ **f)** $\dfrac{^{-}13}{80}$ **h)** $\dfrac{1}{18}$

2. Associe chaque fraction à sa notation décimale.

Calcul mental

   a) $\dfrac{23}{9}$

   $0,2\overline{5}$

   b) $\dfrac{23}{999}$

   $2,\overline{5}$

   c) $\dfrac{23}{90}$

   $2,\overline{3}$ $0,\overline{23}$

   d) $\dfrac{23}{99}$

   e) $\dfrac{23}{990}$ $0,0\overline{23}$

   $0,\overline{023}$

   f) $\dfrac{7}{3}$

3. Écris chacun des nombres suivants sous la forme d'une fraction réduite.

   a) $0,03$ **c)** $0,0\overline{3}$ **e)** $3,125$ **g)** $3,1\overline{25}$

   b) $0,0\overline{3}$ **d)** $0,\overline{30}$ **f)** $3,\overline{125}$ **h)** $0,031\ \overline{25}$

4. Parmi les nombres ci-dessous, lesquels sont irrationnels ? Justifie ta réponse.

   a) $\sqrt{0,25}$ **c)** $\sqrt{3}+1$ **e)** 2π

   b) $\sqrt{2,5}$ **d)** $\sqrt{3+1}$ **f)** $\dfrac{3\pi}{2\pi}$

5. Effectue les opérations suivantes.

   a) $0,\overline{8}+0,\overline{4}$ **c)** $0,\overline{4}-0,\overline{8}$ **e)** $0,\overline{8}\div0,\overline{4}$

   b) $0,\overline{8}-0,\overline{4}$ **d)** $0,\overline{8}\times0,\overline{4}$ **f)** $0,\overline{4}\div0,\overline{8}$

6. À l'aide de ta calculatrice, détermine si les égalités suivantes sont vraies ou fausses.   TIC

   a) $\sqrt{10}+\sqrt{2}=\sqrt{12}$ **c)** $\sqrt{10}\times\sqrt{2}=\sqrt{20}$

   b) $\sqrt{10}-\sqrt{2}=\sqrt{8}$ **d)** $\sqrt{10}\div\sqrt{2}=\sqrt{5}$

7. Quelle conjecture tes réponses à la question **6** t'inspirent-elles ?

8. Nomme les ensembles auxquels appartient chacun des nombres ci-dessous.
   (Choisis parmi les ensembles $\mathbb{N}$, $\mathbb{Z}$, $\mathbb{Q}$, $\mathbb{Q}'$ et $\mathbb{R}$.)

   a) $^{-}1,0$ **c)** $\dfrac{12}{3}$ **e)** $\sqrt{0,1}$ **g)** $\sqrt{0,\overline{1}}$ **i)** $\dfrac{18}{6}$ **k)** 1 «gogol»

   b) $^{-}3,\overline{5}$ **d)** $\dfrac{\pi}{2}$ **f)** $3,22\times10^{5}$ **h)** 6×10^{-3} **j)** $\sqrt{961}$ **l)** 0

9. À quel ensemble de nombres peux-tu associer chacune des opérations suivantes? *Exemple:* $\mathbb{N} \cup \mathbb{Z} = \mathbb{Z}$.

a) $\mathbb{Z}_- \cup \mathbb{Z}_+$

b) $\mathbb{N} \cap \mathbb{Z}$

c) $\mathbb{N}^* \cup \mathbb{Z}_-$

d) $\mathbb{Q} \cap \mathbb{Q}'$

e) $\mathbb{N} \cup \mathbb{Q}$

f) $\mathbb{Q} \cup \mathbb{Q}'$

g) $\mathbb{R} \cap \mathbb{N}$

h) $\mathbb{Z} \cup \mathbb{R}$

10. La figure ci-dessous est formée d'un triangle rectangle et de trois carrés dont les aires sont de 1 cm², 3 cm² et 4 cm².

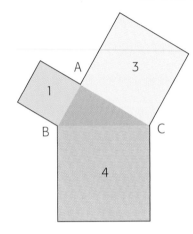

a) Quel est le rapport entre les mesures des segments suivants?

1) $\overline{AB}$ et $\overline{BC}$

2) $\overline{BC}$ et $\overline{AC}$

3) $\overline{AC}$ et $\overline{AB}$

b) Détermine si les couples de segments en **a** sont commensurables.

11. Vrai ou faux?

a) Tous les nombres naturels sont réels.

b) Le nombre 0 appartient à tous les ensembles de nombres.

c) Un nombre peut être à la fois entier et rationnel.

d) Il y a une infinité de nombres naturels.

e) Si l'on enlève les nombres naturels de l'ensemble des nombres entiers, il reste seulement des nombres négatifs.

12. Trouve un nombre irrationnel dont la valeur se situe entre:

a) 0 et 1

b) 5 et 6

c) 10 et 20

d) ⁻5 et ⁻4

e) $\sqrt{2}$ et $\sqrt{3}$

f) π et $\sqrt{10}$

13. Observe la figure ci-dessous. Le plus petit carré a une aire de 1 cm².

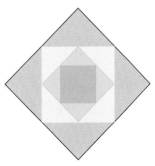

a) Quelle est l'aire des trois autres carrés?

b) Quel est le périmètre de chacun de ces carrés?

c) Quel est le rapport entre les périmètres de deux carrés successifs?

d) Quel est le rapport entre les périmètres de deux carrés dont les côtés sont parallèles?

14. Complète les expressions suivantes à l'aide du symbole approprié ($\in$ ou $\notin$).

a) $^-6,3$ ■ $\mathbb{Q}$

b) $\dfrac{21}{7}$ ■ $\mathbb{Q}$

c) $\sqrt{400}$ ■ $\mathbb{Q}'$

d) 0 ■ $\mathbb{Q}'$

e) $\dfrac{5}{7}$ ■ $\mathbb{Q}$

f) $\sqrt{5^2}$ ■ $\mathbb{Q}$

g) $11,\overline{05}$ ■ $\mathbb{Q}'$

h) $\dfrac{5\pi}{2}$ ■ $\mathbb{Q}$

i) $\sqrt{121}$ ■ $\mathbb{Q}$

j) $\sqrt{^-3}$ ■ $\mathbb{Q}'$

15. Sur une droite numérique, situe approximativement les nombres suivants.

$\sqrt{3}$ $\sqrt{5}$ $\sqrt{10}$ π

$\sqrt{6}$ $\sqrt{8}$ $^-\sqrt{2}$ $^-\sqrt{5}$

16. Démontre la conjecture suivante.

Le nombre $0,\overline{9}$ est égal à 1.

17. À l'aide d'un cercle dont le rayon mesure 1 cm, place π, 2π, 3π et 4π sur une droite numérique.

0

18. À l'aide de ta calculatrice, réponds à ces questions. **TIC**

a) Trouve une approximation du résultat de $1 \div \sqrt{2}$.

b) Trouve ensuite une approximation du résultat de $\sqrt{2} \div 2$. Que remarques-tu ?

c) Selon toi, $\dfrac{1}{\sqrt{2}}$ et $\dfrac{\sqrt{2}}{2}$ sont-ils le même nombre ? Justifie ta réponse.

19. Détermine si les énoncés suivants sont vrais ou faux. Justifie chacune de tes réponses.

a) La somme de deux nombres rationnels est toujours un nombre rationnel.

b) La somme de deux nombres irrationnels est toujours un nombre irrationnel.

20. Que peux-tu dire de la somme d'un nombre rationnel et d'un nombre irrationnel ?

21. Les figures ci-dessous sont formées d'un carré auquel on a ajouté ou enlevé des parties d'un cercle. Dans chaque cas, le centre du cercle coïncide avec le point milieu d'un côté du carré.

En supposant que l'aire du carré est de 2 cm², calcule l'aire et le périmètre exacts de ces figures.

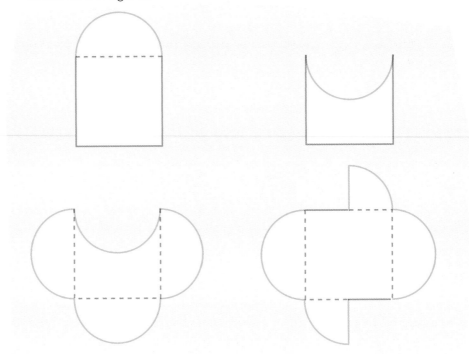

22. Le *Jiuzhang suanshu* (*Les neuf chapitres sur l'art mathématique*) est un ouvrage ancien très important dans l'histoire de la Chine. Le problème suivant y est proposé dans le chapitre sur la géométrie : « Il y a un champ circulaire de 30 pas de circonférence et de 10 pas de diamètre. Quelle est l'aire de ce champ ? »

a) Pourquoi peut-on dire qu'il y a une erreur dans cet énoncé ?

b) Si la circonférence du champ est bien de 30 pas, quel est le diamètre précis du champ ?

c) Si la circonférence du champ est bien de 30 pas, quelle est l'aire du champ ?

Point de repère

Liu Hui

Liu Hui (v. 220 – v. 280) serait le premier mathématicien chinois à avoir commenté le *Jiuzhang suanshu*. Il essaya de corriger certaines erreurs qui s'y trouvaient, même si l'ouvrage était déjà reconnu comme une référence essentielle pour apprendre la mathématique. Les recherches de Liu Hui l'ont conduit, entre autres, à découvrir une très bonne approximation de π pour l'époque, soit $\frac{157}{50}$ ou 3,14.

Du carré au cube

1. La figure suivante est formée du rectangle **BCDG** et des carrés **ABGH** et **GDEF**, dont les aires mesurent 2 cm^2 et 8 cm^2.

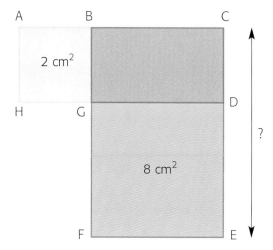

Quelle est la mesure exacte du côté **CE**?

2. Les cubes ci-dessous sont placés de telle sorte qu'ils délimitent un rectangle. Le volume du cube orange est de 4 cm^3 et le volume du cube jaune est de 2 cm^3.

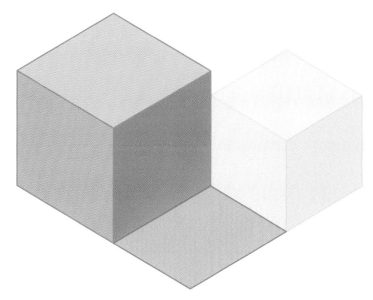

Quelle est l'aire exacte du rectangle délimité par ces deux cubes?

La duplication du cube

Cube et racine cubique

La légende qui suit proviendrait du mathématicien grec Ératosthène, célèbre pour avoir réussi à calculer la circonférence de la Terre avec une très grande précision.

> Une épidémie de peste sévissait à Athènes. Le peuple, désespéré, alla demander une solution aux dieux de Delphes. Ceux-ci répondirent que l'épidémie cesserait si l'on construisait un nouvel autel dédié à Apollon, qui aurait le double du volume de celui qui existait déjà sur l'île de Délos.
>
> Or, les Athéniens construisirent un autel dont toutes les dimensions étaient deux fois plus grandes que celles de l'autel de Délos. La peste, loin de s'arrêter, fit encore plus de morts, car les dieux étaient fâchés de la solution proposée par les Athéniens.

A Selon toi, pourquoi les dieux de Delphes étaient-ils fâchés?

Supposons que l'autel dédié à Apollon avait la forme d'un gros cube, comme celui ci-contre, construit à l'aide de petits cubes isométriques.

 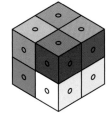

Volume
Mesure de l'espace occupé par un solide.

B Si l'on connaît la mesure de l'arête d'un cube, quelle règle permet de déterminer le **volume** de ce cube?

C À l'inverse, si l'on connaît le volume d'un cube, comment peut-on déterminer la mesure de l'arête de ce cube?

Chaque mesure d'arête trouvée en **D** correspond à une approximation de la racine cubique du volume. La racine cubique d'un nombre est une valeur qui, élevée au cube, donne ce nombre. Le symbole $\sqrt[3]{}$ signifie «racine cubique».

Exemple:
$\sqrt[3]{8} = 2$, car $2^3 = 8$.

D Détermine avec le plus de précision possible la mesure de l'arête d'un cube dont le volume est de:

1) 8 cm^3 **2)** 10 cm^3 **3)** 16 cm^3

E Par quel facteur les Athéniens auraient-ils dû multiplier les dimensions de l'autel de Délos pour satisfaire les dieux? Selon toi, ce nombre est-il rationnel? Justifie ta réponse.

Ai-je bien compris?

1. Combien de petits cubes isométriques un grand cube peut-il comporter? Écris la suite des possibilités.

2. Entre quels nombres entiers consécutifs les nombres suivants sont-ils situés?

   a) $\sqrt[3]{600}$ c) $\sqrt[3]{2500}$

   b) $\sqrt[3]{1200}$ d) $\sqrt[3]{5000}$

3. Un cube a un volume de $3\frac{3}{8} \text{ cm}^3$. Quelle est la mesure de son arête?

Multiplication d'anomalies

Lis l'article suivant.

Comprendre le cancer

Le corps humain compterait 60 billions de cellules. Tous les jours, 200 milliards de ces cellules meurent et se renouvellent. Chaque nouvelle cellule peut comporter une erreur. Le risque d'erreur naturelle est faible et, généralement, le corps humain répare ou détruit la cellule anormale. Il arrive cependant que le système de réparation devienne défectueux. Une cellule cancéreuse, qui est en fait une cellule déréglée, peut alors refuser de mourir et se multiplier sans contrôle.

La Santé à cœur, mars 2007.

Supposons qu'une cellule cancéreuse se développe aujourd'hui dans le corps d'une personne et que le nombre de cellules soit multiplié par 64 chaque année.

A Écris, sous la forme d'une puissance de base 64, le nombre de cellules cancéreuses qui se trouvent dans le corps de cette personne :

1) après 5 ans ;

2) aujourd'hui ;

3) après $\frac{1}{2}$ année ;

4) après 4 mois ;

5) après 18 mois.

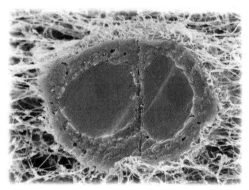

Une cellule cancéreuse de la peau

B Le diagramme suivant permet de voir l'accroissement des cellules cancéreuses aux 6 mois.

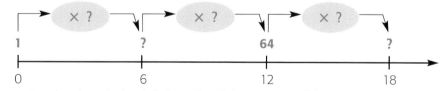

Nombre de mois depuis la formation de la première cellule cancéreuse

1) Par quel facteur le nombre de cellules cancéreuses est-il multiplié tous les 6 mois ? Vérifie qu'en multipliant 2 fois par ce facteur, le nombre de cellules cancéreuses après 1 an correspond bien à 64.

2) Combien y a-t-il de cellules cancéreuses après 18 mois ?

3) Écris, sous la forme d'une puissance de base 64, le nombre de cellules cancéreuses qui se sont formées après 6 mois, 12 mois et 18 mois.

C Cet autre diagramme permet de voir l'accroissement des cellules cancéreuses aux 4 mois.

Nombre de cellules cancéreuses

$\times\ ?$ $\times\ ?$ $\times\ ?$ $\times\ ?$

1   **?**   **?**   **64**   **?**

0   4   8   12   16

Nombre de mois depuis la formation de la première cellule cancéreuse

1) Reproduis et complète ce diagramme pour les 16 mois suivant l'apparition de la première cellule cancéreuse.

2) Écris, sous la forme d'une puissance de base 64, le nombre de cellules cancéreuses qui se sont formées après 4 mois, 8 mois, 12 mois et 16 mois.

D D'après tes observations aux questions **B** et **C**, à quoi correspond un exposant fractionnaire ? Justifie ta réponse.

E Écris, en notation exponentielle, le nombre de cellules cancéreuses que la personne aura dans son corps après :

1) 30 mois ;   **2)** 32 mois ;   **3)** 36 mois.

En général, il est possible de détecter un cancer à partir du moment où il y a une tumeur, soit un regroupement d'environ 100 000 cellules cancéreuses.

F Dans combien de temps environ, après la formation de la première cellule, pourra-t-on détecter une tumeur chez la personne atteinte ? Explique comment tu as procédé pour déterminer cette valeur.

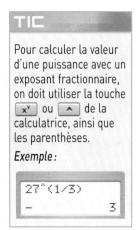

TIC

Pour calculer la valeur d'une puissance avec un exposant fractionnaire, on doit utiliser la touche x^y ou $\wedge$ de la calculatrice, ainsi que les parenthèses.

Exemple :

27^(1/3)
                    3

Ai-je bien compris ?

1. Associe les expressions de droite à celles de gauche.

a) $10^{\frac{2}{3}}$

b) $10^{\frac{1}{3}}$

c) $10^{\frac{3}{2}}$

d) $10^{\frac{1}{2}}$

e) $10^{\frac{2}{2}}$

$\sqrt{10}$ $\sqrt[3]{100}$

10

$\sqrt{1000}$

$\sqrt[3]{10}$

2. Écris ces nombres à l'aide d'un radical.

a) $9^{\frac{1}{3}}$ **b)** $11^{\frac{2}{3}}$ **c)** $5^{\frac{1}{2}}$ **d)** $13^{\frac{3}{2}}$

3. Écris ces nombres en notation exponentielle.

a) $\sqrt{23}$ **b)** $\sqrt[3]{44}$ **c)** $\sqrt{7^3}$ **d)** $\sqrt[3]{6^2}$

Des tas de possibilités

Dans une revue, un test de personnalité comprend six questions «vrai ou faux» et six questions comportant chacune cinq choix de réponses. On peut donc déterminer le nombre total de façons de répondre à ce test sous la forme d'un produit de deux puissances : $2^6 \times 5^6$.

A Trouve une expression équivalente à $2^6 \times 5^6$ qui permettrait de calculer mentalement le nombre total de façons de répondre à ce test. Explique comment tu as procédé.

B Un autre test comprend cinq questions comportant chacune quatre choix de réponses et cinq questions comportant chacune cinq choix de réponses. Calcule mentalement le nombre de façons de répondre à ce test.

C Compare les deux tests suivants.

Test 1	**Test 2**
Dix questions comportant chacune six choix de réponses	Dix questions comportant chacune trois choix de réponses

1) Écris, en notation exponentielle, le nombre de façons de répondre à chacun de ces tests.

2) Il y a plus de façons de répondre au test 1 qu'au test 2. Combien de fois plus ?

D À partir des réponses que tu as données aux questions précédentes, énonce une règle qui permet :

1) de calculer le produit de deux puissances ayant le même exposant. Vérifie si ta règle fonctionne avec les produits suivants.

$$4^3 \times 25^3 \qquad 18^{\frac{1}{2}} \times 2^{\frac{1}{2}} \qquad 2^7 \times \left(\frac{1}{2}\right)^7$$

2) de calculer le quotient de deux puissances ayant le même exposant. Vérifie si ta règle fonctionne avec les quotients suivants.

$$20^4 \div 2^4 \qquad 128^{\frac{1}{3}} \div 2^{\frac{1}{3}} \qquad \left(\frac{1}{3}\right)^2 \div 3^2$$

Lois des exposants

Médias

Les tests de personnalité sont courants dans certaines revues de mode. Crois-tu qu'on puisse classer les personnalités en catégories ? As-tu déjà découvert une facette de ta personnalité en répondant à ce genre de test ?

Ai-je bien compris ?

Calcul mental

1. Simplifie, puis calcule les expressions suivantes.

a) $8^7 \times \left(\frac{1}{4}\right)^7$ b) $9^{\frac{1}{3}} \times 3^{\frac{1}{3}}$ c) $25^3 \div 2{,}5^3$ d) $20^{\frac{1}{2}} \div 5^{\frac{1}{2}}$

2. Convertis les radicaux des expressions suivantes en notation exponentielle. Puis, effectue les opérations.

a) $\sqrt{8} \times \sqrt{50}$ b) $\sqrt{40} \div \sqrt{2{,}5}$ c) $\sqrt[3]{10} \times \sqrt[3]{4} \div \sqrt[3]{5}$

Faire le point

Le cube et la racine cubique

Le symbole $\sqrt[3]{}$ signifie «racine cubique». Extraire la racine cubique consiste à chercher le nombre qui, multiplié trois fois par lui-même, donne le nombre qui se trouve sous le radical. Il s'agit de l'opération inverse d'élever au cube.

L'expression $\sqrt[3]{a}$ se lit «racine cubique de a».

L'expression a^3 se lit «a au cube».

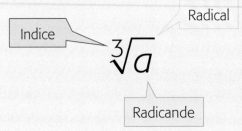

Si $\sqrt[3]{a} = x$, alors $x^3 = a$.

Les nombres cubiques sont: 1, 8, 27, 64, 125, 216, …

Exemple :

$\sqrt[3]{125} = 5$, puisque $5^3 = 125$.

Point de repère

René Descartes

René Descartes (1596 – 1650) est un mathématicien et philosophe français qui a laissé sa marque. Il a établi plusieurs notations en algèbre, dont l'exposant, qui représente la multiplication répétée d'un nombre. C'est aussi lui qui a utilisé pour la première fois le radical avec le trait supérieur ($\sqrt{}$).

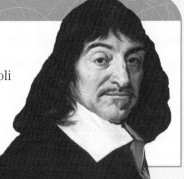

Les exposants fractionnaires

Il est possible de représenter les racines carrées et cubiques, et même les racines énièmes, par des exposants fractionnaires de forme $\frac{1}{n}$. Ainsi, pour tout nombre a positif :

$a^{\frac{1}{2}}$ est équivalent à $\sqrt{a}$	$a^{\frac{1}{3}}$ est équivalent à $\sqrt[3]{a}$	$a^{\frac{1}{n}}$ est équivalent à $\sqrt[n]{a}$

D'autres lois des exposants

Ce tableau présente deux nouvelles lois des exposants. Il reprend également la loi du calcul d'une puissance d'une puissance que tu as vue à la page 12, mais en y ajoutant cette fois un exemple avec des exposants fractionnaires.

Loi	Exemples
Puissance d'une puissance Le résultat est la base affectée du produit des exposants. $$(a^m)^n = a^{mn}$$	1) $(8^4)^3 = 8^{4 \times 3} = 8^{12}$ 2) $(16)^{\frac{3}{2}} = (16)^{\frac{1}{2} \times 3} = (16^{\frac{1}{2}})^3 = 4^3 = 64$ ou $(16)^{\frac{3}{2}} = (16)^{3 \times \frac{1}{2}} = (16^3)^{\frac{1}{2}} = \sqrt{4096} = 64$
Puissance d'un produit La puissance d'un produit est égale au produit des puissances de même exposant. $$(a \times b)^m = a^m \times b^m$$	1) $(3 \times 5)^3 = 3^3 \times 5^3 = 27 \times 125 = 3\ 375$ 2) $3^{\frac{1}{2}} \times 12^{\frac{1}{2}} = (3 \times 12)^{\frac{1}{2}} = 36^{\frac{1}{2}} = 6$ 3) $\sqrt[3]{5} \times \sqrt[3]{160} = \sqrt[3]{5 \times 160} = \sqrt[3]{800}$ 4) $50^{\frac{1}{2}} = (25 \times 2)^{\frac{1}{2}} = 25^{\frac{1}{2}} \times 2^{\frac{1}{2}} = 5\sqrt{2}$
Puissance d'un quotient La puissance d'un quotient est égale au quotient des puissances de même exposant. $$\left(\frac{a}{b}\right)^m = \frac{a^m}{b^m}$$ $b \neq 0$	1) $18^4 \div 6^4 = (18 \div 6)^4 = 3^4 = 81$ 2) $\dfrac{128^{\frac{1}{3}}}{2^{\frac{1}{3}}} = \left(\dfrac{128}{2}\right)^{\frac{1}{3}} = 64^{\frac{1}{3}} = 4$ 3) $\dfrac{\sqrt{75}}{\sqrt{5}} = \sqrt{\dfrac{75}{5}} = \sqrt{15}$ 4) $\sqrt{\dfrac{25}{4}} = \dfrac{\sqrt{25}}{\sqrt{4}} = \dfrac{5}{2}$

Pièges et astuces

Lorsque le numérateur d'un exposant fractionnaire est différent de 1, la commutativité de la multiplication permet d'extraire la racine du dénominateur en premier. Ainsi, les nombres à calculer sont moins gros.

Exemple :
Pour calculer $8^{\frac{5}{3}}$, il est plus simple de procéder de cette façon :
$$8^{\frac{5}{3}} = \left(8^{\frac{1}{3}}\right)^5 = 2^5 = 32$$
que de cette façon :
$$8^{\frac{5}{3}} = \left(8^5\right)^{\frac{1}{3}} = 32\ 768^{\frac{1}{3}} = 32.$$

18. Détermine si chacune des expressions ci-dessous est vraie ou fausse, puis justifie ta réponse.

a) $\left(a^3 b\right)^{\frac{1}{3}} = a\sqrt[3]{b}$

c) $a^{\frac{2}{3}} \times a^{\frac{5}{3}} = a^2 \times \sqrt[3]{a}$

b) $\sqrt[3]{\left(8 + a^3\right)} = 2 + a$

d) $\left(\dfrac{a}{b}\right)^2 \bullet \left(\dfrac{4b}{b^5}\right)^{\frac{-1}{2}} = 2a^2$

19. À 16 ans, Monica a fait un placement judicieux de 10 000 $ à un taux d'intérêt fixe. Douze ans plus tard, les intérêts ont fait doubler la valeur initiale de son placement, qui vaut maintenant 20 000 $.

a) Quelle était la valeur du placement de Monica après 6 ans ?

b) Quelle était sa valeur après 8 ans ?

c) Si Monica conserve son placement aux mêmes conditions pour une autre période de 12 ans, crois-tu que le montant qu'elle a investi aura quadruplé ?

20. Calcule les chaînes d'opérations suivantes.

a) $\sqrt{2} \times \sqrt{8} + \sqrt{48} \div \sqrt{12}$

b) $\left(\sqrt{18} \times \sqrt{50} + 2\right) \div \sqrt{32}$

21. Soit l'égalité $a^n = x$, où a est supérieur à 1. Détermine si les énoncés suivants sont vrais ou faux. Justifie chacune de tes réponses.

a) Si n est négatif, x est supérieur à a.

b) Si n est positif et inférieur à 1, x est inférieur à a.

c) Si n est positif, x est supérieur à a.

22. Voici une méthode qui permet d'estimer la racine carrée de très grands nombres et de très petits nombres.

$$\sqrt{76\ 543\ 211\ 234\ 567} \approx \sqrt{77 \times 10^{12}} = \sqrt{77} \times \sqrt{10^{12}} \approx 8{,}5 \times 10^6$$

Utilise cette méthode pour estimer :

a) $\sqrt{321\ 123\ 321\ 123}$

c) $\sqrt{0,000\ 000\ 45}$

b) $\sqrt{5\ 555\ 555\ 555}$

d) $\sqrt{0,000\ 000\ 000\ 000\ 011\ 1}$

23. Un cube a un volume de 36 cm³.

a) Exprime son **aire totale** sous la forme d'une puissance de 6.

b) Est-il possible d'exprimer l'aire totale du cube en utilisant seulement des 3 et des 6 ? Si oui, donne un exemple.

> **Aire totale**
> Somme des aires de toutes les faces d'un solide.

24. Rachel affirme que le produit de la racine carrée d'un nombre et de la racine cubique de ce même nombre égale la racine sixième de ce nombre. Cette conjecture est-elle vraie ou fausse? Démontre-le.

25. Si V représente le volume d'un cube, quelle mesure du cube l'expression $V^{\frac{2}{3}}$ représente-t-elle?

26. Lis l'article suivant, puis réponds aux questions qui l'accompagnent.

LA NOUVELLE-ORLÉANS SOUS LES EAUX

Le 28 août 2005, l'ouragan Katrina s'est abattu sur les côtes de La Nouvelle-Orléans, ville du sud des États-Unis. Avec des vents atteignant les 280 km/h et des vagues de 9 mètres, les barrages n'ont pas réussi à protéger la ville, qui est bâtie en partie sous le niveau de la mer.

Des météorologues ont établi que la relation entre la durée t en heures et le diamètre D en kilomètres d'un ouragan s'exprime par la formule $D^3 = 830\, t^2$. Selon eux, l'impact dévastateur de Katrina, dont le rayon des vents mesurait plus de 190 km, est attribuable autant à la durée qu'à la force de cet ouragan.

La Manchette, 1ᵉʳ septembre 2005.

a) Combien de temps a duré l'ouragan Katrina?

b) Un ouragan typique dure environ 18 heures. Quel est le diamètre d'un tel ouragan?

c) Quelle est la superficie d'un ouragan qui dure 20 heures?

Consolidation

1. Effectue les opérations suivantes et exprime chaque résultat en notation scientifique.

a) $18 \cdot 3 \times 10^6$

d) $6 \times 10^{-3} \cdot 2 \times 10^8$

b) $\dfrac{4{,}8 \times 10^6}{8}$

e) $\dfrac{4 \times 10^5 \cdot 2 \times 10^5}{1{,}1 \times 10^3}$

c) $\dfrac{8 \times 10^2}{1{,}6 \times 10^4}$

f) $\dfrac{9 \times 10^3}{1{,}5 \times 10^{-5} \cdot 2 \times 10^7}$

2. Donne un exemple de deux nombres irrationnels :

a) dont le produit est un nombre rationnel ;

b) dont le produit est un nombre irrationnel ;

c) dont le quotient est un nombre rationnel ;

d) dont le quotient est un nombre irrationnel.

3. Place les nombres suivants en ordre croissant.

$\sqrt{60}$ $45^{\frac{1}{2}}$ $\sqrt[3]{130}$

$28^{\frac{2}{3}}$ $4^{\frac{3}{2}}$ $75^{\frac{1}{3}}$

4. Calcule la valeur des expressions suivantes.

a) $2^6 \times 5^6$

c) $(5^2 \times 5^4)^{\frac{1}{2}}$

e) $3^{\frac{1}{2}} \times 27^{\frac{1}{2}}$

g) $\dfrac{500^{\frac{1}{3}}}{4^{\frac{1}{3}}}$

b) $\dfrac{42^4}{14^4}$

d) $\sqrt{5} \times \sqrt{125}$

f) $\dfrac{\sqrt[3]{32}}{\sqrt[3]{4}}$

h) $20^{\frac{2}{3}} \times 50^{\frac{2}{3}}$

5. Laquelle des deux expressions a la plus grande valeur ?

a) 20^{100} ou 400^{40}

b) 9^{42} ou 27^{30}

c) 8^{80} ou 16^{60}

6. a) Peux-tu afficher un «gogol» sur ta calculatrice ?

b) Quel est le plus grand nombre que tu peux y afficher ?

c) Quel est le plus petit nombre strictement positif que tu peux y afficher ?

d) Quel est le rapport entre les deux nombres que tu as trouvés en **b** et **c** ?

7. Pourquoi ta calculatrice affiche-t-elle un message d'erreur lorsque tu tentes d'effectuer ces opérations ?

a) $\sqrt{-25}$

b) 3^{1000}

8. Pas très rationnel

Chloé extrait la racine cubique de π. Voici son résultat : 1,464 591 888.
Elle affirme que ce résultat est un nombre rationnel dont la période est 8. À l'aide
d'arguments mathématiques, prouve-lui qu'il s'agit d'un nombre irrationnel.

9. Faire les tours du monde

La Terre n'est pas parfaitement ronde. Son diamètre et sa circonférence
diffèrent selon qu'on prend la mesure du parallèle à l'équateur ou d'un
méridien passant par les deux pôles.

Observe le tableau ci-dessous. Laquelle des deux courbes est la plus près
d'un cercle parfait ? Justifie ta réponse à l'aide de calculs appropriés.

Courbe	Diamètre de la Terre	Circonférence de la Terre
Parallèle à l'équateur	12 756 km	40 075 km
Méridien	12 713 km	39 939 km

10. Mieux vaut proche que pas du tout

Nous savons aujourd'hui que le nombre π n'est pas un nombre rationnel et
qu'il ne peut pas s'exprimer à l'aide de racines carrées de nombres rationnels.
Voici tout de même quelques expressions proches de π, proposées par
différents mathématiciens au cours de l'histoire.

Nicolas de Cues (Allemagne, 1401 – 1464)		Adam Kochanski (Pologne, 1635 – 1700)	Srinivasa Ramanujan (Inde, 1887 – 1920)	
$\frac{3}{4}(\sqrt{3} + \sqrt{6})$	$\frac{24\sqrt{21}}{35}$	$\sqrt{\frac{40}{3} - 3\sqrt{2}}$	$1,8 + \sqrt{1,8}$	$\frac{19\sqrt{7}}{6}$

Parmi les cinq expressions proposées, quelle est la meilleure approximation de π ?

> **Point de repère**
>
> **L'irrationalité de π**
>
> En 1761, le mathématicien allemand Johann Lambert a fait la démonstration de l'irrationalité
> de π. En 1882, un autre mathématicien allemand, Ferdinand von Lindemann, a démontré
> qu'on ne peut pas exprimer le nombre π à l'aide de racines carrées de nombres rationnels.

11. Discussion de couple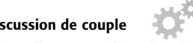

a) Ian affirme que si l'aire d'un disque est un nombre rationnel, la mesure
   de son rayon est nécessairement un nombre irrationnel. A-t-il raison ?
   Explique pourquoi.

b) Geneviève affirme que l'aire d'un disque est toujours un nombre irrationnel,
   peu importe la mesure du rayon. A-t-elle raison ? Explique pourquoi.

12. Facile à dire

Les conjectures ci-dessous sont-elles vraies ou fausses? Explique ton raisonnement. Si tu crois que certaines conjectures sont fausses, transforme-les pour qu'elles deviennent vraies.

a) Des puissances de même base non nulle mais d'exposants différents ne peuvent pas être égales.

b) Une base naturelle affectée d'un exposant fractionnaire est un nombre irrationnel.

c) Plus l'exposant qui affecte une base est grand, plus la puissance est élevée.

d) Le quotient de deux nombres irrationnels est un nombre irrationnel.

e) La somme de deux nombres irrationnels est un nombre irrationnel.

13. Lune à TIC

a) La Lune est située à environ 384 402 000 m de la Terre. Combien de fois les 25 millions de kilomètres de câbles à fibres optiques sur Terre pourraient-ils relier celle-ci à la Lune?

b) Si la Terre était reliée à la Lune par des câbles à fibres optiques, on pourrait y envoyer des courriers électroniques. Combien de secondes seraient nécessaires pour expédier un courrier électronique sur la Lune à la vitesse de la lumière, soit 3×10^5 km/s?

14. Double zéro

Laurie et Lucie ne s'entendent pas sur le résultat de 0^0.

Selon Laurie, puisque $0^1 = 0^3 = 0^{12} = 0$, il est logique que $0^0 = 0$. Lucie aborde plutôt la situation ainsi : $2^0 = 45^0 = 12{,}8^0 = 1$, donc $0^0 = 1$.

Selon toi, qui a tort? Justifie ta réponse.

15. Hors de tout doute

Démontre que $a^0 = 1$, si $a \neq 0$.

16. Sous zéro

Observe les suites ci-dessous et dégages-en une conjecture. Puis, détermine si ta conjecture est vraie ou fausse en en faisant la démonstration.

a) $(^-2)^2 = 4$, $(^-2)^3 = {}^-8$, $(^-2)^4 = 16$, $(^-2)^5 = {}^-32$, $(^-2)^6 = 64$, $(^-2)^7 = {}^-128$

b) $\left(\dfrac{1}{3}\right)^{-1} = 3$, $\left(\dfrac{1}{3}\right)^{-2} = 9$, $\left(\dfrac{1}{3}\right)^{-3} = 27$, $\left(\dfrac{1}{3}\right)^{-4} = 81$

Pièges et astuces

Un seul contre-exemple suffit pour invalider une conjecture.

17. Dans les deux sens

Les conjectures suivantes sont-elles vraies ou fausses ? Justifie tes réponses.

a) À chaque nombre est associée une seule notation scientifique ayant deux chiffres significatifs.

b) À chaque notation scientifique ayant deux chiffres significatifs est associé un seul nombre.

18. Tendons la main

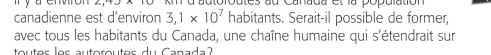

Il y a environ $2,45 \times 10^4$ km d'autoroutes au Canada et la population canadienne est d'environ $3,1 \times 10^7$ habitants. Serait-il possible de former, avec tous les habitants du Canada, une chaîne humaine qui s'étendrait sur toutes les autoroutes du Canada ?

19. Salaire en poche

Lis l'article suivant, puis réponds aux questions ci-dessous.

Le temps d'un café, le patron gagne votre salaire

Le 2 janvier, à 9 h 46, avant même qu'un employé n'ait eu le temps de prendre sa première pause de l'année, le salaire annuel moyen au Canada, qui est de 38 100 $, avait été dépassé par la plupart des 100 présidents d'entreprise les plus riches au Canada.

Adapté de La Presse, 3 janvier 2007.

Remarque : Pour effectuer la comparaison dans cet article, le salaire annuel moyen a été réparti sur 24 heures pour une période de 365 jours.

a) Selon cet article, combien d'argent gagnent en moyenne, par minute, les 100 présidents les plus riches au pays ?

b) Quel est leur salaire annuel moyen ?

c) Le patron le mieux payé en 2005 au Canada, le président-directeur général d'une entreprise de Calgary, a encaissé 74 824 335 $. À quel moment précis, au cours de l'année 2005, ce président avait-il déjà en poche le salaire annuel d'une Canadienne ou d'un Canadien qui travaille à temps plein et dont le salaire minimum est de 15 931 $?

20. Plus grand que 2 222

Essaie d'écrire le plus grand nombre possible en utilisant seulement quatre fois le chiffre 2, et ce, sans utiliser de symboles. Estime ensuite l'ordre de grandeur de ton nombre à l'aide d'une puissance de 10.

21. La grande plage d'Archimède

Dans l'une des ses œuvres, Archimède a essayé d'estimer le nombre de grains de sable que pourrait contenir tout l'Univers. Il est arrivé à environ 10^{63} grains de sable. Imagine qu'on fasse un gros cube en empilant tout ce sable. Quelle serait la longueur de l'arête de ce gros cube si un grain de sable avait une forme cubique de :

a) 1 mm d'arête? **b)** $\frac{1}{2}$ mm d'arête? **c)** $\frac{1}{3}$ mm d'arête? **d)** $\frac{1}{4}$ mm d'arête?

Point de repère

Archimède

Archimède (287 av. J.-C. – 212 av. J.-C.) est un savant grec de l'Antiquité qui s'est particulièrement intéressé à la physique et à la mathématique.

Un jour qu'il tentait de résoudre un problème à l'aide de figures tracées dans le sable, il ne remarqua pas que sa ville, Syracuse, avait été prise par les légions romaines. Lorsqu'un soldat s'approcha de lui, Archimède lui demanda de ne pas abîmer ses cercles. Le soldat, insulté, brandit son sabre et transperça le savant, malgré l'ordre du général romain Marcellus. Celui-ci avait en effet insisté pour que personne ne s'en prenne à Archimède, dont il admirait le génie.

---

22. Exactement $\sqrt{2}$

Pour situer $\sqrt{2}$ précisément sur une droite numérique, on y construit d'abord un carré dont chaque côté mesure 1 unité, puisque la diagonale d'un tel carré mesure $\sqrt{2}$ unité. On reporte ensuite cette mesure sur la droite à l'aide du compas, tel qu'illustré ci-dessous.

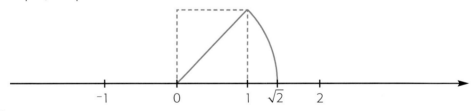

À l'aide de tes instruments de géométrie, détermine la position exacte que les nombres suivants occupent sur une droite numérique.

a) $^-\sqrt{2}$ **c)** $1 - \sqrt{2}$ **e)** $\dfrac{\sqrt{2}}{2}$

b) $1 + \sqrt{2}$ **d)** $3\sqrt{2}$ **f)** $\sqrt{8}$

23. *x* et fractions : tout un duo !

Détermine la valeur exacte de x dans les deux équations suivantes. Justifie chacune des étapes de ta résolution.

a) $75^{\frac{1}{2}} \cdot x = 225^{\frac{1}{2}}$ **b)** $\dfrac{16^{\frac{3}{2}}}{x^{\frac{3}{2}}} = 2^3$

24. Carré solaire

Dans les navettes spatiales, on utilise des piles munies de capteurs solaires pour convertir l'énergie du Soleil en électricité. Un capteur, qui a la forme d'un carré, produit 0,01 W d'électricité par centimètre carré.

Quelle est la longueur d'un côté d'un capteur solaire de forme carrée qui produit 5 watts d'électricité?

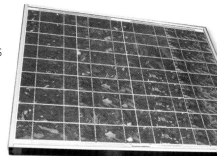

25. Records à battre

Les énoncés suivants relatent des records du monde. À l'aide du titre qui les chapeaute, récris ces énoncés sous une forme plus compréhensible.

a) **En quelques secondes**

En 2001, un chirurgien a complété le jeu «Opération» en $7,17\overline{592} \times 10^{-4}$ jour.

b) **Un grand nombre de personnes**

En 2004, des élèves et des enseignants d'une commission scolaire de l'Ontario se sont couchés dans la neige pour établir le record du plus grand nombre d'anges au sol. On évalue que la neige couvrant le sol a dû supporter une masse de 71,3 mégagrammes (Mg), en considérant que la masse moyenne d'une personne est de 45 kg.

c) **Le plus long pont**

Le pont pédestre de Coaticook, en Estrie, est le plus long pont suspendu du monde. Sa forme est celle d'un arc de cercle dont l'angle au centre est de 18° et dont le rayon est de 1 690/π m.

26. Une spirale en construction

Vers les séquences p. 133

Observe la figure ci-dessous. Elle comprend six carrés juxtaposés et une spirale formée de quarts de cercles. Suppose que les deux plus petits carrés mesurent chacun 1 cm de côté.

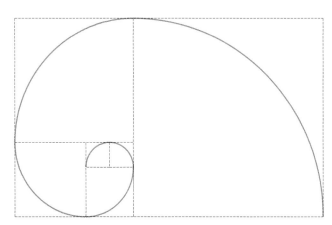

a) Reproduis cette figure en prolongeant la spirale sur deux autres carrés.

b) Détermine la mesure exacte de la spirale qu'on obtiendrait si la figure comprenait 10 carrés en tout.

27. Le poids des responsabilités

Lis l'article suivant et réponds à la question qui l'accompagne.

LE PONT DÉRABLE S'ÉCROULE

Moins d'une semaine après son inauguration, le pont Dérable s'écroule sous le poids d'un train routier. Plusieurs blâment l'ingénieur civil qui a dirigé la construction du pont, mais celui-ci accuse le conducteur du train routier. Selon l'ingénieur, la masse du train routier excédait de beaucoup la charge maximale permise sur le pont. L'ingénieur avait établi cette charge à $1\,000\left(99 - 70\sqrt{2}\,\right)$ tonnes.

Or, le panneau de signalisation qui se trouve à 1 km de l'entrée du pont indique que la charge maximale autorisée est de 1 000 t.

Les citoyens réclament des explications.

Le Journal d'aujourd'hui, 23 mars 2007.

Explique pourquoi le pont s'est écroulé. Quelle erreur a été commise?

28. En orbite

Lis cet article, puis réponds à la question ci-dessous.

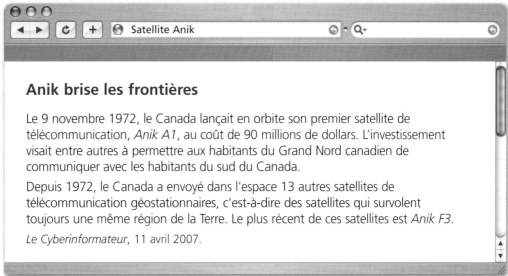

Anik brise les frontières

Le 9 novembre 1972, le Canada lançait en orbite son premier satellite de télécommunication, *Anik A1*, au coût de 90 millions de dollars. L'investissement visait entre autres à permettre aux habitants du Grand Nord canadien de communiquer avec les habitants du sud du Canada.

Depuis 1972, le Canada a envoyé dans l'espace 13 autres satellites de télécommunication géostationnaires, c'est-à-dire des satellites qui survolent toujours une même région de la Terre. Le plus récent de ces satellites est *Anik F3*.

Le Cyberinformateur, 11 avril 2007.

Pour qu'un satellite demeure en orbite géostationnaire, sa vitesse, v, en kilomètres par heure, doit répondre à la règle suivante:

$$v = \sqrt{\frac{5,15 \times 10^{12}}{d}}$$

où d représente la distance entre le satellite et le centre de la Terre.

Le satellite *Anik F3* est situé à 42 157 km du centre de la Terre. Trouve la distance qu'il parcourt en une année.

Vers les séquences p. 133

Les situations fonctionnelles

De nos jours, on s'intéresse beaucoup aux effets du comportement humain sur l'environnement. La mathématique est un outil indispensable pour tous ceux qui se penchent sur cette question. En effet, elle permet de mesurer l'impact de différentes variables sur l'environnement.

Grâce à l'étude des fonctions, tu pourras répondre à des questions telles que : Si le réchauffement de la planète se poursuit, à combien s'élèvera la température moyenne au Canada en 2025 ? Quel sera l'état des glaces marines dans les prochaines décennies ? Comment évoluent les réserves d'eau douce au fil des ans ?

Environnement et consommation

Survol

Entrée en matière

Le plein de polluants

Les situations qui suivent font appel à tes connaissances en algèbre.

La combustion de pétrole est, en grande partie, responsable des émissions de gaz à effet de serre. Ces gaz contribuent au réchauffement de la planète et à la production de smog, qu'on trouve le plus souvent dans les grandes villes.

1. Combien coûte, aujourd'hui, un litre d'essence à la station-service située près de chez toi?

2. Suppose que Martine s'arrête à cette station-service pour faire le plein. Le montant qu'elle paiera pour son essence variera selon la quantité d'essence qu'elle aura versée dans le réservoir de sa voiture.

a) Quelles sont les variables de cette situation?

b) Qu'est-ce qui est constant dans cette situation?

c) Le tableau ci-contre présente des valeurs que peuvent prendre les variables de cette situation. Reproduis cette table de valeurs et complète-la en utilisant le prix du litre d'essence que tu as déterminé en **1**.

Quantité d'essence (L)	Montant à payer ($)
	0
10	
20	
30	
	70
n	

d) Représente cette situation dans un plan cartésien.

e) Est-ce que cette situation est une situation de proportionnalité? Justifie ta réponse à l'aide de ton graphique et de la table de valeurs que tu as complétée en **c**.

f) Quel est le taux unitaire de cette situation? Que représente-t-il dans le contexte?

3. Au Québec, la vente d'essence est soumise à une lourde taxation. Une partie de ces taxes sert à financer différents services gouvernementaux, dont les soins de santé et l'éducation. Le tableau suivant présente les différentes taxes incluses dans le prix du litre d'essence en 2007.

Prix du litre d'essence avant les taxes	Taxe d'accise fédérale fixe	Taxe d'accise provinciale fixe	Taxe sur les produits et services (TPS)	Taxe de vente du Québec (TVQ)
P	0,10 \$/L	0,152 \$/L	6 %	7,5 %

Source : Ministère des Finances du Canada.

Calcule le prix du litre d'essence avant l'ajout des taxes, en te basant sur le prix que tu as déterminé en **1**.

4. En mars 2005, le prix de l'essence augmentait de façon considérable à cause d'une guerre au Moyen-Orient, la région du monde où l'on trouve le plus de pétrole. Les prix ont alors atteint des sommets dans tous les pays.

Le tableau ci-contre présente le prix du litre d'essence en dollars canadiens, en mars 2005, dans différents pays du monde.

a) Détermine, pour chaque pays, le nombre de litres d'essence qu'on peut se procurer avec 50 \$CA.

b) Dans un plan cartésien, représente les données que tu as trouvées en **a**. Sur l'axe des abscisses (axe horizontal), place le prix du litre d'essence en dollars canadiens. Sur l'axe des ordonnées (axe vertical), place la quantité d'essence qu'on peut se procurer avec 50 \$CA.

c) Qu'est-ce qui est constant dans cette situation ?

d) De quel type de situation s'agit-il ? Explique ta réponse.

e) Si l'essence coûtait 0,91 \$/L à Montréal, en mars 2005, combien de litres pouvait-on se procurer avec 50 \$CA ? Détermine ce nombre à l'aide du graphique que tu as construit en **b**.

f) En mars 2005, on pouvait acheter 75 L d'essence avec 50 \$CA au Vermont (États-Unis). À l'aide de ton graphique, détermine le prix d'un litre d'essence au Vermont.

Pays	Prix du litre d'essence (\$CA)
Hollande	2,08
Norvège	2,01
Italie	1,91
Grande-Bretagne	1,86
France	1,78
Portugal	1,72
Suisse	1,52
Japon	1,36
Roumanie	1,31
Brésil	1,00
Cuba	0,98
Afrique du Sud	0,84
Russie	0,67
Arabie Saoudite	0,29
Égypte	0,21
Nigeria	0,21
Venezuela	0,04

Source : Adapté de CNN.

Réactivation

1. Cette chaîne contient quatre anneaux qui se rencontrent en six points.

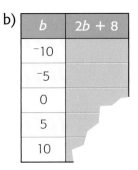

Combien y aurait-il de points de rencontre si l'on plaçait, de la même façon:

a) 6 anneaux? **b)** 15 anneaux? **c)** 100 anneaux? **d)** *n* anneaux?

2. Reproduis et complète les tables de valeurs suivantes.

a)

a	3a
0	
1	
2	
3	
4	

b)

b	2b + 8
⁻10	
⁻5	
0	
5	
10	

c)

c	4 − c
0	
1	
3	
6	
11	

3. La table de valeurs ci-contre présente la distance parcourue à vélo, en mètres, selon le nombre de tours effectués par la roue avant.

Nombre de tours effectués par la roue avant	Distance parcourue (m)
0	0,00
2	3,14
5	7,85
8	12,56

a) S'agit-il d'une situation de proportionnalité? Explique ta réponse.

b) Quelle est la circonférence de la roue avant?

c) Quelle est la distance parcourue par le vélo si la roue avant effectue:

1) 13 tours? **2)** 22,5 tours? **3)** 100 tours?

d) Quel est le nombre de tours effectués par la roue avant si le vélo parcourt une distance de:

1) 78,5 m? **2)** 235,5 m? **3)** 400 m?

4. Dans le premier quadrant d'un plan cartésien, situe les points ayant les coordonnées suivantes: (1, 72), (3, 24), (6, 12), (8, 9), (12, 6) et (24, 3). Que révèle cet ensemble de points?

La fonte graphique

Au cours des dernières décennies, les océanographes qui étudient l'évolution des glaces marines ont fait des constats préoccupants. Par exemple, ils ont observé une diminution de 40 % de l'épaisseur de la glace marine arctique par rapport à 1950. Les océanographes font un lien entre cette diminution et les changements climatiques.

Le graphique suivant montre l'évolution de l'aire de la glace marine arctique au cours de l'année 2005.

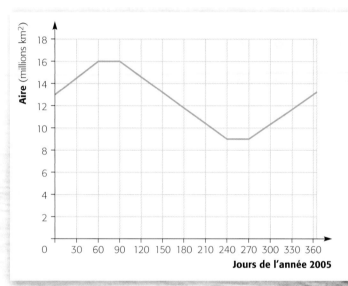

En se basant sur les données recueillies en 2005, des scientifiques ont fait les prédictions suivantes pour l'année 2050 :

– L'aire maximale de la glace sera réduite de moitié.

– La fonte des glaces débutera deux semaines plus tôt.

– La fonte se fera à un rythme de 1 million de km^2 par 15 jours, jusqu'à ce qu'il n'y en ait plus.

– La formation de glace débutera une semaine plus tard.

À partir de ces prédictions, construis un graphique qui représente l'évolution de l'aire de la glace marine arctique au cours de l'année 2050.

Environnement et consommation

L'ours polaire fait partie des espèces en déclin depuis mai 2006. Selon les biologistes, ce déclin s'expliquerait, entre autres, par la fonte de la glace marine arctique. La diminution et la fragilité de la glace réduisent l'accès des ours aux phoques, qui sont leur principale source de nourriture. Par ailleurs, le risque de noyade des ours augmente puisqu'ils s'épuisent à nager entre les blocs de glace de plus en plus espacés.

Selon toi, quelles sont les autres conséquences de la fonte de la glace marine arctique ?

Variables indépendante et dépendante d'une relation

Vélo, pinceaux, boulot!

Sébastien est enquêteur pour le Service de police de Gatineau. Ce matin, il s'entraîne sur son vélo stationnaire. Durant l'exercice, l'écran de son vélo affiche le nombre de tours de pédalier effectués, la distance parcourue virtuellement et le temps écoulé depuis le début de l'entraînement.

Dans cette situation, il existe une relation entre le nombre de tours de pédalier effectués et la distance parcourue.

A Quelle variable dépend de l'autre, selon toi?

B Dans tes mots, décris la façon dont les variables varient dans cette relation.

C Décris d'autres relations que présente cette situation.

Avant de quitter la maison pour le boulot, Sébastien range l'équipement et les pinceaux qu'il a utilisés hier pour peindre les murs de son salon. Il ne lui reste que la toile à plier. Il la plie en deux une première fois, puis une deuxième fois. Cela fait quatre épaisseurs de toile.

D Si Sébastien plie la toile en deux une fois de plus, combien d'épaisseurs de toile obtiendra-t-il?

E Quelles sont les deux variables de cette situation?

F Selon toi, laquelle de ces variables est la **variable dépendante**? Justifie ta réponse.

Variable dépendante

Dans une relation entre deux variables, la variable dépendante est celle qui est déterminée à partir de la variable indépendante.
On dit aussi que les variations de la variable indépendante ont une influence sur les variations de la variable dépendante.

Dès son arrivée au travail, Sébastien est appelé sur les lieux d'un accident. En dépassant la voiture de madame Gagnon, la voiture de monsieur Boulais a frappé un orignal de plein fouet.

Comme enquêteur, Sébastien doit déterminer la vitesse à laquelle roulait le véhicule de monsieur Boulais, en mesurant la distance des traces de freinage sur la chaussée. À première vue, tout porte à croire que le chauffeur conduisait trop vite.

G Quelles sont les deux variables de cette situation?

H Existe-t-il une relation entre ces deux variables? Explique ta réponse.

I Selon toi, quelle est la variable dépendante du point de vue de Sébastien?

J La variable dépendante peut-elle être différente du point de vue de monsieur Boulais? Explique ta réponse.

Ai-je bien compris?

1. Un entraîneur et un joueur de hockey professionnel sont en conflit. L'entraîneur dit au joueur: «Si tu veux plus de temps de glace, tu n'as qu'à mieux jouer.» Le joueur lui répond: «Pour mieux jouer, il me faut plus de temps de glace.»

   Est-ce que l'entraîneur et le joueur analysent la situation de la même façon? Justifie ta réponse à l'aide du concept de variable dépendante et de variable indépendante.

2. Dans un restaurant de la région, les clients paient la nourriture selon la masse, en grammes, qu'ils consomment.

   a) Quelle est la variable dépendante de cette situation?

   b) Quelle est la variable indépendante?

   c) Dans tes mots, décris la relation entre ces deux variables.

> **Environnement et consommation**
>
> Certains restaurateurs adoptent le concept de la facturation à la masse afin de réduire le gaspillage. D'après toi, ce concept est-il avantageux pour les clients? Explique pourquoi.

La goutte qui fait déborder le vase

Vers les séquences
p. 133

Modes de représentation d'une relation

François et Caroline remarquent que le robinet de la salle de bain fuit. Pour sensibiliser leurs parents au gaspillage d'eau que cela représente, ils placent un cylindre gradué sous le robinet à partir de 7 h. Tous doivent s'abstenir d'utiliser le robinet jusqu'à 19 h.

À différents moments de la journée, Caroline note le niveau d'eau dans le cylindre dans une table de valeurs comme celle-ci.

Fuite d'eau du robinet de la salle de bain	
Temps écoulé (h)	Quantité d'eau (ml)
1	20
2	40
4	80
8	160
12	240

Dans un plan cartésien, par convention, on place les valeurs de la variable indépendante sur l'axe des abscisses (axe horizontal) et les valeurs de la variable dépendante sur l'axe des ordonnées (axe vertical).

A Détermine la variable dépendante et la variable indépendante de cette situation.

B Représente cette situation dans un plan cartésien.

C Cette situation est-elle une situation de proportionnalité ? Justifie ta réponse.

Pour sa part, François a observé la quantité d'eau dans le cylindre à différentes heures. Voici ses observations

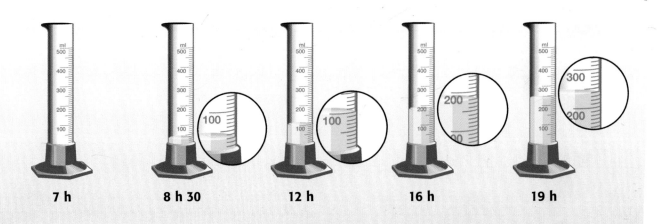

7 h   8 h 30   12 h   16 h   19 h

D Dans tes propres mots, décris l'évolution du niveau d'eau dans le cylindre.

E Représente les observations de François dans une table de valeurs. Cette table des valeurs montre-t-elle une situation de proportionnalité?

F Sur la droite que tu as tracée en **B**, situe les quantités d'eau observées par François à l'aide d'un crayon de couleur différente.

G Combien y a-t-il d'eau dans le cylindre après 30 minutes? après 6 heures? à 14 h?

H Après combien de temps y a-t-il 25 ml d'eau dans le cylindre? Après combien de temps y a-t-il 120 ml d'eau? À quelle heure de la journée chacune de ces périodes de temps correspond-elle?

I Quel mode de représentation t'a été le plus utile pour trouver tes réponses en **G** et **H**: les observations de François, la table de valeurs ou le graphique? Justifie ta réponse.

> En général, dans une table de valeurs, on place les valeurs de la variable indépendante dans la première colonne ou dans la première rangée.

Environnement et consommation

L'eau qui coule dans les robinets a été purifiée. Elle subira aussi un autre traitement avant de retourner dans les cours d'eau. Seulement sur l'île de Montréal, les dépenses liées au traitement et à la distribution de l'eau s'élèvent à environ 800 000 $ par jour. Le gaspillage de l'eau représente donc un coût réel pour les citoyens.

Selon toi, comment peut-on réduire les dépenses liées au traitement de l'eau potable?

Ai-je bien compris?

1. Si François et Caroline avaient mis un seau plutôt qu'un cylindre sous le robinet qui fuit, quelle quantité d'eau le seau aurait-il contenue: après 3 heures; après 5 heures 30 minutes; après 10 heures 20 minutes; après 3 jours? Note tes réponses dans une table de valeurs.

2. Le graphique ci-dessous représente la quantité d'eau recueillie dans un arrosoir placé à l'extérieur, un jour d'été. Décris cette relation dans tes mots.

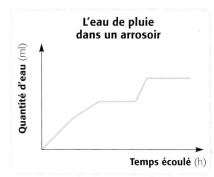

L'eau de pluie dans un arrosoir

Quantité d'eau (ml)

Temps écoulé (h)

3. Le temps est souvent une variable dans les relations. Explique pourquoi il est préférable de définir cette variable en fonction du temps écoulé depuis une certaine heure plutôt qu'en fonction des heures précises de la journée.

Circulation sur le pont

Types de variables

Le pont Jacques-Cartier est l'un des cinq ponts qui relient la Rive-Sud et l'île de Montréal. Aux heures de pointe, la circulation y est très dense.

Le temps requis pour qu'un véhicule franchisse les deux derniers kilomètres qui le séparent du pont est en relation avec la vitesse de la circulation.

On a placé sept couples de cette relation dans le plan cartésien ci-dessous, en supposant que la vitesse du véhicule est constante à partir de la pancarte routière indiquant que l'entrée du pont est à 2 km.

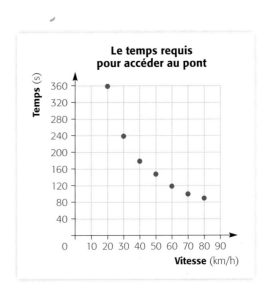

Le temps requis pour accéder au pont

A À quel ensemble de nombres les valeurs que *x* et *y* peuvent prendre appartiennent-elles? De quel **type de variable** s'agit-il?

B Peut-on représenter cette relation par la courbe passant par les sept points du graphique? Explique pourquoi.

Le pont Jacques-Cartier a une structure unique. Cette représentation en deux dimensions d'une partie de la structure du pont montre plusieurs triangles équilatéraux dont chaque côté mesure 2 m.

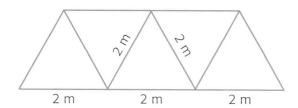

Il existe une relation entre la mesure de la base de la structure et le nombre de triangles équilatéraux qui la forment.

C Complète la table de valeurs ci-dessous.

Mesure de la base (m)	6	10	12	20	...	*x*
Nombre de triangles équilatéraux	5				...	

D S'agit-il d'une situation de proportionnalité? Justifie ta réponse.

E Dans un plan cartésien, situe les points qui correspondent aux quatre couples de la table de valeurs ci-dessus. Peut-on relier ces points? Justifie ta réponse.

Ai-je bien compris?

1. De quel type sont les variables suivantes?
   a) Le nombre de téléviseurs dans un foyer
   b) La température extérieure
   c) Le temps d'un appel téléphonique
   d) Les revenus d'une entreprise

2. Si l'on construisait un graphique pour représenter chacune des relations suivantes, ses points devraient-ils être reliés?
   a) Le temps requis pour évacuer une école selon le nombre d'élèves présents lors d'un exercice d'incendie.
   b) Le nombre de chaises dans un restaurant selon le nombre de tables.
   c) Le nombre de pots de confiture de 250 ml que Florence remplit selon la quantité de confiture qui se trouve dans son chaudron.
   d) Le diamètre d'un arbre selon son âge.

Type de variable
Une variable est qualifiée de «discrète» ou de «continue» selon les valeurs qu'elle peut prendre.
Une variable discrète est une variable dont on pourrait énumérer toutes les valeurs. Elle ne peut prendre aucune valeur intermédiaire. *Exemple:* Le nombre d'enfants dans une famille.
Une variable continue est une variable qui peut prendre toutes les valeurs intermédiaires entre deux valeurs possibles. *Exemple:* La masse d'un bébé à la naissance.

Faire le point

Les variables indépendante et dépendante

Dans une relation entre deux variables, la variable dépendante est celle qui est déterminée à partir de la variable indépendante. On dit aussi que les variations de la variable indépendante ont une influence sur les variations de la variable dépendante.

Exemples :

1) Romain enseigne le ski. Son tarif est de 20 $ la leçon. D'une semaine à l'autre, ses revenus varient selon le nombre de leçons qu'il offre.

Variable indépendante	Nombre de leçons offertes par Romain
Variable dépendante	Revenus de Romain

2) Sarah lance un ballon de football à son amie. La distance entre le ballon et le sol est déterminée par le temps écoulé depuis le lancer.

Variable indépendante	Temps écoulé depuis le lancer du ballon par Sarah
Variable dépendante	Distance entre le ballon et le sol

Remarque : Le choix des variables indépendante et dépendante est parfois influencé par l'intention ou le point de vue de la personne qui étudie la situation.

Pièges et astuces

La formulation «telle chose dépend de telle chose» peut t'aider à déterminer la variable dépendante et la variable indépendante d'une situation.

Les types de variables

Une variable est qualifiée de «discrète» ou de «continue» selon les valeurs qu'elle peut prendre. L'ensemble de nombres auquel ces valeurs appartiennent est appelé «l'ensemble de référence».

Une variable discrète est une variable dont on pourrait énumérer toutes les valeurs. Elle ne peut prendre aucune valeur intermédiaire.

Exemple : Le nombre de leçons de ski offertes par Romain est une variable discrète. L'ensemble de référence est l'ensemble des nombres naturels ($\mathbb{N}$).

Une variable continue est une variable qui peut prendre toutes les valeurs intermédiaires entre deux valeurs possibles.

Exemple : Le temps écoulé depuis le lancer du ballon par Sarah est une variable continue. L'ensemble de référence est l'ensemble des nombres réels ($\mathbb{R}$).

Les modes de représentation d'une relation

Les modes de représentation d'une relation sont les différents moyens qui permettent de comprendre cette relation. Le tableau ci-dessous présente différents modes de représentation pour une situation donnée.

Mode de représentation	Situation dans laquelle la variable indépendante est discrète	Situation dans laquelle la variable indépendante est continue
Les mots	Romain enseigne le ski. Son tarif est de 20 $ la leçon. D'une semaine à l'autre, ses revenus varient selon le nombre de leçons qu'il offre.	Sarah lance un ballon de football à son amie. La distance entre le ballon et le sol est déterminée par le temps écoulé depuis le lancer.
La table de valeurs	Voir table ci-dessous	Voir table ci-dessous

Table (situation discrète) :

Nombre de leçons offertes	2	3	5	7
Revenus en dollars ($)	40	60	100	140

Table (situation continue) :

Temps écoulé en secondes (s)	0	1	2	3
Distance sol-ballon en mètres (m)	1,6	2	2,2	2

Le graphique :

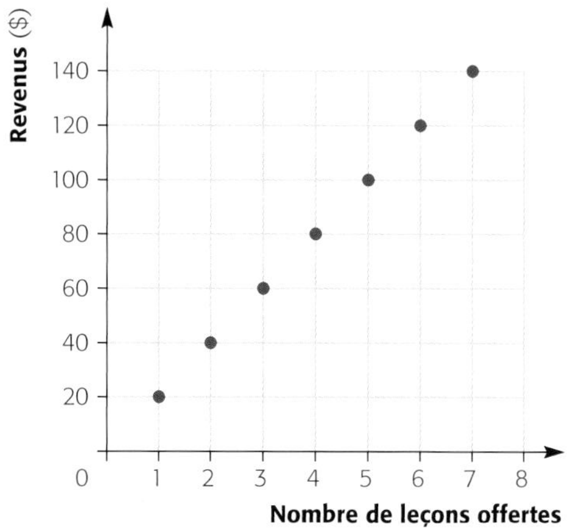

Remarque : Dans ce cas-ci, seules les coordonnées des points dont l'abscisse est un nombre naturel appartiennent à la relation.

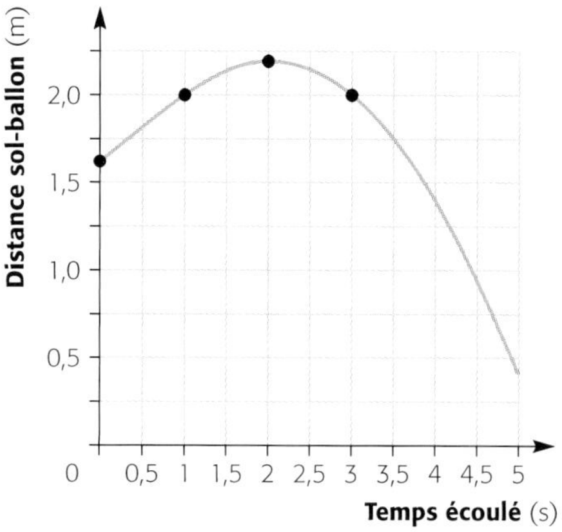

Remarque : Dans ce cas-ci, les coordonnées de tous les points qui se trouvent sur la courbe appartiennent à la relation.

Dans un plan cartésien, par convention, on place les valeurs de la variable indépendante sur l'axe des abscisses (axe horizontal) et les valeurs de la variable dépendante sur l'axe des ordonnées (axe vertical).

En général, dans une table de valeurs, on place les valeurs de la variable indépendante dans la première colonne ou dans la première rangée.

Mise en pratique

1. Détermine la variable indépendante et la variable dépendante de chacune des situations suivantes. Puis, détermine si chacune de ces variables est quantitative (discrète ou continue) ou qualitative.

   a) Tout au long d'une journée ensoleillée, la longueur de l'ombre d'un arbre varie.

   b) Dans une boutique, on calcule le nombre de cartes de souhaits vendues selon le mois de l'année.

   c) Il existe un lien entre le nombre d'étoiles qu'on peut apercevoir par une nuit claire et l'endroit où l'on habite.

   d) Guylaine parle souvent au téléphone. Elle remarque que la durée de son appel a une influence sur la couleur de son oreille.

2. Invente, puis décris dans tes mots, une situation dont la variable dépendante est :

   a) le montant à débourser ;

   b) le nombre de mots dans une page ;

   c) le nombre de pièces de 25 ¢ ;

   d) la taille d'une personne.

3. Patricia affirme que dans toute situation comportant une variable *temps*, le temps est toujours la variable indépendante. Pour appuyer son affirmation, elle donne les exemples suivants.

   Quand je fais du patin à roues alignées, la distance que je parcours dépend du temps que je consacre à mon entraînement.

   Ma paie hebdomadaire dépend du nombre d'heures travaillées.

   En général, lorsque je peins, la qualité de mon travail dépend du temps que je lui consacre.

   Es-tu d'accord avec l'affirmation de Patricia ? Justifie ta réponse à l'aide d'un exemple.

4. Madame Gamache est Canadienne et elle travaille régulièrement aux États-Unis. Quand elle est aux États-Unis, elle détermine la vitesse à laquelle elle roule à partir de la limite de vitesse affichée en milles à l'heure.

   Monsieur Pearson est Américain et il voyage souvent par affaires au Canada. Quand il est au Canada, il détermine la vitesse à laquelle il roule à partir de la limite de vitesse affichée en kilomètres à l'heure.

   Pour chacun d'eux, la vitesse exprimée en km/h est-elle la variable indépendante ou la variable dépendante ? Justifie ta réponse.

5. En 1960, l'espérance de vie d'un enfant atteint de fibrose kystique était de 4 ans. Aujourd'hui, grâce à la recherche, l'espérance de vie d'une personne atteinte est d'environ 37 ans.

Pour montrer l'importance du financement de la recherche, l'Association québécoise de fibrose kystique a remanié le proverbe «Le temps, c'est de l'argent» par «L'argent, c'est du temps».

a) Dans le proverbe «Le temps, c'est de l'argent», laquelle des deux variables est la variable dépendante? Explique ta réponse.

b) Dans l'expression «L'argent, c'est du temps», laquelle des deux variables est la variable dépendante? Explique ta réponse.

c) Les variables mises en relation dans ces deux expressions sont-elles discrètes ou continues?

6. Pour les sportifs, le temps est souvent une variable importante. Pour chacune des situations suivantes, indique si la variable *temps* (temps d'entraînement et temps de chute libre) est la variable dépendante. Explique ton point de vue.

Lorsqu'elle s'entraîne en aviron, Amélie doit varier son rythme en endurance et en sprint. Elle brûle jusqu'à huit calories par minute.

Samuel saute à différentes altitudes, ce qui fait varier son temps de chute libre. Par exemple, il a fait son premier saut à 1 000 m d'altitude et son dernier à 7 000 m d'altitude.

7. Chaque semaine du mois de mai, Simonne a noté la valeur de l'action qu'elle a achetée le 1er mai.

Date	1er mai	8 mai	15 mai	22 mai	29 mai
Valeur de l'action ($)	8,80	9,26	9,52	9,68	9,45

a) De quel type sont les variables mises en relation?

b) Situe les données de la table de valeurs ci-dessus dans un plan cartésien. Est-ce qu'on peut relier les points du graphique entre eux? Justifie ta réponse.

c) Explique cette relation dans tes mots.

8. Quelle est la différence entre l'âge que tu as et le nombre que tu donnes quand tu dis ton âge?

9. Pour chacune des **esquisses graphiques** suivantes, explique dans tes mots la variation de la variable dépendante lorsque la variable indépendante varie.

> **Esquisse graphique**
> Dessin d'un graphique à main levée, sans graduation des axes.

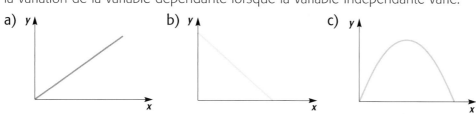

a)   b)   c)

10. Voici différentes relations entre deux variables. Associe à chacune l'esquisse graphique qui lui convient.

a) Le prix d'un billet de métro à Montréal selon la distance entre la station de départ et la station d'arrivée.

①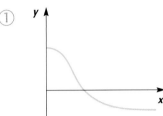

b) La température de l'eau dans un bac à glaçons placé au congélateur et le temps écoulé depuis que le bac a été rempli.

②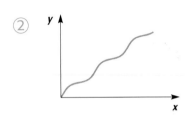

c) Le montant d'argent dans une tirelire si l'on y dépose la même somme tous les dimanches.

③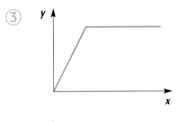

d) La quantité d'air dans un ballon pendant qu'on le gonfle.

④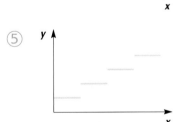

⑤

11. Dans chacune des esquisses graphiques de la question **10**, qu'arrive-t-il à la variable dépendante lorsque la variable indépendante prend une très grande valeur ?

12. L'aire d'un disque dépend de la mesure de son rayon.
   a) Complète une table de valeurs pour représenter la relation entre ces deux variables.
   b) Ces variables sont-elles discrètes ou continues ?
   c) Représente cette relation dans un plan cartésien.

13. Maude fait sa première randonnée de ski nautique sur le lac situé près de son terrain de camping. Elle quitte la rive et fait le tour du lac avant de revenir au quai. Voici son trajet.

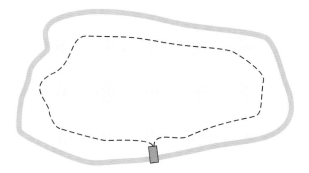

Il existe une relation entre la distance qui sépare Maude du quai et le temps écoulé depuis le début de sa randonnée.

a) Détermine la variable indépendante et la variable dépendante de cette relation.

b) Dessine l'esquisse graphique de cette relation.

14. Dessine une esquisse graphique qui représente la hauteur, par rapport au sol, d'une personne assise dans les manèges suivants durant un tour complet.

a) Le bateau pirate

b) La montagne russe

c) La grande roue

15. Une école a fait une collecte de cents. Pascale, l'enseignante en charge de la collecte, doit maintenant regrouper les pièces de monnaie en rouleaux de 50 cents. Il y a une relation entre le nombre de cents amassés et le nombre de rouleaux obtenus.

a) Quelle est la variable indépendante de cette relation ?

b) Cette variable est-elle discrète ou continue ?

c) Construis une table de valeurs qui représente cette relation.

d) Combien de rouleaux Pascale pourra-t-elle faire si les élèves ont amassé 1 850 cents ? 1 852 cents ?

e) Représente cette relation dans un plan cartésien.

Fait divers

Aujourd'hui, certaines personnes suggèrent d'éliminer les pièces de un cent, car elles coûtent trop cher à produire par rapport à ce qu'elles valent. En effet, il en coûte 0,8 ¢ au Canada et 1,4 ¢ aux États-Unis pour produire un maigre sou noir…

16. Lucien part en randonnée de vélo avec son lunch. Il roule à une vitesse constante de 24 km/h. Il parcourt aller-retour 66 kilomètres. Cette table de valeurs présente la distance parcourue par Lucien à différents moments de sa randonnée.

Temps écoulé depuis le départ (h)	0	0,5	1	1,5	2	2,5	3	3,50
Distance parcourue (km)	0	12	24	24	30	42	54	66

a) Représente cette situation dans un plan cartésien.

b) Après combien de temps Lucien s'est-il arrêté pour dîner?

c) Combien de temps s'est-il arrêté?

d) Si Lucien est parti à 11 h, quelle distance avait-il parcourue à 13 h 45?

e) Suppose que Lucien ait roulé sur une piste cyclable rectiligne et qu'il ait pris le même chemin de retour. Représente graphiquement la relation entre le temps écoulé depuis le départ de Lucien et la distance qui le sépare de son point de départ.

17. La tour penchée de Pise date du XIIe siècle. Le graphique ci-dessous représente la relation entre l'angle d'inclinaison de la tour et l'année.

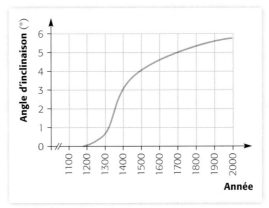

a) Quel était l'angle d'inclinaison en 1700?

b) En quelle année l'angle d'inclinaison de la tour était-il d'environ 3°?

c) Au cours de quelle période l'angle d'inclinaison a-t-il augmenté le plus rapidement?

d) Si la tour s'effondrait subitement, quel en serait l'effet sur le graphique?

Selon toi, les habitants de Pise souhaitent-ils que l'on redresse la tour?

Les relations, les fonctions et leurs réciproques

Une chaleur accablante

Situation-problème

Lors d'une canicule, la chaleur est souvent insupportable pour les gens âgés ou les personnes qui ont des problèmes respiratoires.

En fait, pour mesurer adéquatement la chaleur ressentie par les êtres humains, on doit tenir compte de deux variables : la température que le mercure indique et le taux d'humidité ambiant. L'humidex est la mesure qui combine ces deux variables.

En comparant les quatre tableaux suivants, on constate que plus le taux d'humidité est élevé, plus l'humidex est élevé. On constate aussi que plus la température est élevée, plus le taux d'humidité a une influence sur l'humidex.

Taux d'humidité : 40 %	
Mercure	Humidex
20 °C	20,0 °C
22 °C	22,3 °C
24 °C	25,1 °C
26 °C	27,9 °C
28 °C	30,8 °C
30 °C	33,1 °C

Taux d'humidité : 60 %	
Mercure	Humidex
20 °C	22,2 °C
22 °C	25,2 °C
24 °C	28,4 °C
26 °C	31,6 °C
28 °C	35,0 °C
30 °C	38,6 °C

Taux d'humidité : 80 %	
Mercure	Humidex
20 °C	24,8 °C
22 °C	28,2 °C
24 °C	31,7 °C
26 °C	35,4 °C
28 °C	39,2 °C
30 °C	43,3 °C

Taux d'humidité : 95 %	
Mercure	Humidex
20 °C	26,8 °C
22 °C	30,4 °C
24 °C	34,2 °C
26 °C	38,2 °C
28 °C	42,4 °C
30 °C	46,8 °C

Si l'humidex est de 32 °C, quelles valeurs le mercure et le taux d'humidité peuvent-ils prendre ? Trouve le plus de valeurs possible, en appuyant tes réponses sur un calcul ou un mode de représentation approprié.

Fait divers

Ce sont des météorologues canadiens qui ont inventé l'humidex, utilisé pour la première fois en 1965.

L'hiver, c'est le facteur de refroidissement éolien qui indique la température ressentie par les êtres humains. Cette mesure tient compte de la température que le mercure indique et de la vitesse du vent.

La frontière des degrés

Relation réciproque

Julie est une peintre québécoise. Pendant deux semaines, elle expose ses œuvres à New York. Durant son séjour, elle doit constamment effectuer des conversions de mesures, entre autres lorsqu'elle veut connaître la température.

Voici deux formules.

Aux États-Unis, on exprime la température en degrés Fahrenheit alors qu'au Canada, on l'exprime en degrés Celsius. Peux-tu nommer d'autres unités de mesure qui ne sont pas les mêmes au Canada et aux États-Unis?

$$C = \frac{5}{9}(F - 32) \quad F = \frac{9}{5}C + 32$$

L'une permet de calculer la température en degrés Celsius (C) à partir de la température exprimée en degrés Fahrenheit (F). L'autre permet de calculer la température en degrés Fahrenheit à partir de la température exprimée en degrés Celsius.

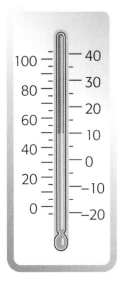

A Sur le thermomètre ci-contre, où se trouvent les degrés Celsius?

B De quelle formule Julie se servira-t-elle lors de son séjour à New York?

C À l'aide de cette formule, dresse une table de valeurs qui comporte au moins cinq couples.

D Représente la relation entre les deux unités de température dans un plan cartésien.

E Cette situation est-elle une situation de proportionnalité?

Relation réciproque
Pour une relation donnée, la relation réciproque permet de calculer la valeur de la variable indépendante à partir de la valeur de la variable dépendante.

Vince est Américain. Chaque hiver, il vient passer une fin de semaine dans les Laurentides pour pratiquer son sport favori, le ski alpin. Contrairement à Julie, Vince doit transformer la température exprimée en degrés Celsius en degrés Fahrenheit : c'est la **relation réciproque** de celle de Julie.

F Dresse une table de valeurs dans laquelle la variable indépendante est la température en degrés Celsius. Puis, construis le graphique qui lui est associé.

G Compare les graphiques que tu as construits en **D** et **F**. À quels endroits la droite de chaque graphique croise-t-elle les axes?

H Énonce une conjecture sur les couples des deux relations.

I Démontre algébriquement que les deux formules pour convertir les températures sont équivalentes.

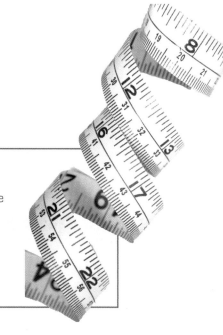

> **Environnement et consommation**
>
> Le 15 janvier 2007, la NASA, l'Agence spatiale américaine, a adopté le Système international d'unités (SI) pour son programme d'exploration de la Lune. Cela permet d'éviter les conversions d'unités et facilite la coopération avec les autres agences spatiales, qui utilisent toutes le SI. Qui sait, peut-être que tous les Américains emboîteront bientôt le pas et adopteront le SI.
>
> Selon toi, quel impact ce changement aurait-il sur les échanges commerciaux entre le Canada et les États-Unis?

Ai-je bien compris?

1. Voici les couples d'une relation. Détermine les couples de la relation réciproque.

x	1	2	3	4
y	5	7	9	11

2. Chacun des graphiques ci-dessous représente une relation entre deux variables. Parmi les graphiques ① à ⑥, lequel représente la relation réciproque du graphique **a**? du graphique **b**?

a)
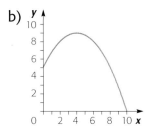

①
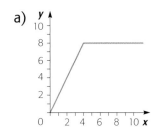

②
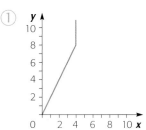

③
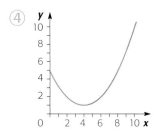

b)
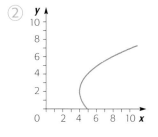

④
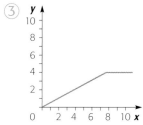

⑤
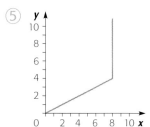

⑥
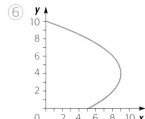

L'ombre et le temps qui passe

Fonction

Dans le cadre d'une expérience en science et technologie, Célina mesure l'ombre d'un poteau d'une traverse piétonne à différents moments de la journée. Elle commence à prendre ses mesures à 7 h, soit une heure après le lever du soleil. Célina consigne ses données dans un plan cartésien.

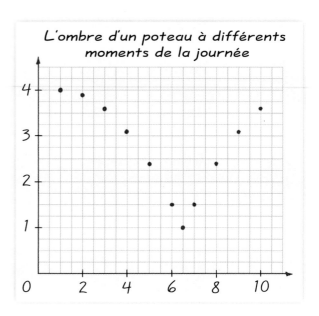

L'ombre d'un poteau à différents moments de la journée

A Célina n'a pas identifié les axes de son plan cartésien. Que doit-elle indiquer sur l'axe des abscisses ? sur l'axe des ordonnées ?

B Peut-elle relier les points de son graphique ? Justifie ta réponse.

Dans le cadre de son expérience, Célina apprend que, il y a plusieurs milliers d'années, on déterminait l'heure de la journée à l'aide de l'ombre d'un bâton planté dans le sol. La longueur de l'ombre du bâton permettait de connaître l'heure.

C Cette relation est la réciproque de celle établie par Célina. Pourquoi ?

Fait divers

L'ancêtre du cadran solaire est le gnomon, un instrument composé d'une tige verticale qui fait de l'ombre sur une surface plane. Par nuit claire, on peut aussi se fier à l'ombre du gnomon, créée par la lumière de la Lune, pour déterminer l'heure.

D Reproduis et complète la table de valeurs ci-contre à l'aide des données que Célina a consignées dans son plan cartésien.

E Est-ce que cette façon de présenter les valeurs te semble pratique? Pourquoi?

F Construis un plan cartésien dans lequel le temps écoulé depuis le lever du soleil est la variable dépendante de la longueur de l'ombre. Puis, trace le graphique qui représente cette relation.

Longueur de l'ombre (m)	Temps écoulé depuis le lever du soleil (h)
1,0	6,5
1,5	
2,0	
2,5	
3,0	
3,5	
4,0	

> **Fonction**
> Relation qui fait correspondre à toute valeur que prend la variable indépendante *une et une seule* valeur de la variable dépendante.

G Entre le plan cartésien de Célina et celui que tu viens de construire, lequel te semble le plus pratique à utiliser?

Parmi toutes les relations qu'on peut définir entre deux variables, certaines font partie du sous-ensemble des **fonctions**.

H Selon toi, la relation que Célina a représentée dans son plan cartésien est-elle une fonction? Qu'en est-il de la relation que tu as représentée en **F**?

> **Point de repère**
>
> **Leonhard Euler**
>
> Leonhard Euler (1707 – 1783) est un mathématicien suisse prolifique. Il s'est intéressé à tous les domaines de la mathématique, ainsi qu'à l'astronomie et aux sciences physiques. Euler a fait un travail de pionnier sur le concept de variable et il a été le premier à faire l'étude systématique de toutes les fonctions élémentaires.
>
>

Ai-je bien compris?

1. Parmi les graphiques suivants, lequel ou lesquels représentent des fonctions?

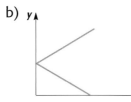 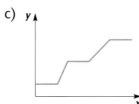

   a) b) c)

2. Hugo saute sur un trampoline. Son instructeur s'intéresse à la relation entre la hauteur de ses sauts et le temps écoulé depuis qu'il est monté sur l'appareil. Pour que cette relation soit une fonction, quelle variable l'instructeur d'Hugo doit-il considérer comme indépendante?

3. Comment peux-tu savoir qu'une relation n'est pas une fonction à partir de:
   a) sa représentation graphique?
   b) sa table de valeurs?

Insomnie angulaire

Propriétés d'une fonction

Les yeux entrouverts, Léa regarde son cadran. L'angle entre les deux aiguilles est nul : il est minuit. Pour trouver le sommeil, Léa s'attarde à la variation du plus petit angle formé par les deux aiguilles à mesure que l'heure avance.

A Quelles sont les deux variables de cette situation ? Ces variables sont-elles discrètes ou continues ?

La relation entre ces deux variables est une fonction. Elle est représentée dans le plan cartésien ci-contre.

B Une fonction a des propriétés qui la caractérisent. Voici des questions qui portent sur les propriétés de la fonction ci-contre.

1) Cette fonction est-elle croissante ou décroissante ?

2) Si le maximum de cette fonction est 180, quel est son minimum ?

3) Quelles sont les coordonnées des points de rencontre de la fonction et de l'axe des abscisses ?

4) Quels sont le **domaine** et l'**image** de cette fonction ?

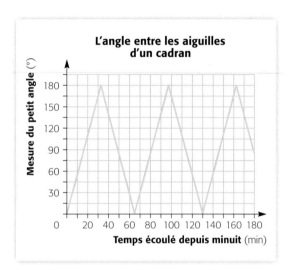

Domaine
Ensemble des valeurs que peut prendre la variable indépendante.

Image
Ensemble des valeurs que peut prendre la variable dépendante.

Ai-je bien compris ?

1. Observe le graphique ci-contre, puis réponds aux questions suivantes.

a) Quels sont le domaine et l'image de cette fonction ?

b) Durant quelle période de la journée la température augmente-t-elle ? Durant quelle période diminue-t-elle ?

c) Quelle est la température minimale et la température maximale ?

d) Durant quelle période de la journée la température est-elle négative ? Durant quelle période est-elle positive ?

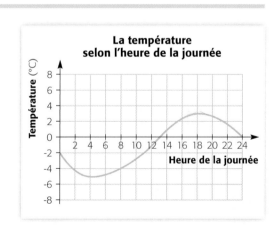

2. a) Trace l'esquisse graphique d'une fonction qui n'a pas de maximum, qui est toujours croissante et dont le domaine est ℝ.

b) Est-ce qu'il existe plus d'une fonction ayant ces propriétés ? Justifie ta réponse.

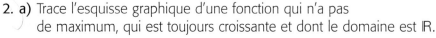

La relation réciproque

Pour une relation donnée, la relation réciproque permet de calculer la valeur de la variable indépendante à partir de la valeur de la variable dépendante. La relation réciproque fait donc l'inverse de la relation à laquelle elle est associée.

Mode de représentation	Relation	Relation réciproque
Les mots	Le périmètre d'un carré, P, dépend de la mesure de son côté, c.	La mesure du côté d'un carré, c, dépend de son périmètre, P.
La table de valeurs	<table><tr><td>Mesure du côté (cm)</td><td>1</td><td>2</td><td>3</td><td>4</td></tr><tr><td>Périmètre (cm)</td><td>4</td><td>8</td><td>12</td><td>16</td></tr></table>	<table><tr><td>Périmètre (cm)</td><td>4</td><td>8</td><td>12</td><td>16</td></tr><tr><td>Mesure du côté (cm)</td><td>1</td><td>2</td><td>3</td><td>4</td></tr></table>
Le graphique *Remarque :* Les points de ces graphiques sont reliés, car les variables de la relation sont continues.		
La règle	$P = 4c$	$c = \dfrac{P}{4}$

Tous les couples (x, y) d'une relation sont des couples (y, x) de sa relation réciproque. Ainsi, $(1, 4)$ et $(4, 1)$ sont appelés «des couples réciproques».

Les fonctions

Parmi les relations entre deux variables, on en trouve un type particulier : les fonctions. Une fonction est une relation qui fait correspondre à toute valeur que prend la variable indépendante *une et une seule* valeur de la variable dépendante. On parle aussi de «relation fonctionnelle».

Exemple : la relation entre la taille d'un enfant et son âge est une fonction, car pour tout âge, on peut associer *une et une seule* taille.

La notation fonctionnelle

On utilise parfois la notation fonctionnelle $f(x)$ pour désigner la valeur de la variable dépendante lorsque la variable indépendante vaut x. Cette notation permet d'associer une image à une valeur du domaine. La notation $f(x)$ se lit «f de x».

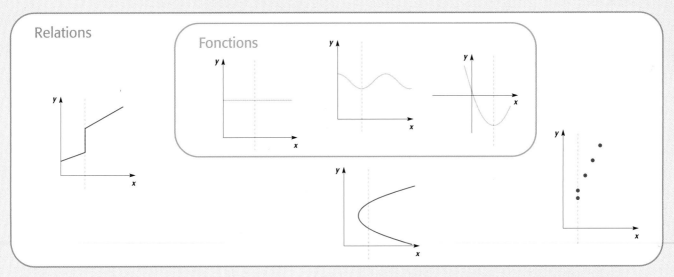

Lorsqu'on imagine des droites verticales dans un plan cartésien (lignes pointillées sur les graphiques ci-dessus), chacune d'elles doit croiser la relation en *au plus* un point pour que la relation soit une fonction.

Les propriétés d'une fonction

Une fonction possède un certain nombre de propriétés qui la caractérisent.

Le tableau suivant définit les propriétés de la fonction représentée ci-contre.

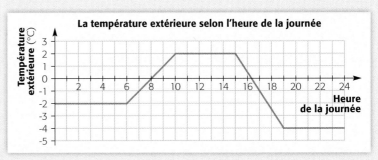

Propriétés	
Domaine: ensemble des valeurs que peut prendre la variable indépendante. *Tous les nombres réels compris entre 0 et 24*	**Image:** ensemble des valeurs que peut prendre la variable dépendante. *Tous les nombres réels compris entre −4 et 2*
Maximum: plus grande valeur que prend la variable dépendante. *2 °C*	**Minimum:** plus petite valeur que prend la variable dépendante. *−4 °C*
Ordonnée à l'origine: ordonnée du point lorsque l'abscisse vaut 0. *−2 °C*	**Abscisse à l'origine:** abscisse du ou des points lorsque l'ordonnée vaut 0. *8 h et 16 h 20*
Variation (croissance et décroissance) *La température **augmente** entre 6 h et 10 h. Elle **diminue** entre 15 h et 19 h. Elle demeure **constante** le reste du temps.*	
Étude du signe *La température est **négative** entre 0 et 8 h et entre 16 h 20 et 24 heures. Elle est **positive** entre 8 h et 16 h 20.*	
Image d'une valeur du domaine *Soit f(8), la valeur de la variable dépendante lorsque la variable indépendante vaut 8. Ainsi, f(8) = 0 signifie que l'image de 8 est 0. Dans le contexte, cela signifie qu'à 8 h, la température est de 0 °C.*	

Mise en pratique

1. Pour chacune des esquisses graphiques suivantes, réponds aux questions ci-dessous.

①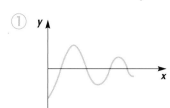

②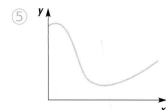

③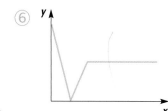

④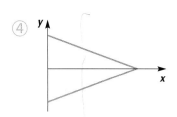

⑤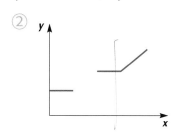

⑥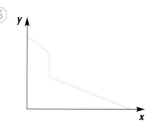

a) La relation représentée est-elle une fonction ?

b) Trace l'esquisse graphique de la relation réciproque.

c) La relation réciproque est-elle une fonction ?

2. Pour chacune des situations suivantes, détermine s'il s'agit d'une fonction.

a) Le prix de l'essence à la pompe dépend de la quantité achetée.

b) La distance parcourue par un avion dépend du temps de vol.

c) L'âge d'un individu dépend de sa taille.

3. Cette table de valeurs présente des couples d'une fonction.

x	−2	−1	0	1	2	3
y	4	1	0	1	4	9

a) Dans un plan cartésien, situe les points qui correspondent à la relation réciproque de cette fonction.

b) La relation réciproque est-elle une fonction ?

4. Trace l'esquisse graphique d'une fonction :

a) qui est parfois constante, parfois négative, et qui coupe l'axe des ordonnées à 8 ;

b) dont l'ordonnée à l'origine est 5 et qui n'a pas d'abscisse à l'origine ;

c) dont l'image de 2 est 8 et qui est décroissante.

5. Voici des esquisses graphiques qui représentent trois situations fonctionnelles.

① **La peinture de la cafétéria**

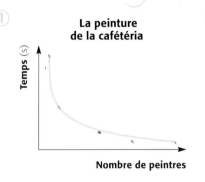

Temps (s) / Nombre de peintres

② **La promenade d'Albert**

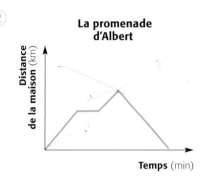

Distance de la maison (km) / Temps (min)

③ **Le salaire d'un vendeur**

Paie ($) / Ventes ($)

a) Parmi ces fonctions, laquelle semble toujours croissante ?

b) Quel est le maximum de chaque fonction ?

c) Pour chaque fonction, détermine si la relation réciproque est aussi une fonction. Justifie ta réponse.

6. La table de valeurs ci-contre présente le pourcentage de matières recyclables qui ont effectivement été recyclées au Québec entre 1994 et 2004.

Complète les énoncés suivants.

a) L'image de 2000 est ▨

b) $f(2004) =$ ▨

c) $f($▨$) = 42\%$

Année	Matières recyclées (%)
1994	33
1996	42
1998	44
2000	39
2002	47
2004	49

7. Détermine si les énoncés suivants sont vrais ou faux. Dans chaque cas, justifie ta réponse.

a) Une fonction peut avoir plus d'une abscisse à l'origine.

b) Une fonction peut avoir plus d'une ordonnée à l'origine.

c) Une fonction peut n'avoir ni ordonnée ni abscisse à l'origine.

8. Les 500 milles d'Indianapolis sont une course automobile très populaire, particulièrement aux États-Unis. Les coureurs automobiles parcourent le circuit 200 fois pour compléter la distance de 500 milles, soit environ 804,5 km.

Les énoncés suivants mettent en relation certaines variables relatives à cette course. Détermine si la relation décrite dans chaque énoncé est une fonction. Justifie ta réponse à l'aide d'une esquisse graphique ou d'une explication claire.

a) La distance qu'il reste à parcourir dépend du temps écoulé depuis le début de la course.

b) Le nombre de tours faits dépend de la distance parcourue depuis le départ.

c) Le temps écoulé depuis le début de la course dépend de la distance qui sépare un coureur de la ligne de départ.

9. Étienne lance 20 pièces de monnaie. Il retire les pièces qui affichent le côté face. Après avoir noté le nombre de pièces qu'il lui reste, il les relance. Étienne retire de nouveau les pièces qui affichent le côté face et recommence le processus jusqu'à ce qu'il ne lui reste aucune pièce.

Voici le résultat de son expérience.

Lancers effectués	0	1	2	3	4	5	6	7	8	9
Pièces de monnaie restantes	20	12	8	3	2	2	1	1	1	0

a) Quels sont le domaine et l'image de cette fonction?

b) Quelle est l'ordonnée à l'origine? À quoi correspond-elle dans le contexte?

c) Cette fonction peut-elle être croissante sur une partie du domaine? Justifie ta réponse.

d) À partir du nombre de pièces restantes, peut-on savoir combien de lancers ont été effectués?

e) Si tu faisais la même expérience qu'Étienne, aurais-tu la même table de valeurs?

f) Selon toi, est-il possible que l'expérience nécessite 100 lancers? Justifie ta réponse.

g) Détermine $f(4)$.

Pièges et astuces

Construire un graphique est souvent utile pour décrire les propriétés d'une fonction.

10. Anouchka parcourt l'Europe avec son sac à dos. Elle dispose d'un montant de 3 000 $ et dépense 75 $ par jour. Le montant qu'il lui reste en poche varie selon le nombre de jours écoulés depuis son départ.

a) Les variables de cette fonction sont-elles discrètes ou continues?

b) Quel est le domaine de cette fonction? Quelle en est l'image?

c) Cette fonction est-elle croissante ou décroissante?

d) Quel est le maximum de cette fonction? Quel est son minimum?

11. Lors de sa fin de semaine de ski dans les Laurentides, Vince veut changer de l'argent américain en dollars canadiens pour payer ses dépenses. À l'hôtel, le taux de change en vigueur est de 1,18 $CA pour 1 $US.

a) Détermine la variable indépendante et la variable dépendante de cette relation.

b) Quelle formule Vince doit-il utiliser pour effectuer ses conversions?

c) Quel montant, en dollars canadiens, Vince obtiendra-t-il pour 500 $US?

d) À la fin de son séjour, Vince a 75 $CA en poche. Quel montant cela représente-t-il en dollars américains?

La fonction de variation inverse

La fonction de variation inverse est une fonction dont le produit des valeurs associées des variables indépendante et dépendante est constant.

Exemple :

Maxime exige 60 $ pour peindre les murs d'une cuisine. Son salaire par heure, y, varie en fonction du temps, x, qu'il prendra pour effectuer la tâche.

Voici différents modes de représentation d'une fonction de variation inverse.

> La fonction de variation inverse est un cas particulier des fonctions rationnelles, que tu aborderas plus tard, selon la séquence que tu choisiras en mathématique.

Mode de représentation	Exemple
La table de valeurs Dans la table de valeurs d'une fonction de variation inverse, le **produit** des valeurs associées est **constant**.	 $1 \times 60 = 2 \times 30 = \ldots = 6 \times 10 = 60$
Le graphique La représentation graphique d'une fonction de variation inverse est une courbe décroissante qui s'approche des deux axes sans y toucher. Le produit des coordonnées est constant pour tout point du graphique. On le désigne par k.	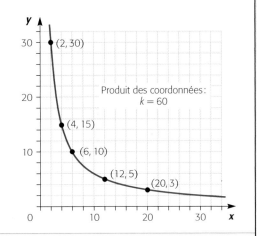
La règle La représentation algébrique d'une fonction de variation inverse est de la forme : $xy = k$ ou $y = \dfrac{k}{x}$ ou $f(x) = \dfrac{k}{x}$ où k représente une constante. *Remarque :* Les variables x et y ne peuvent pas égaler 0.	La règle de cette fonction est : $xy = 60$ ou $y = \dfrac{60}{x}$ ou $f(x) = \dfrac{60}{x}$ $f(6) = \dfrac{60}{6} = 10$ Si Maxime travaille pendant 6 heures, son salaire est de 10 $/h.

Mise en pratique

1. Soit les six fonctions ci-dessous.

   a) Dans chaque cas, détermine s'il s'agit d'une fonction linéaire, d'une fonction de variation inverse ou ni l'une ni l'autre.

   b) Écris la règle de chaque fonction, si possible.

   ①
x	1	3	5	7	10	15
y	0,2	0,6	1	1,4	2	3

   ④
x	5	10	15	20	25	30
y	5	10	15	20	25	30

   ②
x	1	3	5	7	10	15
y	75	25	15	$\frac{75}{7}$	7,5	5

   ⑤
x	5	10	15	20	25	30
y	30	15	10	7,5	6	5

   ③
x	1	3	5	7	10	15
y	15	13	11	9	6	1

   ⑥
x	5	10	15	20	25	30
y	1	2	5	10	25	60

2. Calcule le taux de variation des fonctions linéaires suivantes.

   a)

   b)

   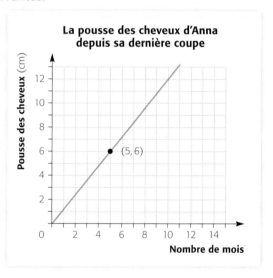

3. L'énergie dépensée par une personne est exprimée en joules ou en calories. La règle $f(x) = 4,18x$ permet de convertir des calories, x, en joules, $f(x)$.

   a) Détermine $f(400)$.

   b) Détermine x si $f(x) = 400$.

4. Le graphique ci-contre montre la relation entre la largeur de l'image projetée sur un écran et la distance entre le projecteur et l'écran.

   a) Quelle est la largeur de l'image si le projecteur se trouve à 12,5 mètres de l'écran?

   b) Quelle est la distance entre le projecteur et l'écran si la largeur de l'image est de 3,5 m?

   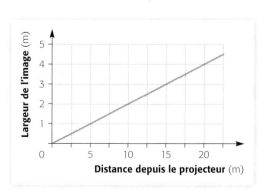

5. Le prix du recouvrement d'un plancher dépend du choix de recouvrement et de la superficie du plancher à recouvrir.

   À l'aide du graphique ci-contre, compare le prix du bois franc avec celui du tapis pour un recouvrement de 45 m².

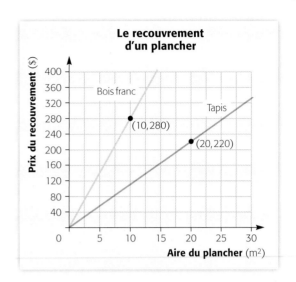

Le recouvrement d'un plancher

6. Calcule le taux de variation entre les points (5, 20) et (7, 28), puis entre les points (7, 28) et (5, 20). Quelle conclusion peux-tu tirer de tes calculs?

7. Pénélope est enceinte. Ses collègues veulent lui offrir un berceau en cadeau.

   Le graphique ci-contre présente la relation entre le nombre de personnes qui contribuent à l'achat du berceau et le montant que chacune doit débourser.

   Si sept personnes contribuent à l'achat, combien chacune paiera-t-elle?

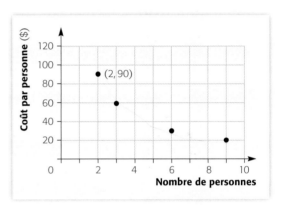

8. Détermine si les énoncés suivants sont vrais ou faux. Dans chaque cas, justifie ta réponse.

   a) Toutes les situations de proportionnalité sont modélisées par des fonctions.

   b) La relation réciproque d'une fonction qui modélise une situation de proportionnalité est une fonction de variation inverse.

   c) Les couples qui appartiennent à une fonction de variation inverse appartiennent aussi à la relation réciproque de cette fonction.

9. Béatrice organise une journée de plein air dans le parc national de la Jacques-Cartier. Le coût de location de l'autobus est de 850 $. Le prix par personne variera en fonction du nombre de personnes qui participeront à l'activité.

   a) Identifie les variables de cette situation et écris la règle qui lui est associée.

   b) En tenant compte du contexte, détermine le montant minimum que les participants auront à débourser.

10. Des élèves ont formé un groupe de musique. Ils ont déjà enregistré des compositions sur un disque compact dont ils veulent vendre des copies. La relation entre x, le prix de vente unitaire d'un disque compact, et $f(x)$, le nombre de disques compacts que le groupe prévoit vendre, est modélisée par une fonction de variation inverse. Voici le graphique de cette fonction.

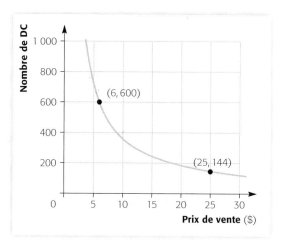

a) Quel prix de vente unitaire le groupe doit-il fixer s'il veut vendre au moins 700 disques compacts?

b) Dans cette relation, le taux de variation est-il toujours de même signe?

c) Dans cette relation, le taux de variation est-il toujours constant?

d) Crois-tu qu'il y aura toujours au moins un acheteur pour le disque compact du groupe, peu importe son prix?

11. Pour évaluer la distance qui te sépare d'un éclair, tu dois compter le nombre de secondes qui s'écoulent entre le moment où tu vois l'éclair et le moment où tu entends le tonnerre. Un délai de trois secondes représente une distance d'environ un kilomètre.

a) Quelles sont les deux variables mises en relation dans cette situation? Laquelle est la variable indépendante?

b) Construis une table de valeurs pour les distances de 1 à 5 km.

c) Quel est le domaine de cette fonction?

d) Représente cette fonction à l'aide d'un graphique.

12. La directrice d'une école décide de faire nettoyer toutes les fenêtres de l'établissement par l'entreprise ONET. L'entreprise évalue que ce travail nécessitera 2 employés qui travailleront chacun 36 heures.

Cette situation met en relation le nombre d'employés et le temps requis pour laver toutes les fenêtres, lorsque tous les employés travaillent au même rythme.

a) Selon l'entreprise ONET, quel est le nombre total d'heures requis pour nettoyer toutes les fenêtres de l'école?

b) Décris dans tes mots la relation entre le nombre d'employés et le temps requis pour nettoyer toutes les fenêtres.

c) Quel est le type de chacune des variables de cette situation?

d) Représente cette situation dans une table de valeurs.

e) Si le nombre d'employés n'avait pas de limite, crois-tu que le nettoyage de toutes les fenêtres pourrait se faire en 15 minutes?

13. Un lecteur portatif de fichiers multimédias a une capacité de stockage de 80 Go. Quelle règle permet de calculer le nombre de vidéos que peut contenir ce lecteur en fonction de la taille moyenne, en Mo, des vidéos?

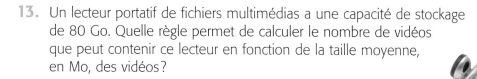

Fruits séchés
2,20 $/100 g

Noix mélangées
2,85 $/100 g

14. Isabelle envoie Félix à l'épicerie. Elle lui demande d'acheter des noix mélangées pour un montant de 10 $.

a) Écris la règle qui permet de déterminer la masse de noix que Félix peut acheter en fonction du prix des noix.

b) Calcule :

1) la masse de noix que Félix peut acheter si le prix est de 2,85 $ pour 100 grammes ;

2) le prix des noix si Félix en a acheté 350 grammes.

15. À l'épicerie, Félix remarque que les fruits séchés sont en solde à 2,20 $ pour 100 grammes.

a) Écris la règle qui permet de déterminer la masse de fruits séchés contenue dans un sac en fonction du prix de ce sac.

b) Calcule :

1) le prix de 275 grammes de fruits séchés ;

2) la masse de fruits contenue dans un sac qui coûte 7 $.

16. Élizabeth parcourt à pied la même distance tous les samedis matin dans le parc régional près de chez elle. Sa randonnée dure 75 minutes lorsqu'elle marche à 4 km/h.

a) Si x représente la vitesse de marche d'Élizabeth et y, le temps requis pour compléter son parcours, quelle est la règle de cette fonction ?

b) Combien de temps Élizabeth mettra-t-elle pour compléter le même parcours à 6 km/h ?

c) Selon toi, quelles valeurs la variable indépendante peut-elle prendre dans ce contexte ?

17. Afin de réduire sa consommation d'essence et d'économiser de l'argent, Anthony effectue plusieurs de ses déplacements à vélo plutôt qu'en voiture.

Réponds aux questions suivantes, en supposant que l'essence se vend 1,18 $ le litre et que la voiture d'Anthony consomme 9 litres par 100 kilomètres.

a) Représente graphiquement la relation entre le nombre de kilomètres parcourus à vélo par Anthony et l'économie d'argent qu'il fait.

b) Quelle est la règle de la relation représentée en **a** ?

c) Le lieu de travail d'Anthony est situé à 6,2 km de son domicile. Détermine la règle qui permet de calculer l'économie d'argent que fait Anthony en fonction du nombre de jours où il se rend au travail à vélo.

Les fonctions affines

À la rescousse de la forêt amazonienne

Situation-problème

Depuis environ 20 ans, la déforestation de la forêt amazonienne ne cesse de croître. Sur une superficie totale de 4,2 millions de km², seulement 2,8 millions de km² de forêt étaient encore intacts en 1999. Certains écologistes vont jusqu'à craindre la disparition complète de ce «poumon du monde».

Le graphique ci-contre représente un scénario de l'évolution de la déforestation de la forêt amazonienne.

Si ce rythme de déforestation demeurait constant dans le futur, en combien d'années la forêt amazonienne serait-elle complètement détruite?

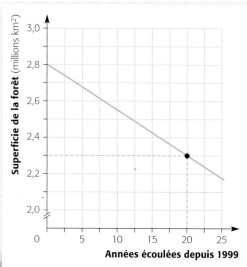

Environnement et consommation

La forêt amazonienne est une immense forêt tropicale d'Amérique du Sud. Elle s'étend sur 9 pays, dont le Brésil, l'Équateur, la Colombie et le Venezuela. Cette forêt contribue à 50 % de la production mondiale d'oxygène.

Selon toi, quelles sont les principales causes de la déforestation de la forêt amazonienne?

Conditions variables

Fonction affine

Avant de se coucher, Xavier écoute les nouvelles. On annonce une grosse tempête de neige sur tout le territoire québécois. La tempête devrait débuter durant la nuit et se poursuivre demain, tout au long de la journée.

Cette nouvelle fait la joie de Xavier, qui est mordu de planche à neige.

Dès son réveil, il consulte le site Internet de deux stations de ski pour connaître leurs conditions d'enneigement.

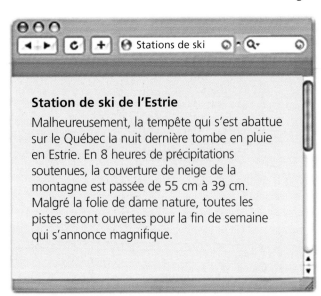

Station de ski de l'Estrie

Malheureusement, la tempête qui s'est abattue sur le Québec la nuit dernière tombe en pluie en Estrie. En 8 heures de précipitations soutenues, la couverture de neige de la montagne est passée de 55 cm à 39 cm. Malgré la folie de dame nature, toutes les pistes seront ouvertes pour la fin de semaine qui s'annonce magnifique.

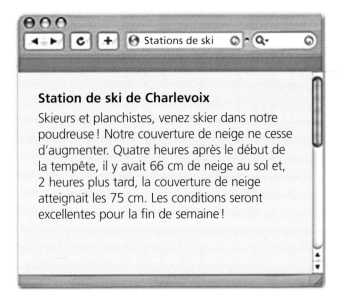

Station de ski de Charlevoix

Skieurs et planchistes, venez skier dans notre poudreuse ! Notre couverture de neige ne cesse d'augmenter. Quatre heures après le début de la tempête, il y avait 66 cm de neige au sol et, 2 heures plus tard, la couverture de neige atteignait les 75 cm. Les conditions seront excellentes pour la fin de semaine !

Supposons que les précipitations aient tombé à un rythme constant dans les deux stations de ski sur une période de huit heures.

A Pour chacune des stations, réponds aux questions suivantes.

1) Représente dans un plan cartésien la relation entre la couverture de neige et le temps écoulé depuis le début des précipitations.

2) Indique si la fonction est croissante ou décroissante.

3) Détermine le domaine et l'image de la fonction.

4) Calcule le taux de variation de la fonction à l'aide de deux points du graphique. Que représente ce taux de variation dans le contexte ?

5) Détermine la quantité de neige au sol :
  a) au début des précipitations ;
  b) deux heures après le début des précipitations.

La relation entre la couverture de neige et le temps écoulé depuis le début des précipitations est modélisée par une **fonction affine**.

B Selon la règle d'une fonction affine présentée dans la définition en marge, que représente b dans le contexte de la station de l'Estrie ?

Fonction affine
Fonction dont le taux de variation est constant. La règle d'une fonction affine est de la forme :
$y = ax + b$ ou
$f(x) = ax + b$.
Le paramètre a est le taux de variation et le paramètre b, la valeur initiale. Dans une fonction affine, les paramètres a et b peuvent prendre toutes les valeurs réelles $(a, b \in \mathbb{R})$.

C Si la neige avait continué à fondre au même rythme en Estrie, en combien de temps aurait-elle toute fondu?

D À quelle propriété de la fonction la valeur que tu as trouvée en **C** correspond-elle?

Le lendemain de la tempête, une troisième station de ski transmet ce message sur son site Internet.

◄ ► | **C** | **+** | **☉** Stations de ski | **☉** | **Q▾** | **☉**

Station de ski de la Montérégie

Bien que décembre soit arrivé, nos pentes étaient encore vertes avant-hier, le temps étant même trop chaud pour produire de la neige. Heureusement, elles se sont enneigées à raison de 5 cm à l'heure tout au long de la tempête. Les 40 cm de neige reçus seront travaillés mécaniquement aujourd'hui et plusieurs pistes seront prêtes pour la fin de semaine.

E Combien de temps a-t-il neigé en Montérégie?

F Quelle est la valeur initiale de la fonction qui modélise la situation en Montérégie? Justifie ta réponse.

G Écris la règle qui permet de calculer l'accumulation de neige pendant la tempête en Montérégie. Identifie par x le temps écoulé depuis le début de la tempête et par $f(x)$ l'épaisseur de la neige au sol.

H Cette situation peut-elle être modélisée par une fonction affine?

Ai-je bien compris?

1. Parmi les règles suivantes, lesquelles représentent des fonctions affines?

   a) $y = 3x - 8$ c) $y = \dfrac{12}{x} + 5$ e) $y = \dfrac{4}{7} - 2x$ g) $2(x - 3)^2$

   b) $y = x^2$ d) $y = \dfrac{3 - x}{5}$ f) $y = {}^-6x$ h) $y = \dfrac{8}{2x + 1}$

2. Pour chacune des fonctions affines que tu as trouvées en **1**, détermine le taux de variation et la valeur initiale.

ACTIVITÉ D'EXPLORATION 2

De la cueillette à la cuisine

Règle d'une fonction affine

Jordi, Raphaëlle et Rosalie vont cueillir des bleuets. À leur arrivée au champ, on leur remet des paniers vides identiques. Puis, on les informe que les bleuets coûtent 5 $ le kilogramme. À la fin de la cueillette, un caissier pèse leur panier pour établir le montant qu'ils doivent débourser.

La table de valeurs ci-dessous présente la masse des paniers de Jordi, Raphaëlle et Rosalie et le montant que chacun et chacune doivent payer.

	Jordi	Raphaëlle	Rosalie
Masse du panier (kg)	2	2,8	2,3
Montant à payer ($)	8,50	12,50	10,00

A Cette situation est-elle une situation de proportionnalité ? Explique pourquoi.

B Situe les couples de la table de valeurs ci-dessus dans un plan cartésien.

C Peux-tu représenter cette situation par une droite passant par ces trois points ? Explique ta réponse.

D Quelle est la masse d'un panier vide dans cette situation ? Où trouves-tu cette valeur dans le graphique de la fonction ?

E Détermine la règle qui permet de calculer $f(x)$, le montant à payer, en fonction de x, la masse du panier rempli de bleuets.

F Combien coûte un panier rempli de bleuets qui pèse 4,2 kg ?

Le cueilleur qui suit Raphaëlle à la caisse dépose un panier qui pèse 3,8 kg. Raphaëlle affirme que ce cueilleur doit payer 17,50 $. Surpris par cette réponse rapide, le caissier demande à Raphaëlle comment elle a procédé. «C'est simple, pour 1 kg de bleuets de plus que moi, il doit débourser 5 $ de plus que moi.» Le caissier croit que Raphaëlle a tort, car elle ne tient pas compte de la masse du panier vide.

G Qui, de Raphaëlle ou du caissier, a raison ? Explique ta réponse.

Une fois à la maison, Jordi prépare des muffins aux bleuets. Les membres de sa famille les mangent durant les jours qui suivent. La réserve de muffins diminue de façon constante.

Le graphique ci-contre met en relation *m*, le nombre de muffins qu'il reste, en fonction de *j*, le nombre de jours écoulés depuis que Jordi les a préparés.

H Détermine :
  1) le taux de variation, *a*, de la fonction affine qui modélise cette situation ;
  2) la valeur initiale, *b*, de cette fonction ;
  3) la règle de cette fonction.

I À l'aide de la règle que tu as trouvée en **H**, détermine dans combien de temps il ne restera plus de muffins.

J Comment le graphique de cette fonction pourrait-il t'aider à valider ta réponse en **I** ?

TIC

Le traceur de courbes permet de représenter graphiquement une fonction à partir de sa règle ou des valeurs de ses paramètres. Pour en savoir plus sur le traceur de courbes, consulte la page 270 de ce manuel.

Ai-je bien compris ?

1. Écris la règle d'une fonction affine :
   a) qui a un taux de variation de 5 et qui passe par (0, 1) ;
   b) qui passe par (2, 5) et (4, 6) ;
   c) qui passe par (0, 8) et (4, 0) ;
   d) qui a le même taux de variation que $y = 3x + 5$, mais qui passe par (1, 4).

2. Il existe un lien entre le signe, positif ou négatif, du taux de variation et la croissance ou la décroissance d'une fonction. Quel est ce lien ?

ACTIVITÉ D'EXPLORATION 3

Accumulation de frais

Fonction constante

Lysanne utilise le paiement direct pour effectuer la plupart de ses achats. Or, chaque fois qu'elle utilise cette forme de paiement, elle doit payer 0,50 $ à son institution financière.

A Dans un plan cartésien, représente la relation entre $f(x)$, le montant des frais bancaires que Lysanne doit payer pour un achat par paiement direct, et x, le montant de l'achat.

B Quels sont le domaine et l'image de cette fonction?

C Pourquoi peux-tu dire qu'il s'agit d'une fonction affine?

D Quel est le taux de variation de cette fonction?

E Quelle est l'ordonnée à l'origine de cette fonction?

F Si le montant d'un achat est doublé, qu'arrive-t-il au montant des frais bancaires exigés pour le paiement direct?

G Détermine la règle de la fonction qui modélise cette situation.

Environnement et consommation

Selon l'Association Interac, les Canadiens ont payé plus de 2,8 milliards $ d'achats avec leur carte bancaire en 2004. Cette même année, près de 20 millions de Canadiens ont utilisé le paiement direct pour acheter un objet ou payer un service.

Selon toi, à quoi servent les frais exigés pour le paiement direct? Ces frais sont-ils justifiés?

Ai-je bien compris?

1. Quelle est la règle de chacune des fonctions ci-dessous?

a)

x	f(x)
2	4,5
5	4,5
8	4,5
12	4,5

b)
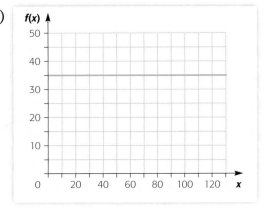

2. Lysanne décide d'adhérer au forfait «transactions illimitées» de son institution financière. Elle paiera désormais 7,75 $ pour l'ensemble des transactions qu'elle effectuera dans le mois.

   a) Définis les variables de cette situation.

   b) Écris la règle associée à cette situation.

   c) Quels sont le domaine et l'image de cette fonction?

Faire le point

La fonction affine

Une fonction affine est une fonction dont le taux de variation est constant.

Exemple :

Frank doit se rendre chez son ami Darcy. Il lui reste 60 km à parcourir et il roule à 90 km/h. On s'intéresse à la relation entre x, le temps écoulé en minutes, et $f(x)$, la distance à parcourir, en kilomètres.

Voici différents modes de représentation d'une fonction affine.

Mode de représentation	Exemple
La table de valeurs La table de valeurs d'une fonction affine montre un taux de variation constant. On désigne le taux de variation par a.	$+6$ $+4$ $+8$ $+2$ $\begin{array}{\|c\|c\|c\|c\|c\|c\|} \hline x & 10 & 16 & 20 & 28 & 30 \\ \hline f(x) & 45 & 36 & 30 & 18 & 15 \\ \hline \end{array}$ -9 -6 -12 -3 $a = \dfrac{-9}{6} = \dfrac{-6}{4} = \dfrac{-12}{8} = \dfrac{-3}{2}$
Le graphique La représentation graphique d'une fonction affine est une droite oblique. La valeur initiale, ou l'ordonnée à l'origine, correspond à la valeur de la variable dépendante lorsque la valeur de la variable indépendante est 0. On désigne la valeur initiale par b.	Valeur initiale $b = 60$ Taux de variation : $a = \dfrac{-30}{20} = \dfrac{-3}{2}$ $(10, 45)$ -30 $+20$ $(30, 15)$
La règle La représentation algébrique d'une fonction affine est de la forme : $y = ax + b$ ou $f(x) = ax + b$ où a est le taux de variation et b, la valeur initiale. **Si $b = 0$**, la fonction affine est appelée «fonction linéaire» et elle se traduit par la règle $y = ax$. **Si $a = 0$**, la fonction affine est appelée «fonction constante» et elle se traduit par la règle $y = b$.	La règle de cette fonction est : $y = \dfrac{-3}{2}x + 60$ ou $f(x) = \dfrac{-3}{2}x + 60$ Frank a 60 km à parcourir et cette distance diminue de $\dfrac{3}{2}$ km à la minute. Ainsi, $f(20) = \dfrac{-3}{2} \cdot 20 + 60 = 30$. Après 20 minutes, Frank aura encore 30 km à parcourir.

La règle d'une fonction affine

Si l'on connaît deux couples d'une fonction affine, ou si l'on connaît un couple et le taux de variation d'une fonction affine, on peut trouver sa règle.

Étapes	Exemple
1. Trouver le taux de variation à partir des deux couples de la fonction.	La droite passe par les points (10, 45) et (30, 15). Le taux de variation est : $$a = \frac{15 - 45}{30 - 10} = \frac{^-30}{20} = \frac{^-3}{2}.$$
2. Dans la règle $f(x) = ax + b$, substituer le taux de variation à a et les coordonnées du point à x et à $f(x)$.	$$f(x) = ax + b$$ $$f(x) = \frac{^-3}{2}x + b$$ $$15 = \frac{^-3}{2} \cdot 30 + b$$
3. Trouver la valeur de b en résolvant la règle.	$$15 = \frac{^-3}{2} \cdot 30 + b$$ $$15 = {^-45} + b$$ $$15 + 45 = b$$ $$60 = b$$
4. Vérifier la règle trouvée à l'aide d'un couple.	Soit le couple (30, 15). $$f(x) = \frac{^-3}{2}x + 60$$ $$15 = \frac{^-3}{2} \cdot 30 + 60$$ $$15 = {^-45} + 60$$ $$15 = 15$$ La règle est $f(x) = \frac{^-3}{2}x + 60$.

Colonne de gauche : Étapes lorsqu'on connaît deux couples de la fonction

Colonne de droite : Étapes lorsqu'on connaît un couple et le taux de variation

L'étude du signe de *a* et *b* d'une fonction affine

Le tableau suivant présente l'effet du signe du taux de variation, *a*, sur le graphique d'une fonction affine.

Lorsque $a > 0$	Lorsque $a = 0$	Lorsque $a < 0$
Les valeurs associées des variables dépendante et indépendante varient dans le même sens. La fonction est croissante.	La valeur de la variable dépendante est la même, peu importe la valeur de la variable indépendante. La fonction est dite « constante ».	Les valeurs associées des variables dépendante et indépendante varient dans des sens opposés. La fonction est décroissante.

Le tableau suivant présente l'effet du signe de la valeur initiale, *b*, sur le graphique d'une fonction affine.

Lorsque $b > 0$	Lorsque $b = 0$	Lorsque $b < 0$
La droite rencontre l'axe des ordonnées au-dessus de l'axe des abscisses.	La droite passe par l'origine. La fonction est dite « linéaire ».	La droite rencontre l'axe des ordonnées au-dessous de l'axe des abscisses.

Faire le point 99

Mise en pratique

1. La règle d'une fonction est $y = 2x + b$. Détermine la valeur de b si la fonction passe par le point :

   a) $(4, 2)$ **b)** $(-3, 5)$ **c)** $(2, -6)$ **d)** $(-1, -3)$

2. La règle d'une fonction est $y = ax + 3$. Détermine la valeur de a si la fonction passe par le point :

   a) $(2, 1)$ **b)** $(5, 0)$ **c)** $(\frac{-1}{3}, 4)$ **d)** $(2, 100)$

3. Soit les deux fonctions affines suivantes : $f(x) = x + 3$ et $g(x) = 3x$.
   Quel est le rôle du nombre 3 dans chacune de ces fonctions ?

4. Parmi les fiches suivantes, associe celles qui représentent la même fonction.

Fiche 1

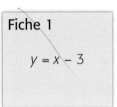

$y = x - 3$

Fiche 2

x	y
0	0
1	5
2	10
10	50
20	100

Fiche 3

Brian observe la relation entre le montant qu'il amasse et le nombre de tablettes de chocolat qu'il a vendues.

Fiche 4

x	y
0	100
1	100
2	100
3	100
4	100

Fiche 5

Victoria observe la vitesse à laquelle sa voiture roule en fonction du temps écoulé depuis qu'elle a fixé son régulateur de vitesse.

Fiche 6

$y = 24 - 3x$

Fiche 7

x	y
0	24
1	21
2	18
3	15
4	12

Fiche 8

$y = 100$

Fiche 9

Émile observe la longueur d'une bougie pendant tout le temps qu'elle brûle.

Fiche 10

x	y
3	0
5	2
10	7
12	9
27	24

Fiche 11

$y = 5x$

Fiche 12

Léonie constate que le nombre de diagonales qui partent d'un sommet d'un polygone est fonction du nombre de côtés de ce polygone.

5. Détermine la règle de la fonction affine représentée par chacune des tables de valeurs suivantes.

a)

x	0	1	2	3	4
y	0	4	8	12	16

e)

x	0	2	10	20	45
y	4	5	9	14	26,5

b)

x	0	1	2	3	4
y	100	89	78	67	56

f)

x	2	4	6	8	10
y	5	0	-5	-10	-15

c)

x	1	3	10	15	20
y	-1	7	35	55	75

g)

x	0	2	5	8	10
y	1	7	16	25	31

d)

x	0	1	5	20	25
y	100	96	80	20	0

h)

x	0	100	200	300	400
y	200	220	240	260	280

6. Quelle est la règle de la fonction qui modélise chacune des situations suivantes ?

a) En travaillant au café du coin, Renaud reçoit 50 $ de pourboire par semaine. Son salaire est de 8 $/h. Il est possible de déterminer le salaire hebdomadaire de Renaud en fonction du nombre d'heures qu'il a travaillées.

b) Lorsque monsieur Boucher vide sa piscine, la quantité d'eau dans la piscine varie en fonction du temps.

Temps (min)	0	10	20	40	60
Quantité d'eau dans la piscine (L)	60 000	55 000	50 000	40 000	30 000

c) De nouvelles précipitations s'accumulent dans un pluviomètre qu'on a oublié de vider après la dernière pluie.

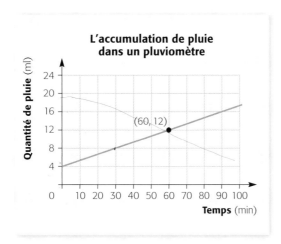

L'accumulation de pluie dans un pluviomètre

TIC

Le traceur de courbes facilite la représentation graphique d'une fonction. Pour en savoir plus sur le traceur de courbes, consulte la page 270 de ce manuel.

7. Soit les quatre fonctions suivantes.

$$y_1 = 5x \qquad y_2 = 5x + 24 \qquad y_3 = 24 - 5x \qquad y_4 = \dfrac{24}{x}$$

a) Représente graphiquement ces fonctions.

b) Pour chacune de ces fonctions, détermine les valeurs de x pour lesquelles la fonction est négative.

c) Laquelle de ces fonctions passe par l'origine ?

d) Laquelle de ces fonctions ne rencontre pas les axes ?

e) Pour chacune de ces fonctions, écris la règle de la relation réciproque.

8. Le couple (8, 5) appartient à une fonction. Le graphique de cette fonction est une droite parallèle à l'axe des abscisses.

a) Quelle est la règle de cette fonction ?

b) Est-ce que sa relation réciproque est une fonction ? Justifie ta réponse.

9. Soit les cinq fonctions suivantes.

$$f(x) = 12 \qquad g(x) = \dfrac{2}{3}x \qquad h(x) = 416 - 4x \qquad i(x) = 5x + 4 \qquad j(x) = \dfrac{60}{x}$$

Pour chacune de ces fonctions, détermine :

a) le domaine ;

b) l'image ;

c) l'abscisse à l'origine ;

d) l'ordonnée à l'origine ;

e) le taux de variation ;

f) l'image de 2.

10. Le sommet du mont Logan, au Yukon, est situé à 5 959 m d'altitude. La base est située à 200 m d'altitude. À la base du mont, le mercure indique 14 °C. La température diminue de 2 °C à chaque 1 000 m d'ascension.

a) Représente, dans un plan cartésien, la relation entre l'altitude, x, et la température, y.

b) Cette fonction est-elle croissante ou décroissante ?

c) À quoi correspond l'ordonnée à l'origine dans ce contexte ? Explique pourquoi on l'appelle aussi «la valeur initiale».

d) À quoi correspond l'abscisse à l'origine dans ce contexte ?

e) Quel est le taux de variation de cette fonction ?

11. Le réservoir d'essence de la voiture de madame Bolduc a une capacité de 45 L. Avant de prendre la route vers la Gaspésie, madame Bolduc remet son odomètre à 0 km. Cent quarante kilomètres plus loin, le réservoir d'essence de sa voiture contient 26 L. Lorsque l'odomètre indique 210 km, le réservoir d'essence contient alors 19 L.

   a) Quelle est la consommation d'essence moyenne (L/100 km) de la voiture de madame Bolduc?

   b) Au moment où madame Bolduc a pris la route vers la Gaspésie, le réservoir d'essence de sa voiture était-il plein? Explique ta réponse.

   c) Quelle quantité d'essence le réservoir d'essence contiendra-t-il après 250 km? 320 km? 350 km?

   d) Madame Bolduc peut-elle espérer rouler sans manquer d'essence sur une distance de 420 km? Explique ta réponse.

12. Les énoncés suivants sont-ils vrais ou faux? Dans chaque cas, justifie ta réponse.

   a) Une fonction linéaire n'a pas d'abscisse à l'origine.

   b) Une fonction affine est soit toujours croissante, soit toujours décroissante.

   c) L'image d'une fonction constante est l'ensemble $\mathbb{R}$.

   d) La réciproque d'une fonction affine est toujours une fonction affine.

13. Durant une traversée entre Matane et Godbout, on observe trois relations.

   ① La relation entre la vitesse du traversier et le nombre de passagers à bord

   ② La relation entre le nombre de passagers à bord et les revenus associés à cette traversée

   ③ La relation entre la distance qu'il reste à franchir pour arriver à Godbout et le temps écoulé depuis le départ de Matane

   Pour chacune de ces relations:

   a) trace une esquisse graphique en identifiant les axes.

   b) détermine de quel type de fonction affine il s'agit.

14. Soit la relation entre la mesure des côtés et le nombre de côtés de polygones réguliers qui ont un périmètre de 480 cm.

a) Représente cette relation à l'aide d'une table de valeurs.

b) Les variables mises en relation sont-elles discrètes ou continues ?

c) Représente cette relation à l'aide d'un graphique.

d) Représente cette relation de façon algébrique, en utilisant la notation fonctionnelle.

e) Quelle est la mesure du côté d'un polygone régulier s'il s'agit d'un décagone ?

15. Océane a conçu une clepsydre afin de mesurer le temps. Pour vérifier la précision de son instrument, elle place 1 L d'eau dans le contenant supérieur de la clepsydre. Puis, elle observe la quantité d'eau qui s'écoule dans le contenant inférieur en fonction du temps.

Le graphique ci-dessous représente les premiers instants de l'expérience.

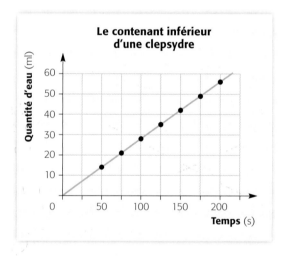

Le contenant inférieur d'une clepsydre

a) Quelle quantité d'eau devrait-on retrouver dans le contenant inférieur de la clepsydre après 10 minutes ?

b) Représente graphiquement la quantité d'eau, en millilitres, dans le contenant supérieur de la clepsydre en fonction du temps, en secondes.

c) Compare le graphique ci-dessus avec celui que tu as tracé en **b**. En quoi sont-ils différents ?

d) Après combien de temps le contenant supérieur de la clepsydre sera-t-il vide ?

Fait divers

La clepsydre est l'ancêtre du sablier. Cet appareil ancien permettait de mesurer le temps par l'écoulement de l'eau d'un contenant à un autre. Il était utilisé entre autres par les Grecs de l'Antiquité pour mesurer la durée d'un discours.

16. Sur du papier quadrillé, trace cinq rectangles différents ayant chacun un périmètre de 36 unités. Puis, trace cinq autres rectangles différents ayant chacun une aire de 36 unités carrées. Réponds ensuite aux questions qui suivent.

a) Reproduis et remplis ces tables de valeurs.

Rectangles ayant un périmètre de 36 unités	
Mesure de la base	Mesure de la hauteur

Rectangles ayant une aire de 36 unités carrées	
Mesure de la base	Mesure de la hauteur

b) Pour chacun des types de rectangles :

1) représente, dans un plan cartésien, la relation entre la hauteur et la base ;

2) indique si la fonction est croissante ou décroissante ;

3) détermine le domaine et l'image de la fonction ;

4) détermine ce qui est constant ;

5) écris la règle de la fonction.

17. a) Madame Chabot offre 360 $ à Jean-Claude, son voisin, pour qu'il effectue différentes tâches de peinture chez elle.

Représente graphiquement le salaire horaire de Jean-Claude en fonction du temps qu'il consacre aux travaux chez madame Chabot.

b) Après réflexion, Jean-Claude demande à madame Chabot un montant de base de 100 $ et un salaire de 8 $/h.

1) Représente graphiquement le montant que Jean-Claude gagne en fonction du temps qu'il consacre aux travaux chez madame Chabot.

2) Si Jean-Claude a pris 30 heures pour effectuer tous les travaux, aurait-il été plus avantageux pour lui d'accepter l'offre de départ de madame Chabot ? Explique ta réponse.

18. Lorsqu'elle part de l'école pour se rendre chez elle, Marion marche à une vitesse constante. La table de valeurs ci-dessous représente la distance qu'il lui reste à parcourir en fonction du temps écoulé depuis qu'elle a quitté l'école.

Temps écoulé (min)	1	4	7	10
Distance à parcourir (km)	1,0	0,7	0,4	0,1

a) À quelle vitesse Marion marche-t-elle ?

b) Est-ce que cette situation peut être modélisée par une fonction de variation inverse ? Justifie ta réponse.

19. On a représenté cinq fonctions dans le plan cartésien ci-dessous. Associe chacune de ces fonctions à sa règle.

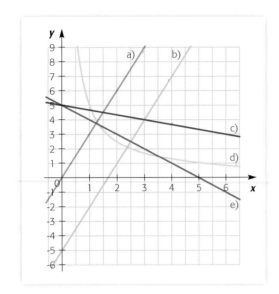

$f(x) = 3x - 5$

$j(x) = 3$

$g(x) = 3x$

$k(x) = \dfrac{5}{x}$

$h(x) = {}^-x + 5$

$l(x) = \dfrac{{}^-x}{3} + 5$

$i(x) = {}^-3x + 5$

20. La règle $f(x) = 6x + 55$ représente la relation entre la masse, en grammes, d'une boîte de craquelins, $f(x)$, et le nombre de craquelins dans la boîte, x.

a) Représente graphiquement cette relation.

b) Quelle est la masse de la boîte vide?

c) Quelle est la masse d'un craquelin?

d) Si la masse d'une boîte pleine de craquelins est de 355 g, combien contient-elle de craquelins?

21. L'association des aînés du quartier organise une visite au musée. On calcule que si 25 personnes participent à la sortie, il en coûte 550 $ en tout. Cette somme inclut le prix des billets d'entrée et le coût de l'autobus, qui est de 350 $.

a) Combien coûte un billet d'entrée au musée?

b) Quelle règle permet de calculer le coût total en fonction du nombre de personnes qui vont au musée?

c) Quel est le coût de la sortie si 15 personnes y participent?

La modélisation à l'aide d'un nuage de points

Si la tendance se maintient…

Situation-problème

Dans toutes les stations météorologiques du Canada, il est possible d'observer, chaque jour, la différence entre la température réelle et la température normale. Cette différence de température, qui est positive ou négative, est appelée « une anomalie ».

Le graphique ci-contre présente les moyennes des anomalies de température au Canada pour des périodes de 5 ans.

Une anomalie négative de température signifie qu'il faisait plus froid que la normale. Une anomalie positive signifie que la température était au-dessus de la normale.

Si la tendance se maintient, quelle sera l'anomalie de température en 2025 ?

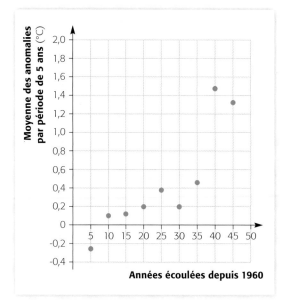

Source : Environnement Canada.

1

Par expérience

Vers les
séquences
p. 133

- **Nuage de points**
- **Interpolation**
- **Extrapolation**

Nuage de points

Ensemble des points d'un plan cartésien qui correspondent aux couples de valeurs observés dans une relation entre deux variables.

Interpolation et extrapolation

Opérations qui consistent à estimer la valeur d'une variable à partir des tendances qu'on peut dégager d'un nuage de points. Lorsque l'estimation est située à l'intérieur du nuage de points, il s'agit d'une interpolation. Lorsque l'estimation est située à l'extérieur du nuage de points, il s'agit d'une extrapolation.

Les élèves d'un cours de mathématique ont réalisé quatre expériences, qui sont décrites dans les fiches présentées ici. Lis bien chacune de ces fiches. Pour chaque expérience, effectue les tâches **A** à **D**.

A Dans un plan cartésien, identifie les axes associés aux deux variables mises en relation dans l'expérience. Puis, place les points qui correspondent aux résultats obtenus.

B Trace la courbe qui est la mieux ajustée au **nuage de points** que tu as placés dans ton plan cartésien. De quel type de fonction s'agit-il?

C À partir de la courbe que tu as tracée en **B** :

1) réponds, par **interpolation**, à la question posée dans les expériences **1** et **2** ;

2) réponds, par **extrapolation**, à la question posée dans les expériences **3** et **4**.

D Comment as-tu procédé pour tracer la courbe la mieux ajustée au nuage de points?

Expérience 1
La mesure de l'aire en grammes

Les élèves découpent, dans du carton de construction, des formes géométriques simples (carrés, rectangles, triangles) de différentes grandeurs. Ils calculent l'aire des figures qu'ils ont découpées, puis ils pèsent chacune d'elles sur une balance électronique.

Voici les résultats obtenus par l'équipe de Maria.

Aire des figures (cm^2)	Masse des figures (g)
25	0,7
48	1,1
90	2,2
100	2,5
130	3,4

L'équipe de Maria découpe aussi un cœur dans du carton de construction. Ce cœur pèse 1,8 g.

■ Évalue l'aire de cette figure.

Expérience 2
En équilibre

Les élèves fixent une gomme à effacer à l'extrémité d'une règle. Ils tentent de déterminer à quelle distance, *d*, du point d'appui une pile de cubes isométriques doit être placée pour que la règle soit en équilibre.

Voici les résultats obtenus par l'équipe de Guillaume.

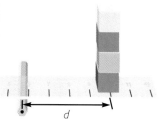

Nombre de cubes empilés	Distance du point d'appui (cm)
3	14,6
6	7,4
7	6,2
8	5,6
10	4,4
11	4,1

■ À quelle distance du point d'appui doit-on placer une pile de cinq cubes pour que la règle soit en équilibre?

TIC

Le tableur permet de représenter un nuage de points et la courbe la mieux ajustée. Pour en savoir plus sur le tableur, consulte la page 268 de ce manuel.

Expérience 3
Un verre d'eau salée

Les élèves déposent un verre contenant 100 ml d'eau salée sur une balance électronique. Ils mesurent la masse du verre. Ils ajoutent ensuite différentes quantités d'eau salée dans le verre et notent chaque fois la masse du verre.

Voici les résultats obtenus par l'équipe d'Olivier.

Quantité d'eau salée (ml)	Masse du verre (g)
100	238
125	262
150	284
175	312
200	341

Il est possible d'estimer la masse du verre vide sans jamais le vider.

■ Quelle est cette masse?

Expérience 4
L'élasticité

Les élèves placent un certain nombre de pièces de 1 ¢ dans un bocal, puis suspendent le bocal à une table à l'aide d'une bande élastique. Ils mesurent ensuite la distance, *d*, qui sépare le bocal du plancher.

Voici les résultats obtenus par l'équipe de Sophie.

Nombre de pièces de 1 ¢	Distance qui sépare le bocal du plancher (cm)
10	12,0
12	11,5
18	11,1
30	9,8
34	9,1
40	8,1

■ Combien de pièces de 1 ¢ doit-on placer dans le bocal pour que la distance, *d*, soit le plus près possible de 5 cm?

Ai-je bien compris?

Pour chacune des tables de valeurs ci-dessous:

a) dessine un nuage de points;

b) trace la courbe la mieux ajustée au nuage de points, puis nomme le type de fonction dont il s'agit;

c) évalue la valeur de *y* si *x* = 4;

d) évalue la valeur de *x* si *y* = 20.

①

x	y
2	90
5	73
6	68
9	55
11	44
15	24

②

x	y
2,1	11,8
3,2	7,5
6,3	3,8
7,1	3,5
9,7	2,4
12,5	1,9

③

x	y
5	14
7	21
10	35
12	43
13	48
16	60

La coupe à blanc

La surexploitation forestière nuit à l'équilibre des forêts dans plusieurs régions du monde. Au Québec, la coupe à blanc a connu une croissance chaque année, de 1991 à 1997, comme le montre le graphique ci-dessous.

**Nuage de points:
limites du modèle**

A Reproduis ce graphique, puis trace la courbe qui est la mieux ajustée au nuage de points. De quel type de fonction s'agit-il?

B À l'aide de la courbe que tu as tracée en **A**, évalue la superficie de la coupe à blanc au Québec en 2006.

En 2000, la superficie de la coupe à blanc au Québec était de 2 867 km². En 2001, elle était de 2 572 km².

C Compare ces données avec les valeurs fournies par le graphique ci-contre. Que constates-tu?

D Que penses-tu maintenant de ta réponse en **B**? Donne une explication.

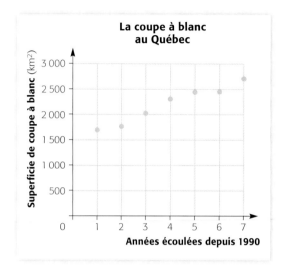

Source: Statistique Canada.

**Environnement
et consommation**

La coupe à blanc est un procédé qui consiste à couper tous les arbres, quel que soit leur diamètre ou leur espèce. Cette pratique a été vivement dénoncée, notamment par Richard Desjardins et Robert Monderie dans leur film intitulé « L'erreur boréale » (1999). Depuis, selon le Conseil de l'industrie forestière du Québec, de nouvelles techniques de récolte permettent d'assurer la protection des sols et leur régénération.

Selon toi, quelles sont les conséquences de la coupe à blanc?

Pendant que la coupe à blanc augmentait au Québec, le reboisement des forêts diminuait. Le graphique ci-dessous présente l'état du reboisement au Québec, de 1991 à 1995.

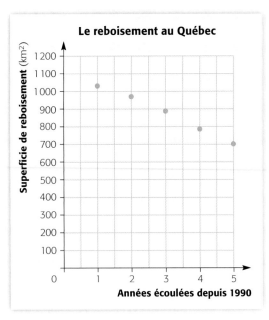

Le reboisement au Québec

Source : Statistique Canada.

E Si la tendance représentée par ce graphique se maintenait, à partir de quelle année n'y aurait-il plus de reboisement au Québec ?

F Selon toi, la réponse que tu as trouvée en **E** reflète-t-elle la réalité ? Pourquoi ?

G Qu'est-ce qui distingue les situations présentées dans cette activité d'exploration de celles présentées dans l'activité d'exploration précédente ?

H Dans quels cas les extrapolations faites à partir d'un nuage de points s'avèrent-elles fiables ?

Ai-je bien compris ?

Reproduis ce graphique et réponds aux questions ci-dessous.

a) Trace la courbe qui est la mieux ajustée au nuage de points.

b) À l'aide de la courbe que tu as tracée en **a**, estime les dépenses du gouvernement du Québec en environnement pour les années suivantes.

1) 1997

2) 2005

3) 2010

c) Laquelle des estimations que tu as faites en **b** est la plus fiable, selon toi ? Justifie ta réponse.

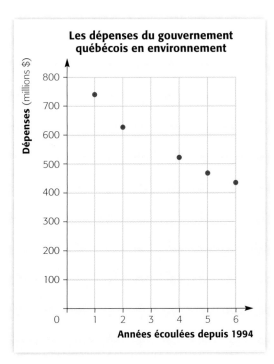

Les dépenses du gouvernement québécois en environnement

Source : Statistique Canada.

Faire le point

Le nuage de points

Les données recueillies au cours d'une expérimentation forment un nuage de points dans un plan cartésien.

Exemple :

On remplit une tasse d'eau chaude. Au départ, la température de l'eau est de 45 °C. Puis, on mesure la température de l'eau toutes les 10 minutes, pendant 50 minutes. Dans le plan cartésien ci-contre, le nuage de points décrit le refroidissement de l'eau observé à mesure que les minutes s'écoulent.

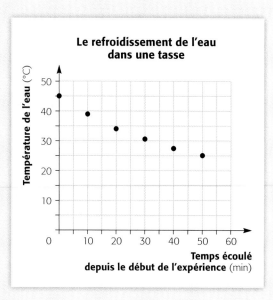

L'interpolation et l'extrapolation

Dans certains cas, les points obtenus révèlent une tendance. Tracer la courbe la mieux ajustée au nuage de points peut aider à relever cette tendance. Cela permet aussi d'estimer la valeur d'une variable pour laquelle on ne dispose pas de données.

Lorsque l'estimation de la valeur d'une variable est située à l'intérieur du nuage de points, il s'agit d'une interpolation. Lorsque l'estimation de la valeur d'une variable est située à l'extérieur du nuage de points, il s'agit d'une extrapolation.

Exemple :

Dans le plan cartésien ci-contre, on a tracé la droite la mieux ajustée au nuage de points. Cela permet de faire une estimation de la température de l'eau dans la tasse après 15 minutes (par interpolation) et après 90 minutes (par extrapolation).

Par interpolation, on estime qu'après 15 minutes, la température de l'eau est d'environ 37,5 °C.

Par extrapolation, on estime qu'après 90 minutes, la température de l'eau est d'environ 8 °C.

Remarque : La ligne droite est également considérée comme une courbe.

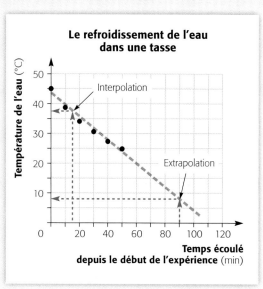

Les limites de la modélisation à l'aide d'un nuage de points

Le modèle mathématique associé à un nuage de points comporte certaines limites. En effet, il peut être inadéquat pour estimer des valeurs situées à l'extérieur du nuage de points.

Exemple :

Si l'on poursuit l'expérience du refroidissement de l'eau dans une tasse, on s'aperçoit que la relation entre les variables n'était pas bien décrite par la droite tracée dans l'exemple précédent. En fait, on constate que la température de l'eau tend vers la température ambiante.

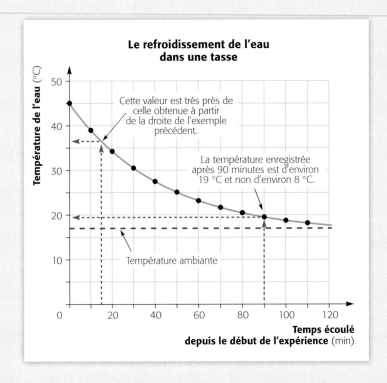

Le refroidissement de l'eau dans une tasse

Cette valeur est très près de celle obtenue à partir de la droite de l'exemple précédent.

La température enregistrée après 90 minutes est d'environ 19 °C et non d'environ 8 °C.

Température ambiante

Température de l'eau (°C)

Temps écoulé depuis le début de l'expérience (min)

Pièges et astuces

Tu dois toujours t'interroger sur la validité du modèle mathématique que tu associes à un nuage de points.
Tu peux te fier à la courbe la mieux ajustée au nuage de points lorsque celle-ci montre une tendance claire, mais tu dois te méfier des prédictions obtenues par extrapolation.

Mise en pratique

1. Dans chacun des plans cartésiens suivants, quelle droite est la mieux ajustée au nuage de points?

a)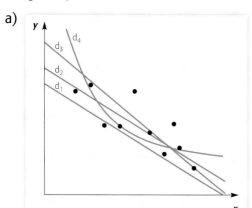

b)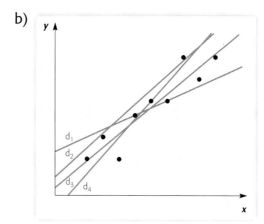

2. Pour chacune des tables de valeurs suivantes, réponds aux questions ci-dessous.

①

x	y
2	161
5	135
9	103
13	69
18	71
23	34

②

x	y
4	23
7	36
9	47
14	74
18	93
25	128

③

x	y
2	62
3	42
5	24
7	18
10	12
15	8

a) Construis le nuage de points qui correspond à la table de valeurs.

b) Trace la courbe la mieux ajustée au nuage de points, puis nomme le type de fonction dont il s'agit.

c) Évalue la valeur:

   1) de y si $x = 8$;   **2)** de y si $x = 12$;   **3)** de x si $y = 30$;   **4)** de x si $y = 44$.

3. Observe les nuages de points ci-dessous. La courbe la mieux ajustée à chacun d'eux représente-t-elle une fonction affine ou une fonction de variation inverse? Justifie ta réponse.

a)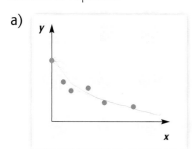

b)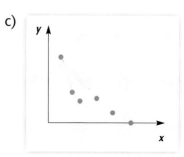

c)

4. Camille a commencé à représenter une fonction dans un plan cartésien, mais elle a été interrompue.

Trace la courbe de cette fonction, en supposant qu'il s'agit :

a) d'une fonction affine ;

b) d'une fonction de variation inverse.

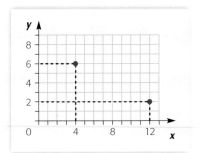

5. Brenda et Derek quittent tous les deux leur domicile respectif pour se rendre chez leurs parents en voiture.

Toutes les demi-heures, Brenda observe sur son odomètre la distance qu'elle a parcourue. Derek, pour sa part, utilise toujours son régulateur de vitesse pour faire le trajet. Lors des voyages précédents chez ses parents, Derek a noté le temps requis pour faire le trajet selon la vitesse qu'il avait fixée.

Les nuages de points ci-dessous représentent les observations de Brenda et de Derek.

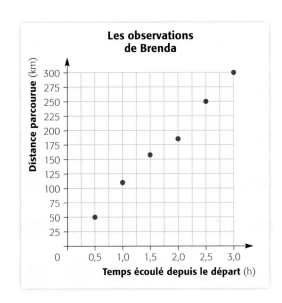

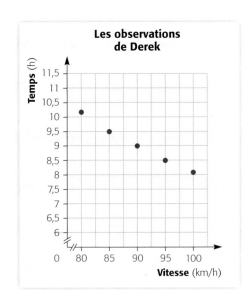

En te basant sur la courbe la mieux ajustée à ces nuages de points, estime :

a) la distance parcourue par Brenda après 4 heures de route ;

b) la distance totale parcourue par Brenda si son voyage a duré 5 heures 15 minutes ;

c) la distance totale parcourue par Derek ;

d) le temps que Derek mettrait à faire le trajet s'il fixait sa vitesse à 70 km/h.

6. Au cours d'une compétition internationale de course à pied de 400 m, la vitesse d'un coureur (en mètres par seconde) est évaluée tous les 50 m.

La table de valeurs ci-contre montre qu'après une phase d'accélération de 0 m à 100 m, le coureur perd graduellement de la vitesse tout au long de sa course.

a) Représente ces observations par un nuage de points.

b) Trace la courbe qui représente le mieux la vitesse du coureur entre 100 m et 350 m.

c) Estime la vitesse à laquelle le coureur a terminé la course.

Distance parcourue (m)	Vitesse du coureur (m/s)
50	8,2
100	10,2
150	10,1
200	9,7
250	9,4
300	9,1
350	8,5

7. Durant ses vacances à la campagne, Madeleine remarque que les grillons émettent des stridulations plus rapides lorsqu'il fait chaud. Pour analyser cette relation, elle note la température extérieure et le nombre de stridulations d'un grillon, par minute, pendant sept jours consécutifs.

Le tableau ci-dessous présente le résultat des observations de Madeleine pour les six premiers jours.

a) À partir des observations de Madeleine, construis un nuage de points. Puis, trace la courbe la mieux ajustée à ce nuage de points.

b) Le septième jour d'observation, il fait très chaud. En écoutant le chant du grillon, Madeleine compte 28 stridulations en 10 secondes. Quelle est la température extérieure à ce moment?

c) En te basant sur les observations de Madeleine, énonce une loi simple qui permettrait de trouver la température extérieure, en degrés Celsius, en comptant les stridulations du grillon.

Jour d'observation	Température extérieure (°C)	Nombre de stridulations par minute
1er jour	15	70
2e jour	25	132
3e jour	19	112
4e jour	14	70
5e jour	18	90
6e jour	23	130

Fait divers

En 1897, l'inventeur américain Amos Dolbear a écrit un article dans lequel il expliquait qu'il était possible de déterminer la température extérieure en écoutant simplement les cris stridents des grillons, qu'on appelle « des stridulations ».

Dolbear énonça une loi très simple : « Pour obtenir la température extérieure en degrés Fahrenheit, compter le nombre de stridulations des grillons pendant 15 secondes et ajouter 40. »

Consolidation

1. Les situations suivantes mettent en relation deux variables.

> Le prochain frappeur au match de base-ball est Thierry. Il frappe un long ballon par-dessus le joueur du champ centre.
>
> Il existe une relation entre la hauteur de la balle et le temps écoulé depuis que Thierry l'a frappée.

> Charlotte visite une volière de papillons. Elle y observe plusieurs espèces différentes.
>
> Il existe une relation entre le nombre total de papillons qu'elle observe et le prix d'entrée pour la visite de la volière.

Pour chacune de ces situations :

- **a)** identifie la variable indépendante et la variable dépendante ;
- **b)** nomme le type de variable dont il s'agit ;
- **c)** trace une esquisse graphique de la relation ;
- **d)** détermine si la relation réciproque est une fonction.

2. Détermine la règle de chacune des fonctions ci-dessous.

- **a)** Une fonction affine passant par (4, 10) et (5, 13).
- **b)** Une fonction constante passant par (0, 6).
- **c)** Une fonction de variation inverse passant par (4, 5) et (10, 2).
- **d)** Une fonction linéaire parallèle à $f(x) = x + 8$.
- **e)** Une fonction affine dont l'abscisse et l'ordonnée à l'origine sont 10.
- **f)** Une fonction linéaire dont l'abscisse est le triple de l'ordonnée.

3. Parmi les fonctions de la question **2**, lesquelles sont décroissantes ?

4. Observe les fonctions suivantes.

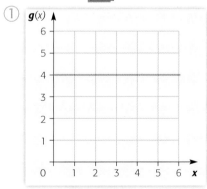

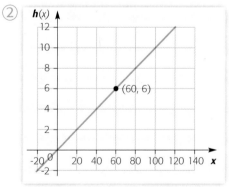

x	i(x)
1	15
2	7,5
5	3
10	1,5

④ $f(x) = \dfrac{3}{2}x + 4$

Pour chacune de ces fonctions, détermine :

- **a)** le domaine ;
- **b)** l'image ;
- **c)** l'image de 1,5 ;
- **d)** l'image de 150 ;
- **e)** l'image de 6 ;
- **f)** l'ordonnée à l'origine.

5. Les questions suivantes se rapportent à la fonction $y = x$. Réponds à chacune d'elles en justifiant ta réponse.

   a) Le taux de variation de cette fonction est-il 0 ou 1 ?

   b) Cette fonction a-t-elle une ordonnée à l'origine ?

   c) Sa réciproque est-elle $y = \frac{1}{x}$?

   d) Explique pourquoi on appelle aussi cette fonction « la fonction identité ».

6. Voici deux situations relatives aux taxes.

> À l'achat d'un pneu neuf, une taxe de recyclage de 3 $ par pneu est appliquée. On s'intéresse à la relation entre le prix de détail d'un pneu et le montant de la taxe de recyclage à payer.

> À l'achat d'un livre, seule la taxe fédérale de 6 % s'applique. On s'intéresse à la relation entre le prix d'un livre et le montant de la taxe à payer.

   a) Définis les variables indépendante et dépendante de chacune de ces situations.

   b) Représente chaque relation dans un plan cartésien.

   c) Peut-on déterminer le prix de vente d'un pneu neuf à partir du montant payé pour la taxe de recyclage ? Justifie ta réponse.

   d) Peut-on déterminer le prix de vente d'un livre à partir du montant payé pour la taxe fédérale ? Justifie ta réponse.

7. Détermine si les énoncés suivants sont vrais ou faux. Justifie tes réponses.

   a) Toutes les fonctions linéaires sont croissantes.

   b) Une fonction a nécessairement une ordonnée à l'origine.

   c) Une relation est une fonction.

   d) La règle d'une fonction linéaire peut être déterminée à partir des coordonnées d'un seul des points de la fonction.

8. Trouve la règle de chacune des fonctions décrites ci-dessous.

   a) À chaque élément du domaine de la fonction f est associé le quotient de 100 par cet élément.

   b) L'image d'une valeur de la fonction g est obtenue en soustrayant 6 du double de cette valeur.

   c) L'image de la fonction h est $^-4$ et son domaine est $\mathbb{R}$.

9. Pour chacune des fonctions de la question **8**, détermine si la relation réciproque est une fonction.

10. Explique comment tu graduerais les axes des graphiques de chacune des fonctions suivantes pour bien la représenter.

$$f(x) = 2000x \qquad g(x) = 2000x + 2 \qquad h(x) = 2x + 2000$$

11. Une relation géométrique

Une diagonale est un segment qui relie deux sommets non consécutifs d'un polygone. Un quadrilatère a deux diagonales.

a) Reproduis et complète la table de valeurs suivante.

b) Représente graphiquement la relation entre le nombre de côtés et le nombre de diagonales d'un polygone.

c) Quel est le domaine de cette fonction?

d) À l'aide de ton graphique, détermine le nombre de diagonales d'un dodécagone.

Nom du polygone	Nombre de côtés	Nombre de diagonales
Triangle	3	
Quadrilatère	4	2
Pentagone	5	
Hexagone	6	
Heptagone	7	
Octogone	8	

12. Des arguments solides

Démontre la conjecture suivante.

Pour toute fonction affine dont le taux de variation a est non nul, le taux de variation de la relation réciproque est $\frac{1}{a}$.

13. Un jeu d'enfant

En général, on trouve trois types de morceaux dans un casse-tête : ceux du centre, ceux qui forment le contour et qui ont un seul côté droit, et ceux qui forment les coins. Observe la suite de casse-têtes ci-dessous, dont le nombre de pièces est un nombre carré.

a) Dans deux tables de valeurs différentes, mets en relation le nombre de morceaux qui forment un côté de casse-tête et :

1) le nombre de coins ;

2) le nombre de morceaux qui ont un seul côté droit.

b) Pour chacune de ces relations, détermine :

1) le type de fonction dont il s'agit ;

2) le taux de variation de la fonction.

c) Est-ce que la relation entre le nombre de morceaux qui forment un côté de casse-tête et le nombre de morceaux au centre du casse-tête est une fonction affine? Justifie ta réponse.

14. Les petites économies

Vers les séquences p. 133

Vers les séquences p. 133

Jacob, Charlot et Louis sont trois amis qui gèrent différemment le contenu de leur tirelire. Le 1er septembre, ils comparent leurs avoirs.

> ### Jacob
> Jacob a 48 $ dans sa tirelire. Sa mère lui donne 5 $ par semaine, qu'il dépense au fur et à mesure.

> ### Charlot
> Charlot a 22 $ dans sa tirelire. Chaque semaine, sa mère lui donne 2 $, qu'il dépose dans sa tirelire.

> ### Louis
> Louis a 72 $ dans sa tirelire. Chaque semaine, il utilise 1,50 $ pour s'acheter une nouvelle voiture miniature.

a) Pour chacun des trois amis, représente, à l'aide d'une table de valeurs, la relation entre le nombre de semaines écoulées entre aujourd'hui et le 1er septembre et le montant d'argent dans la tirelire.

b) Écris la règle de chacune de ces fonctions. Associe la variable x au nombre de semaines écoulées depuis le 1er septembre.

c) Que représente la valeur initiale, b, dans chacune des règles ?

d) Dans combien de semaines la tirelire de Louis sera-t-elle vide ?

e) À ce moment, combien d'argent Jacob et Charlot auront-ils ?

15. Des roues qui tournent

Vers les séquences p. 133

Dans un système d'engrenage, la roue qui contient le moins de dents est celle qui tourne le plus vite. Par ailleurs, si l'on double le nombre de dents d'une roue, la vitesse de rotation de celle-ci est diminuée de moitié.

Suppose qu'une roue d'un système d'engrenage compte 40 dents et tourne à une vitesse de 60 tours à la minute.

a) À l'aide du mode de représentation de ton choix, représente la relation entre le nombre de dents de cette roue et la vitesse à laquelle elle tourne.

b) De quel type de fonction s'agit-il ?

c) Combien de dents une roue qui tourne à 100 tours à la minute possède-t-elle ?

d) À quelle vitesse une roue qui a 90 dents tourne-t-elle ?

16. Toujours plus vite

Le graphique ci-dessous présente la progression des records du monde en nage à la compétition du 100 mètres style libre chez les hommes.

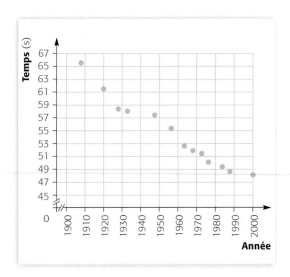

a) Peux-tu prévoir l'année où le record franchira les 45 secondes? Justifie ta réponse.

b) À quoi correspond, dans le contexte, le taux de variation de la courbe la mieux ajustée au nuage de points?

17. Petit bambou deviendra grand

Li Yang a planté une graine de bambou au printemps. Elle l'a recouverte de 5 cm de terre. Un jour, elle aperçoit enfin la pousse. À partir de ce moment, elle mesure son plant tous les samedis matin et consigne ses résultats dans le plan cartésien ci-contre.

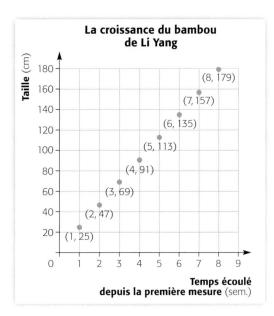

La croissance du bambou de Li Yang

a) Détermine l'ordonnée à l'origine de ce graphique. Que représente-t-elle dans le contexte?

b) Quelle est la règle de la fonction affine qui modélise la croissance du bambou lorsqu'il est hors terre?

c) Combien de temps, après le début des observations, la taille du bambou a-t-elle triplé?

d) Après 9 mois, combien de centimètres le bambou mesurera-t-il? Justifie ta réponse.

e) Si la croissance en terre est environ cinq fois moins rapide, estime depuis combien de temps Li Yang a planté la graine de bambou avant qu'elle en aperçoive la pousse.

18. Les frais de scolarité

Le graphique ci-dessous montre l'évolution, depuis 1980, des frais de scolarité annuels au Québec pour un étudiant universitaire qui étudie à temps plein.

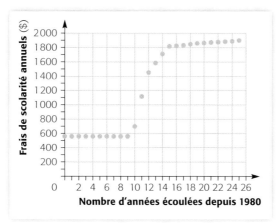

Source : Adapté de Statistique Canada.

a) Jusqu'en quelle année les frais de scolarité sont-ils demeurés fixes au Québec ?

b) Quelle a été l'augmentation annuelle moyenne des frais de scolarité entre 1990 et 1993 ?

c) Ce graphique te permet-il de prévoir les frais de scolarité qui seront exigés dans cinq ans ? Justifie ta réponse.

19. Compte-gouttes

Vers les séquences p. 133

En 2007, à LaSalle, les citoyens doivent payer une taxe d'eau selon leur consommation. Le tarif de base est de 70 $ pour une consommation annuelle de 255 m^3 d'eau. Chaque mètre cube additionnel est facturé au coût de 0,37 $, jusqu'à 425 m^3. Les consommations qui dépassent les 425 m^3 sont facturées à 0,41 $ par m^3 supplémentaire.

a) Représente cette situation dans un plan cartésien.

b) La famille Bertin a reçu une facture de 147,25 $ pour sa consommation annuelle d'eau. Combien de mètres cubes d'eau la famille Bertin a-t-elle consommés durant l'année ?

20. Le temps qui s'égrène

Un sablier fourni dans un jeu de société contient 100 g de sable qui s'écoule pendant deux minutes. Le premier joueur active le sablier.

a) Dans une table de valeurs, fixe cinq temps possibles entre zéro et deux minutes. Pour chacun de ces temps, détermine la quantité de sable restante dans la partie supérieure du sablier.

b) Représente cette situation dans un plan cartésien.

c) Chaque seconde, combien de grammes de sable s'écoulent dans la partie inférieure du sablier ?

d) Si le sable s'écoulait deux fois plus vite, est-ce que :

   1) l'ordonnée à l'origine de la fonction serait la même ?

   2) le taux de variation serait le même ?

   3) l'abscisse à l'origine serait la même ?

21. Homme-grenouille

Les plongeurs à la recherche de trésors dans les profondeurs doivent tenir compte de la pression qu'ils subissent sous l'eau.

La relation entre la profondeur et la pression est une fonction affine. À une profondeur de 4 m, la pression est de 140 kilopascals (kPa). À une profondeur de 9 m, la pression est de 190 kPa.

a) Dans un plan cartésien, représente la pression subie par un plongeur en fonction de la profondeur de sa plongée.

b) Trouve la règle de la fonction que tu as représentée en **a**.

c) Que représentent les paramètres a et b dans ce contexte?

d) À quelle profondeur la pression est-elle deux fois ce qu'elle est à la surface de l'eau?

22. Quand l'abscisse vaut 1

a) Pourquoi est-il avantageux, à partir du graphique d'une fonction linéaire, de trouver l'image de 1 pour déterminer la règle de cette fonction?

b) Est-ce que l'image de 1 est utile pour déterminer la règle d'une fonction de variation inverse? Justifie ta réponse.

c) Est-ce que l'image de 1 est utile pour déterminer la règle d'une fonction constante? Justifie ta réponse.

d) Est-ce que l'image de 1 est utile pour déterminer la règle d'une fonction affine dont a et b sont différents de 0? Justifie ta réponse.

23. Le poumon du monde

Voici une publicité qui a servi lors d'une collecte de fonds pour sauver la forêt tropicale humide.

En supposant qu'il faut environ sept secondes pour lire cette publicité, réponds aux questions suivantes.

Pendant que vous lisez ceci, environ six hectares de forêt tropicale humide sont détruits À JAMAIS.

SVP, aidez-nous à sauver des arbres.

a) Quelle superficie de la forêt tropicale humide est détruite en une minute?

b) En combien de temps 100 hectares de forêt sont-ils détruits?

c) Un hectare représente une superficie de 10 000 m². En combien de temps 7 943 km² de forêt tropicale humide, soit l'équivalent de la superficie de l'île d'Anticosti, peuvent-ils être détruits?

24. Une idée lumineuse

Les lampes fluorescentes compactes (LFC) offrent une économie d'énergie importante comparativement aux ampoules incandescentes habituelles.

Le graphique ci-dessous représente l'énergie qu'on économise lorsqu'on remplace une ampoule incandescente de 60 watts par une LFC de luminosité équivalente, selon le temps d'utilisation.

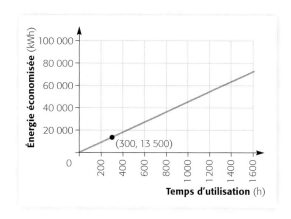

a) À l'aide de ce graphique, détermine le nombre de watts de la lampe fluorescente compacte considérée dans cette situation.

b) Hydro-Québec facture l'électricité aux consommateurs selon un tarif établi en kilowatt-heure (kWh). Un kWh correspond au produit de la puissance d'une ampoule, exprimée en kilowatts, par le temps d'utilisation, exprimé en heures. Combien de kWh sont économisés grâce à une LFC, qui a une durée de vie moyenne de 10 000 heures?

Environnement et consommation

Selon Ressources naturelles Canada, si chaque foyer canadien remplaçait une seule ampoule incandescente de 60 watts par une LFC, les émissions de gaz à effet de serre seraient réduites d'environ 397 000 tonnes par année. Comment le gouvernement pourrait-il encourager davantage les citoyens à remplacer leurs ampoules incandescentes par des LFC?

Point de repère

James Watt

James Watt (1736 – 1819) est un mathématicien et ingénieur écossais. L'unité de puissance du SI, le watt, porte son nom. James Watt est reconnu, entre autres, pour avoir perfectionné la machine à vapeur, qui a grandement contribué à la révolution industrielle.

25. Sous les mers...

La fosse des Mariannes, dans l'océan Pacifique, est la fosse sous-marine la plus profonde de la planète. Elle a une profondeur d'environ 11 000 m.

Lors de sa descente dans la fosse des Mariannes, un submersible met 15 minutes pour se rendre à 1 830 m de profondeur. Après 55 minutes, il se trouve à 6 710 m de profondeur.

a) Si le submersible descend à une vitesse constante, quelle est sa vitesse de descente en km/h?

b) Combien de temps le submersible mettra-t-il pour atteindre les 11 000 m de profondeur?

Fait divers

Le mont Everest est le mont le plus élevé de la Terre. En effet, son sommet se situe à 8 850 m d'altitude.

Par contre, si l'on considère que la hauteur d'une montagne est la différence entre son sommet et sa base, la plus haute montagne du monde est le volcan Mauna Kea, à Hawaii.

26. De la base au sommet

Le volcan Mauna Kea, à l'avant-plan

Le sommet du volcan Mauna Kea, à Hawaii, est situé à 4 200 m au-dessus du niveau de la mer. Toutefois, sa base étant située sous l'eau, ce volcan a une hauteur totale de 10 200 m.

Suppose qu'un hélicoptère vole à la même altitude que le sommet du mont Mauna Kea et que le pilote laisse tomber une roche dans la mer. Si la roche touche l'eau après 105 secondes et que sa vitesse de descente sous l'eau est 60 fois moins rapide, après combien de temps, depuis qu'elle a été lâchée, la roche atteindra-t-elle la base de la montagne?

27. De l'autre côté du hublot

En survolant l'Atlantique, un pilote d'avion annonce que la température extérieure est de ⁻50 °C. La table de valeurs ci-contre présente la température extérieure, en degrés Celsius, en fonction de l'altitude, en kilomètres.

a) Représente graphiquement cette relation.

b) Au niveau de la mer, quelle devrait être la température enregistrée?

c) Quelle est la variation de température à chaque kilomètre d'altitude?

d) Jusqu'à 20 km d'altitude, la température demeure constante à ⁻56,5 °C. À l'aide de cette information, poursuis ton graphique.

e) À partir de quelle altitude les températures enregistrées sont-elles négatives?

Altitude (km)	Température (°C)
1	8,5
2	2,0
3	⁻4,5
4	⁻11,0
5	⁻17,5
6	⁻24,0
7	⁻30,5
8	⁻37,0
9	⁻43,5
10	⁻50,0
11	⁻56,5

28. CO$_2$ en vol

L'avion, comme l'automobile, rejette du gaz carbonique (CO$_2$) dans l'atmosphère. Pour calculer la quantité de CO$_2$ attribuable à chaque passager dans un avion, on divise la quantité de CO$_2$ émise par cet avion par le nombre de passagers à bord.

Le tableau ci-dessous présente les distances parcourues par un avion et les émissions de CO$_2$ attribuables à chaque passager lorsque l'avion est rempli à pleine capacité.

Voyage aller-retour de Montréal	Distance parcourue (km)	Émission de CO$_2$ par passager (tonnes)
Paris (France)	11 024	2,78
New York (É.-U.)	1 060	0,31
Oulan-Bator (Mongolie)	19 282	4,65
Sidney (Australie)	32 098	7,74
Le Cap (Afrique du Sud)	25 556	6,16

a) Représente graphiquement la relation entre les distances parcourues par l'avion et les émissions de CO$_2$ par passager. Que peux-tu dire de cette relation?

b) Calcule la quantité de CO$_2$ attribuable à un passager pour une distance de un kilomètre.

c) Un avion qui transporte jusqu'à 200 passagers émet 556 tonnes de CO$_2$ lors d'un vol aller-retour entre Montréal et Paris. Comment la quantité de CO$_2$ attribuable à chaque passager varie-t-elle en fonction du nombre de passagers à bord de cet avion? Justifie ta réponse à l'aide d'une table de valeurs ou d'un graphique.

> **Environnement et consommation**
>
> La quantité de CO$_2$ attribuable à un passager qui fait le vol aller-retour entre Montréal et Oulan-Bator équivaut environ à la quantité de CO$_2$ émise par une petite voiture en un an.
>
> Selon toi, comment pourrait-on réduire la quantité de CO$_2$ attribuable à chaque passager à bord d'un avion?

Relation planétaire

Au cours de l'histoire, toutes les civilisations ont cherché à comprendre le mouvement des planètes. Cependant, il a fallu attendre le début du XVIIe siècle pour en avoir une explication satisfaisante. C'est l'astronome et mathématicien allemand Johannes Kepler qui a donné cette explication.

Kepler a découvert que les planètes tournent autour du Soleil dans des orbites qui sont presque circulaires. En fait, la forme de ces orbites est celle d'une ellipse.

Kepler a également découvert qu'il existe une relation entre la période de révolution d'une planète autour du Soleil et la distance entre cette planète et le Soleil. Le tableau ci-dessous donne des renseignements précis à ce sujet pour les planètes connues à l'époque de Kepler. La distance moyenne entre une planète et le Soleil est exprimée en **unités astronomiques**.

Unité astronomique
Unité de mesure employée pour représenter des distances à l'intérieur du système solaire. Une unité astronomique (UA) correspond à la distance entre la Terre et le Soleil, soit environ $1,5 \times 10^8$ km.

Planète	Distance moyenne du Soleil (UA)	Période de révolution (années)
Mercure	0,39	0,24
Vénus	0,72	0,61
Terre	1,00	1,00
Mars	1,52	1,88
Jupiter	5,20	11,70
Saturne	9,54	29,40

Johannes Kepler
(1571 – 1630)

Kepler a énoncé trois lois qui décrivent le mouvement des planètes autour du Soleil. Selon sa troisième loi, « le carré de la période de révolution est proportionnel au cube de la distance au Soleil ».

Cette loi peut se traduire par la règle suivante :

$$p = d^{\frac{3}{2}}$$

où p correspond à la période de révolution de la planète, en années, et d, à la distance entre cette planète et le Soleil, en unités astronomiques.

1. Est-ce que la relation entre la période de révolution des planètes et la distance moyenne de celles-ci par rapport au Soleil peut être représentée par une droite ? Justifie ta réponse.

2. La loi de Kepler décrit-elle bien la réalité ? Justifie ta réponse à l'aide d'arguments mathématiques.

Option projet

Depuis l'époque de Kepler, deux nouvelles planètes ont été découvertes : Uranus et Neptune. Leurs périodes de révolution sont respectivement de 84 ans et de 164 ans.

A Trouve une façon originale de représenter le système solaire avec ses huit planètes, en respectant la proportionnalité des distances.

Comme les planètes autour du Soleil, la Lune tourne autour de la Terre. L'orbite de la Lune autour de la Terre obéit elle aussi à la troisième loi de Kepler, qui se traduit dans ce cas par la règle suivante :

$$p = 1{,}15 \times 10^{-7} \cdot d^{\frac{3}{2}}$$

où p est la période de révolution de la Lune, en jours, et d, la distance entre la Lune et le centre de la Terre, en kilomètres. La Lune prend environ 27,3 jours pour faire le tour de la Terre.

B Représente la Lune dans ton système solaire.

Le système solaire ne compte que huit planètes. En août 2006, les astronomes ont décrété que Pluton, découverte en 1930, ne répondait pas à la définition d'une « planète ».

Problèmes

1. Débris dans l'espace

Selon le Centre national d'études spatiales, en France, il y aurait plus de 30 millions de débris en orbite autour de la Terre.

Le tableau ci-contre présente la masse des débris en orbite autour de la Terre relevée chaque année, de 1994 à 1997.

a) Trouve la règle de la fonction qui modélise cette situation pour les années données.

Année	Masse des débris ($\times 10^6$ kg)
1994	0,98
1995	1,02
1996	1,06
1997	1,10

b) Si l'accroissement de la masse des débris se poursuit au même rythme, quelle sera la masse des débris dans l'espace en 2020 ?

2. Le rapport doré

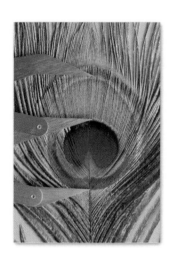

En art ou dans la nature, le rapport doré désigne les proportions parfaites ou «divines». Il s'exprime par un nombre irrationnel, le «nombre d'or». Le tableau ci-contre présente quelques couples de mesures dont le rapport peut être qualifié de «doré».

Petite mesure (x)	Grande mesure (y)
2	$1 + \sqrt{5}$
5	$\dfrac{5 + 5\sqrt{5}}{2}$
$\dfrac{16}{1 + \sqrt{5}}$	8

a) Écris la règle qui permet de calculer :

   1) la grande mesure à partir de la petite ;

   2) la petite mesure à partir de la grande.

b) Ingrid veut construire un cadre rectangulaire dont le rapport entre la longueur et la largeur est «doré». Si le plus grand côté mesure 14 cm, quelle doit être la mesure de l'autre côté ?

3. Des réserves qui s'épuisent

Des géologues pétroliers utilisent la fonction de la droite ci-contre pour estimer ce qu'il reste des réserves mondiales de pétrole depuis l'an 2000.

a) Décris dans tes mots ce que représente le taux de variation dans cette situation.

b) Détermine en quelle année les réserves de pétrole seront épuisées.

L'évolution des réserves mondiales de pétrole

Réserves de pétrole ($\times 10^9$ barils) — Nombre d'années écoulées depuis l'an 2000

(7, 1 160)

4. Voir loin

Les démographes sont des spécialistes qui étudient les populations humaines d'un point de vue quantitatif. Entre 1950 et 1960, les démographes prédisaient que la population mondiale atteindrait 15 milliards de personnes en 2050.

À l'aide des données du tableau ci-contre, explique la prédiction des démographes. Formule une nouvelle prédiction à la lumière des données recueillies entre 1960 et 2005.

Croissance de la population mondiale			
Année	Population ($\times 10^9$)	Année	Population ($\times 10^9$)
1930	2,07	1975	4,07
1940	2,30	1980	4,44
1950	2,52	1985	4,84
1955	2,76	1990	5,28
1960	3,02	1995	5,69
1965	3,34	2000	6,09
1970	3,70	2005	6,46

Source : Institut national d'études démographiques.

5. Les séismes

Le graphique ci-contre représente la relation entre l'énergie, en ergs, libérée lors d'un séisme et la magnitude du séisme à l'échelle de Richter, pour quelques séismes survenus depuis les cinquante dernières années.

a) La relation entre l'énergie libérée lors d'un séisme et la magnitude du séisme à l'échelle de Richter peut-elle être modélisée par une fonction affine ?

b) Le erg est une unité de mesure qui correspond à 10^{-7} joules. Exprime en joules l'énergie libérée par le séisme de 1990 au Chili.

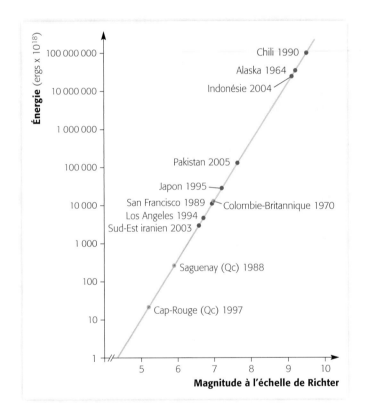

Point de repère

Charles Francis Richter (1900 – 1985) est un sismologue californien. En 1935, il a conçu une échelle numérique de 1 à 10 qui permet de mesurer l'importance d'un séisme selon l'énergie qu'il libère.

6. À vélo pour l'environnement

Au Québec, un million de personnes ont recours à leur vélo comme moyen de transport. Elles parcourent ainsi $3,3 \times 10^8$ km par année. Cela représente une économie de 3×10^7 litres d'essence et de $7,6 \times 10^4$ tonnes de CO_2.

Écris la règle de la fonction qui modélise la relation entre le nombre de kilomètres parcourus à vélo à des fins de transport et le nombre de tonnes de CO_2 qui ne seront pas rejetées dans l'atmosphère.

7. Voir du pays un tour à la fois

a) En règle générale, le diamètre d'une roue de vélo mesure entre 600 et 650 mm.

Dans un plan cartésien, représente la relation entre le diamètre d'une roue de vélo et la distance parcourue en un tour de roue. Gradue l'axe des ordonnées à l'aide du nombre π. Quel avantage tires-tu de cette façon de graduer?

b) Marie-Josée s'apprête à traverser le Canada à vélo. Le diamètre de chacune des roues de son vélo est de 622 mm. Suppose que, pour chaque coup de pédale que Marie-Josée donne, les roues de son vélo font 1,75 tour.

1) Dans un plan cartésien, représente la relation entre le nombre de coups de pédale et la distance parcourue par Marie-Josée, en kilomètres.

2) Exprime en notation scientifique le nombre de coups de pédale que donnera Marie-Josée pour parcourir les 7 623 km qui séparent Vancouver, en Colombie-Britannique, de Halifax, en Nouvelle-Écosse.

Mont Assiniboine, Banff.

8. Demi-dégagé

La figure ci-dessous représente la surface qu'un essuie-glace nettoie sur un pare-brise arrière de voiture. Le pare-brise est un rectangle dont la base mesure le double de la hauteur. L'essuie-glace balaie une aire égale à la moitié de la surface totale du pare-brise.

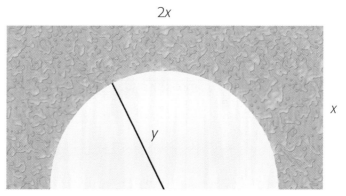

La relation entre y, la longueur de l'essuie-glace, et x, la hauteur du pare-brise, est une fonction linéaire. Quelle est la règle de cette fonction?

Perspectives d'avenir

Dès l'an prochain, trois séquences te seront proposées en mathématique :
Culture, société et technique, Technico-sciences et *Sciences naturelles*.
Ces séquences conduisent vers des domaines d'études et des sphères
d'emplois qui requièrent des aptitudes particulières. Tu devras donc choisir
une de ces trois séquences selon tes habiletés, tes intérêts et tes besoins.
Voici l'occasion de réfléchir à ton choix.

Vers les séquences

Le tableau ci-dessous t'aidera à cerner ce que tu aimes dans l'apprentissage
de la mathématique et, par conséquent, à déterminer la séquence qui pourrait
te convenir le mieux. Consulte-le en gardant à l'esprit l'intention suivante :
« Je fais le point sur la façon dont j'aime apprendre la mathématique. »

Dans les situations portant sur les nombres et les fonctions...	J'aime le défi que me procurent ces situations...	Séquence
• Le contexte est un outil essentiel à ma compréhension. • J'observe la situation et je la représente avant d'analyser le lien qui unit ses variables. • Mon raisonnement s'appuie principalement sur des manipulations avec les nombres. • Je représente l'information à l'aide du mode qui me convient le mieux.	**Chapitre 1** • Près de 1 000 km de cheveux !, p. 16 • Tendons la main, p. 43 **Chapitre 2** • La goutte qui fait déborder le vase, p. 54 • Les petites économies, p. 121	Culture, société et technique
• Je détecte facilement les erreurs et je réussis à les corriger. • Je comprends bien lorsque j'analyse la démarche des autres et que je la compare avec la mienne. • Je trouve aisément le modèle le mieux adapté aux situations et je suis capable d'en définir les limites. • J'utilise régulièrement les instruments et la technologie à ma disposition pour valider mes réponses.	**Chapitre 1** • Soyons rationnels !, p. 18 • Le poids des responsabilités, p. 46 **Chapitre 2** • Par expérience, p. 108 • Des roues qui tournent, p. 121	Technico-sciences
• Je m'intéresse aux modèles mathématiques associés à des phénomènes naturels ou scientifiques. • J'ai une habileté à travailler dans un monde abstrait, où les variables se substituent aux nombres. • Lorsque j'analyse des cas particuliers, je cherche à trouver une régularité, à généraliser une règle. • Je perçois les avantages de chaque mode de représentation.	**Chapitre 1** • L'aventure exponentielle, p. 8 • Une spirale en construction, p. 45 **Chapitre 2** • Quand les fonctions et la géométrie se rencontrent, p. 82 • Compte-gouttes, p. 123	Sciences naturelles

Le monde du travail

Le tableau suivant présente quelques programmes d'études des formations professionnelle, technique et universitaire. Ces programmes font appel aux concepts et aux processus que tu as abordés dans les chapitres 1 et 2, et à tes compétences en mathématique.

Pour compléter cette information, n'hésite pas à faire des recherches et à consulter tes proches au sujet des métiers qui t'intéressent.

Formation professionnelle	Formation collégiale	Formation universitaire
Assistance technique en pharmacie	Technologie de radio-oncologie	Démographie
Aménagement de la forêt	Technologie d'analyses biomédicales	Météorologie
Matriçage	Techniques de communication dans les médias	Géologie
	Techniques d'orthèses visuelles	Économique

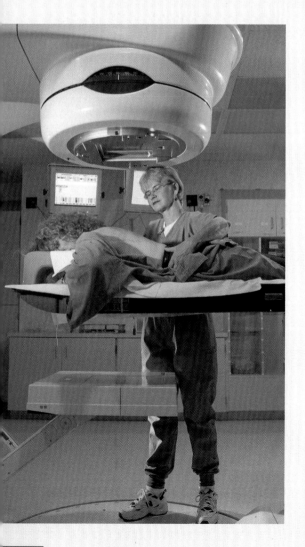

Technologie de radio-oncologie

Les technologues en radio-oncologie œuvrent dans le milieu hospitalier. Ils travaillent auprès des patients atteints d'un cancer et collaborent étroitement avec les médecins radio-oncologues.

Ces professionnels effectuent les examens pour localiser les tumeurs, à l'aide d'un scanneur, et donnent les traitements, à l'aide de radiations. Ils sont aussi responsables de l'accueil des patients. Ils les informent du déroulement des séances de traitement et des effets secondaires.

Les tâches que les technologues en radio-oncologie accomplissent demandent beaucoup de concentration. En effet, le calcul des doses de radiations et la direction de celles-ci vers les zones atteintes exigent une très grande précision. Par ailleurs, les technologues en radio-oncologie conçoivent les caches qui protègent certaines parties du corps contre les radiations ainsi que les accessoires qui maintiennent les patients en position stable lors des traitements.

Les technologues en radio-oncologie doivent avoir une bonne capacité d'écoute et faire preuve d'empathie. Ils doivent également être minutieux et rigoureux, et avoir de la facilité à résoudre des problèmes.

Les inéquations et les systèmes d'équations

L'égalité est la limite de l'inégalité. Le présent chapitre traite de ces deux relations mathématiques dans des situations touchant la vie en société.

Les apprentissages mathématiques associés aux inéquations et aux systèmes d'équations se feront par l'entremise de situations qui susciteront à la fois ta réflexion mathématique et ta réflexion sur ton rôle en tant que citoyenne et citoyen du monde.

Quelles sont les contraintes auxquelles les organismes de bienfaisance doivent faire face? Comment est-il possible de maximiser l'aide provenant d'un don? Comment une communauté peut-elle se mobiliser pour défendre une injustice?

Vivre-ensemble et citoyenneté

Survol

Une image vaut au moins 1 000 mots

Traduction d'une situation par une inéquation

Il suffit de prêter attention aux diverses situations de la vie courante pour découvrir les nombreuses manifestations des relations d'inégalité. Voici quelques exemples.

A Dans le document ci-contre :

1) repère toutes les relations d'inégalité ;

2) définis la variable de chacune des relations d'inégalité ;

3) décris, à l'aide d'une **inéquation**, les valeurs que la variable peut prendre.

Inéquation

Énoncé mathématique qui comporte une relation d'inégalité et une ou plusieurs variables.

Exemple : $a < 12$, où a est l'âge en années.

> ## Automobilistes, soyez prudents !
>
> ### Les zones scolaires sont des zones à risques...
>
> Vous devez arrêter votre véhicule à plus de 5 m de l'autobus scolaire lorsque celui-ci active ses feux intermittents.
>
> Dépasser un autobus d'écoliers dont les feux clignotent entraîne l'accumulation de 9 points d'inaptitude, ainsi qu'une amende variant de 200 $ à 300 $.
>
> Adapté de la Société de l'assurance automobile du Québec (SAAQ), 2007.

B Pour chaque relation d'inégalité inscrite sur les panneaux de signalisation ci-contre :

1) définis la variable ;

2) décris en mots les valeurs que la variable peut prendre ;

3) décris, à l'aide d'une inéquation, les valeurs que la variable peut prendre.

①

②

③

Ai-je bien compris ?

1. Associe chacun des groupes de mots suivants au symbole d'inégalité approprié ($<$, $>$, $\leq$ ou $\geq$).

   a) « pas plus de »

   b) « au plus »

   c) « au minimum »

   d) « au moins autant »

   e) « plus de »

   f) « au maximum »

   g) « jusqu'à »

   h) « moins de »

2. Pour chaque relation d'inégalité qu'on trouve dans le document ci-dessous, définis la variable et traduis-la par une inéquation.

   ### L'APPRENTISSAGE DE LA CONDUITE

   À partir de 16 ans, on peut faire la demande d'un permis d'apprenti conducteur. Ce permis autorise la conduite si l'on est accompagné d'une personne qui est titulaire, depuis au moins 2 ans, d'un permis de conduire. Il est valide pendant 18 mois, bien que la durée minimale de détention du permis soit de 12 mois (ou de 8 mois si la titulaire ou le titulaire a réussi un cours de conduite dans une école reconnue). L'accumulation de plus de 3 points d'inaptitude entraîne une prolongation de 3 mois de la période d'apprentissage.

   Adapté de la Société de l'assurance automobile du Québec (SAAQ), 2007.

En route vers le soleil

Vers les
séquences
p. 266

ACTIVITÉ
D'EXPLORATION **2**

Mathilde planifie un voyage dans un pays chaud. Elle veut à la fois profiter de la température agréable et faire des excursions variées. L'agent de voyages lui propose trois destinations différentes et lui remet le dépliant suivant.

Modes de représentation des sous-ensembles de nombres

Caractéristiques	Destinations ensoleillées		
	Varadero (Cuba)	Punta Cana (République dominicaine)	Cancun (Mexique)
Dates du séjour	12 au 19 février	9 au 23 février	15 au 22 février
Coût du séjour dans tous les hôtels ($CA) par personne	[1 048, 2 299]	[1 899, 3 269]	[1 390, 2 800]
Température habituelle, pour la période choisie (°C)	*(droite numérique : 20 ... 30)*	*(droite numérique : 20 ... 30)*	*(droite numérique : 20 ... 30)*
Nombre d'excursions offertes pendant le séjour	6	10	24
Âge d'admission au Club des enfants (en années)	[2, 10[	[3, 12[	]0, 14[

A À Punta Cana, Mathilde aurait un choix de 10 excursions. Si elle opte pour cette destination, le nombre d'excursions auquel elle participera fera partie de l'ensemble suivant :

$$\{0, 1, 2, 3, 4, 5, 6, 7, 8, 9, 10\}$$

Sur une droite numérique, représente le nombre d'excursions que Mathilde pourrait faire à Punta Cana.

Les caractéristiques des voyages correspondent à des variables, car elles peuvent prendre des valeurs différentes.

Vivre-ensemble et citoyenneté

Le tourisme est la principale activité économique de plusieurs pays. Depuis 1975, l'Organisation mondiale du tourisme (OMT) aide les pays en développement à renforcer leur économie par une mise en valeur touristique. L'OMT a publié *Le tourisme et la réduction de la pauvreté – Recommandations pour l'action*. Dans cet ouvrage, on donne des conseils pour que les plus démunis bénéficient des retombées économiques du tourisme.

Selon toi, quelles actions permettent de développer le tourisme ?

Pièges et astuces

Dans une situation donnée, on utilise parfois un mode de représentation d'une variable continue pour représenter une variable discrète qui peut prendre un très grand nombre de valeurs. *Exemple :* Il serait très long d'énumérer tous les coûts possibles, de 1 048 $ à 2 299 $. C'est pourquoi on représente les valeurs de cette variable discrète comme s'il s'agissait d'une variable continue.

B Supposons que Mathilde va à Varadero.

  1) Quels seront les coûts possibles de son séjour ?

  2) Que représentent les nombres 1 048 et 2 299 ?

C À Cancun, la température habituelle, en degrés Celsius, devrait-elle être représentée sous la forme [24, 33] ou {24, 25, 26, 27, 28, 29, 30, 31, 32, 33} ? Explique la différence entre ces deux modes de représentation.

D Mathilde envisage de partir avec son fils Miguel, qui a 10 ans.

  1) Dans quel Club des enfants serait-il admis ?

  2) Selon toi, quelle est la différence entre [2, 10[et [2, 10] ?

E À Cancun, le premier crochet qui représente l'âge permis pour avoir accès au Club des enfants semble avoir été placé à l'envers, si on le compare aux autres intervalles. Selon toi, pourquoi a-t-on présenté l'intervalle de cette façon ?

F Voici une autre façon de représenter l'âge d'admission au Club des enfants de Punta Cana.

  1) Pourquoi y a-t-il un cercle vide à l'extrémité droite du segment ?

  2) Représente l'âge d'admission à l'aide de symboles d'inégalité.

G Parmi les modes de représentation illustrés dans le dépliant des destinations ensoleillées, repère celui qui, selon toi, facilite les comparaisons entre les destinations. Justifie ton choix.

Ai-je bien compris ?

1. Parmi les modes de représentation illustrés à la page précédente, lesquels peuvent être utilisés pour représenter les valeurs possibles d'une variable :

  a) discrète ?   **b)** continue ?

2. Pour chaque relation d'inégalité qu'on trouve dans l'affiche ci-contre :

  a) définis la variable ;

  b) indique si la variable est discrète ou continue ;

  c) traduis la relation par une inéquation ;

  d) utilise deux modes de représentation appropriés pour illustrer les valeurs que peut prendre la variable.

Bibliothèque municipale	
Prêt de 21 jours	
Types d'abonnés	**Nombre de documents**
Enfants (12 ans et −)	5
Adultes (13 ans et +)	10

Faire le point

La traduction d'une situation par une inéquation

Une inéquation est un énoncé mathématique qui comporte une relation d'inégalité et une ou plusieurs variables.

Exemples : $x \leq 12$; $x + 5 \geq {}^-7$; $y < x - 8$

Une inéquation dans laquelle on utilise le symbole $<$ ou $>$ est appelée «une inéquation au sens strict». Une inéquation dans laquelle on utilise le symbole $\leq$ ou $\geq$ est appelée «une inéquation au sens large».

Le tableau ci-dessous précise la signification des symboles de la relation d'inégalité.

Inéquation	Signification
$x < b$	x est inférieur à b x est plus petit que b
$x > b$	x est supérieur à b x est plus grand que b
$x \leq b$	x est inférieur ou égal à b x est au maximum b
$x \geq b$	x est supérieur ou égal à b x est au minimum b

La représentation algébrique

Les renseignements inscrits sur le panneau de signalisation ci-contre peuvent être traduits en mots ou algébriquement.

Un nombre qui délimite les valeurs que peut prendre une variable est appelé «une borne». Dans l'exemple, 60 est la **borne inférieure** et 100 est la **borne supérieure**.

En mots	Algébriquement
La vitesse maximale permise est de 100 km/h.	$v \leq 100$
La vitesse minimale permise est de 60 km/h.	$v \geq 60$

Remarque : v représente la vitesse en kilomètres par heure.

Une borne peut faire partie ou non des valeurs possibles de la variable.

Exemple : $2 \leq x < 7$

Les nombres 2 et 7 délimitent les valeurs que peut prendre la variable x. Le nombre 2 est une borne qui est incluse dans l'ensemble des valeurs que peut prendre la variable. Le nombre 7 est aussi une borne de la variable, même s'il n'est pas inclus dans l'ensemble.

Les modes de représentation des sous-ensembles de nombres

Le tableau ci-dessous décrit les modes de représentation (extension, compréhension, droite numérique, intervalle) qui permettent d'illustrer les valeurs possibles d'une variable discrète ou continue.

	Utilisation	Représentation	Exemples		
Extension	Pour représenter un sous-ensemble fini ou un sous-ensemble infini qui présente une régularité.	On énumère les éléments entre accolades et on les sépare par une virgule.	Les nombres entiers compris entre 5 et 9 inclusivement	$\{5, 6, 7, 8, 9\}$	**Variable discrète**
			Les nombres entiers supérieurs à 1	$\{2, 3, 4, \ldots\}$	
Compréhension	Pour représenter tout sous-ensemble de nombres réels qui se prête à une description.	On définit d'abord, entre accolades, l'ensemble de référence et on décrit ensuite les éléments de l'ensemble.	Les nombres entiers inférieurs à 9	$\{x \in \mathbb{Z} \mid x < 9\}$ Se lit «x est élément de $\mathbb{Z}$, tel que x est inférieur à 9».	
			Les nombres réels compris entre $^-1$ (non inclus) et 7 (inclus)	$\{x \in \mathbb{R} \mid {}^-1 < x \leq 7\}$	**Variable discrète ou continue**
Droite numérique	Pour représenter un sous-ensemble de nombres rationnels ou un intervalle de nombres réels. *Remarque :* Dans le cas d'un intervalle, un cercle vide signifie que la borne n'est pas incluse et un cercle plein signifie que la borne est incluse.	On représente le sous-ensemble de nombres par des points s'il s'agit de valeurs discrètes, ou par un segment ou une demi-droite s'il s'agit d'un intervalle.	Les nombres entiers compris entre 5 et 8 inclusivement		
			Les nombres entiers supérieurs à $^-3$		
			Les nombres réels de 6 (inclus) à 9 (non inclus)		
			Les nombres réels inférieurs à 3		
Intervalle	Le sous-ensemble représenté par cette notation est un intervalle qui inclut tous les nombres réels compris entre les bornes. Ces bornes peuvent être comprises ou non dans l'intervalle.	On place les bornes de l'intervalle entre crochets et on les sépare par une virgule. Si la borne est incluse dans l'intervalle, le crochet est orienté vers l'intérieur ; sinon, il est orienté vers l'extérieur.	Les nombres réels de $^-5$ (inclus) à 8 (non inclus)	$[^-5, 8[$	**Variable continue**
			Les nombres réels supérieurs à 1	$]1, +\infty[$	
			Les nombres réels inférieurs ou égaux à 12	$]-\infty, 12]$	

Il existe des façons différentes de représenter l'ensemble des valeurs possibles d'une variable. Ces représentations diffèrent selon que la variable est discrète ou continue. Les tableaux ci-dessous illustrent les représentations possibles de ces deux types de variables.

La représentation d'une variable discrète

Soit l'exemple suivant :

Pierre possède **plus d'un** ordinateur.

Le nombre d'ordinateurs (n) est une variable discrète.

Inéquation	Interprétation	Modes de représentation		
		Compréhension	Droite numérique	Extension
$n > 1$	n est plus d'un	$\{n \in \mathbb{N} \mid n > 1\}$		$n \in \{2, 3, 4, ...\}$

La représentation d'une variable continue

Soit l'exemple suivant :

Le séchage de la peinture nécessite **au moins 4 heures**.

Le temps (t) est une variable continue.

Inéquation	Interprétation	Modes de représentation		
		Compréhension	Droite numérique	Intervalle
$t \geq 4$	t est au moins 4 heures	$\{t \in \mathbb{R}_+ \mid t \geq 4\}$		$t \in [4, +\infty[$

Lorsqu'une inéquation n'a pas de borne inférieure, on indique -∞ dans l'intervalle. Si l'inéquation n'a pas de borne supérieure, on indique +∞. Le crochet est orienté vers l'extérieur, car on ne peut atteindre l'infini.

> **Pièges et astuces**
>
> Une inéquation s'écrit de la même façon dans $\mathbb{R}$ que dans tout autre ensemble de nombres. C'est habituellement le contexte qui spécifie l'ensemble de référence.

Mise en pratique

Vivre-ensemble et citoyenneté

Pour désigner une personne inconnue ou qui désire garder l'anonymat, on emploie, dans le langage courant, les mots «madame X» ou «monsieur X». Cette idée renvoie à la mathématique, où *x* désigne une inconnue.

Selon toi, pourquoi certaines personnes qui versent des dons à des organismes de bienfaisance le font-elles anonymement?

1. Énumère **tous les chiffres** qui peuvent se trouver dans la boîte colorée et qui rendent l'inégalité vraie.

a) $^-15,4\blacksquare < ^-15,44$

b) $^-3\ 204,32 > ^-3\ 204,\blacksquare2$

c) $73,\blacksquare > ^-73,7$

d) $^-0,00\blacksquare < ^-0,001$

2. Traduis les énoncés suivants en utilisant le symbole d'inégalité approprié.

a) *x* dépasse 8.

b) *x* est inférieur à $^-5$.

c) *x* est au maximum égal à π.

d) *x* est au moins égal à 100.

e) *x* vaut plus que 2.

f) *x* n'est pas inférieur à *a*.

g) *x* ne dépasse pas 0.

h) *x* est au minimum égal à $\frac{5}{2}$.

i) *x* n'atteint pas 1.

j) *x* n'est pas plus grand que *y*.

3. Reformule chacun des énoncés de la question **2** en employant d'autres mots.

4. Considérons l'énoncé suivant : «Quand il y a plus de 10 personnes à la caisse enregistreuse de 8 articles ou moins, on attend au moins 5 minutes.»

a) Définis chacune des variables qu'on trouve dans l'énoncé.

b) Illustre les valeurs que peut prendre chaque variable dans le contexte donné :

   1) en utilisant une inéquation ;

   2) en utilisant le mode de représentation approprié.

5. Traduis, à l'aide de symboles, les inéquations qui se trouvent dans chacune des situations suivantes. N'oublie pas de définir les variables utilisées.

1 Le Club de plein air de l'école organise une sortie de pêche sous la glace. Le permis de pêche donne l'autorisation de pêcher 50 perchaudes qui mesurent au moins 20 cm.

2 Rose livre des journaux à domicile. Son sac ne peut contenir plus de 40 journaux. Pour que son salaire soit intéressant, il faut qu'elle livre au minimum 25 journaux.

3 Dans un jeu vidéo, afin d'accéder à l'étape suivante, le joueur dispose de 15 minutes pour accumuler un minimum de 25 000 points. Si le joueur accumule plus de 50 000 points, il gagne un tour supplémentaire.

6. Reproduis le tableau suivant et complète-le.

Inéquation	Modes de représentation		
	Compréhension	Intervalle	Droite numérique
Exemple : $2 \leq x \leq 8$	$\{x \in \mathbb{R} \mid 2 \leq x \leq 8\}$	$x \in [2, 8]$	(droite numérique : points pleins en 2 et 8)
		$x \in {]^{-}3, 4]}$	
	$\{x \in \mathbb{R} \mid 0 \leq x < 9\}$		
			 (droite numérique : cercles ouverts en $\frac{1}{2}$ et 8)
	$\{x \in \mathbb{R} \mid \pi \leq x < 3\pi\}$		
		$x \in [10, +\infty[$	
			 (droite numérique : cercle ouvert en 100)

Pièges et astuces

On ne doit pas lire un énoncé composé de la forme $a \leq x \leq b$ de gauche à droite, mais plutôt du centre vers les deux extrémités. Ainsi, $12\ °C \leq t \leq 25\ °C$, où t représente la température extérieure, se lira : « La température extérieure est comprise inclusivement entre $12\ °C$ et $25\ °C$. »

7. Reproduis le tableau suivant et complète-le.

Inéquation	Modes de représentation		
	Compréhension	Extension	Droite numérique
Exemple : $2 \leq x \leq 8$	$\{x \in \mathbb{N} \mid 2 \leq x \leq 8\}$	$x \in \{2, 3, 4, 5, 6, 7, 8\}$	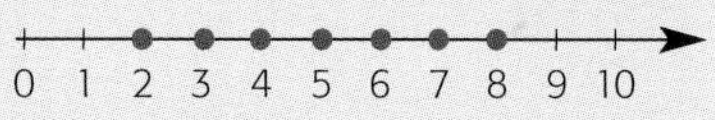 (droite numérique graduée de 0 à 10, points pleins de 2 à 8)
	$\{x \in \mathbb{Z} \mid {}^{-}4 < x < 7\}$		
			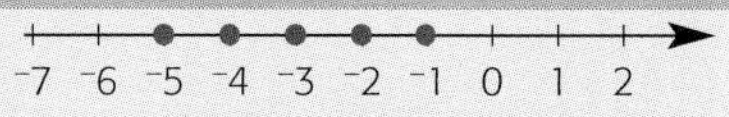 (droite numérique graduée de ⁻7 à 2, points pleins de ⁻3 à 1)
		$x \in \{10, 11, 12, 13, \ldots\}$	

8. Associe chaque inéquation ci-dessous au contexte approprié. Compose ensuite un énoncé pour traduire cette inéquation.

a) $x \geq 5$ ① Une partie de hockey

b) $7 \leq y \leq 15$ ② La durée des vacances

c) $200 < a \leq 300$ ③ La température en degrés Celsius

d) $^{-}7 \leq b < 0$ ④ Un texte à écrire

9. Ouvre l'œil et trouve un texte, que ce soit un article de journal, une publicité ou toute autre production écrite, qui contient une relation d'inégalité. Définis la variable et représente, en compréhension, les valeurs qu'elle peut prendre.

10. Le mot «entre» peut être employé dans des contextes où il est question de choix. Voici deux exemples. Réponds aux questions qui les accompagnent.

> **1** Choisir un nombre entre 1 et 2.

a) Normalement, combien y a-t-il de réponses à cette consigne?

b) Modifie la consigne afin qu'il y ait une infinité de réponses, excluant 1 et 2.

> **2** Choisir un nombre entre 1 et 10.

c) Normalement, combien y a t-il de réponses à cette consigne?

d) Modifie la consigne afin qu'il y ait une infinité de réponses possibles, incluant 1 et 10.

e) Modifie la consigne afin qu'il n'y ait que deux réponses possibles.

> Dans certains contextes, la variable peut prendre des valeurs qui ne sont pas entières, sans toutefois prendre toutes les valeurs réelles. C'est notamment le cas d'une course en taxi.

11. Vincent prend un taxi pour se rendre à une entrevue. Aussitôt assis dans le taxi, il s'aperçoit que le compteur affiche déjà 3,15 $. Pendant que le taxi roule, Vincent remarque que le compteur fait des bons de 0,15 $. La course a coûté moins de 20 $ à Vincent.

a) Après avoir défini la variable, trouve l'inéquation qui représente cette situation.

b) Quel mode de représentation faut-il privilégier pour décrire tous les coûts possibles de cette course en taxi : l'intervalle ou l'extension?

c) Place les valeurs possibles de cette variable sur une droite numérique.

d) Une course en taxi peut-elle coûter exactement 33 $? 34 $? Explique ta réponse.

12. Dans un marché public de Montréal, afin d'inciter les gens à y faire leurs achats, on offre des tarifs de stationnement très intéressants. Voici ces tarifs.

> ### Stationnement du marché
>
> 0-30 minutes: 0,50 $
> 31-60 minutes: 1,00 $
> 61-90 minutes: 1,50 $
> Chaque demi-heure additionnelle: 1,50 $
> Maximum pour la journée: 15,00 $

a) Définis d'abord la variable de cette situation. Écris ensuite, en extension, les montants qu'il en coûtera pour stationner sa voiture.

b) Place ces valeurs sur une droite numérique.

c) Quel est l'ensemble de nombres de référence de cette variable?

d) Selon toi, pourquoi les tarifs grimpent-ils plus vite après 90 minutes de stationnement?

Les contraintes

Partir du bon pied !

Sophie est la coordonnatrice du spectacle-bénéfice du Club des petits déjeuners du Québec. Elle doit planifier six rencontres de trois heures, la semaine prochaine, avec les membres de son équipe. Ces rencontres auront lieu entre 8 h et 12 h et entre 13 h et 17 h.

Pour orchestrer le tout, elle a noté le nom des personnes qui participeront à chacune des réunions. Elle a aussi imprimé la page de son agenda correspondant à cette semaine et les courriels des membres de son équipe qui lui font savoir à quels moments ils sont disponibles.

En respectant les contraintes données, aide Sophie à placer dans son agenda les six réunions qu'elle doit prévoir.

> Vivre-ensemble et citoyenneté
>
> Plus de 2 000 bénévoles du Club des petits déjeuners du Québec s'occupent quotidiennement d'enfants qui fréquentent des écoles en milieu défavorisé en leur offrant un petit déjeuner nutritif.
>
> Explique le titre de la situation-problème.

Réunion entre :

1. Pierre et Sophie pour préparation : première réunion prévue à l'horaire
2. Pierre et Sophie pour bilan : dernière réunion prévue à l'horaire
3. Tous
4. Pierre, Alexandre, Félix-Antoine et Laurie
5. Pierre et Alexandre
6. Kassandra et Félix-Antoine ou Laurie

Calendrier — 15 octobre – 19 octobre

	15 octobre	16 octobre	17 octobre	18 octobre	19 octobre
08 : 00				Rencontre avec la presse, à Montréal	
09 : 00					
10 : 00					
11 : 00					
12 : 00	Dîner	Dîner	Dîner	Dîner	Dîner
13 : 00					
14 : 00					
15 : 00		Rendez-vous chez le médecin			15 h 20 Départ pour Toronto Vol n° 226
16 : 00					
17 : 00					

Objet : Re : Rencontres

Bonjour Sophie,

Je suis disponible tous les jours de la semaine prochaine de 9 h à 16 h, à l'exception de lundi après-midi et de jeudi après-midi.

Bonne soirée.

Pierre

Objet : Re : Rencontres

Bonjour,

Voici les moments où je suis libre la semaine prochaine :

Mardi 8 h à 15 h
Mercredi 13 h à 16 h 30
Jeudi 8 h à 12 h

Bonne fin de journée.

Alexandre

Objet : Re : Rencontres

Salut Sophie !

La semaine prochaine, je suis disponible seulement lundi après-midi, mardi avant-midi et jeudi avant-midi.

Ciao !

Félix-A.

Objet : Re : Rencontres

Bonjour,

Mes moments libres sont les suivants :

Lundi 13 h à 16 h
Mardi 8 h à 14 h
Jeudi 8 h à 17 h

Bonsoir !

Laurie

Objet : Re : Rencontres

Bonjour Sophie,

Il n'y a que le mercredi où je ne suis pas disponible. Tous les autres jours, je suis libre jusqu'à 16 h.

À bientôt !

Kassandra

À l'écoute des sous-entendus

Contraintes implicites

Lorsqu'on lit des textes d'information, certaines relations d'inégalité sautent aux yeux. Mais il arrive qu'il y en ait d'autres qui soient cachées ou sous-entendues, obligeant les lecteurs à lire entre les lignes pour décoder le message.

Lis le texte suivant. Les phrases ont été numérotées pour faciliter la consultation.

Tempête hivernale

Du 16 au 18 février 2006

Tempête hivernale et chaleur humaine

(1) Une intense tempête hivernale envahit présentement le Québec. (2) Le verglas a atteint Gaspé où près de 4 mm sont tombés. (3) De 15 à 45 cm de neige environ sont prévus au nord des Laurentides, ainsi que sur le centre et l'est de la province. (4) La tempête cause aussi de nombreuses pannes de courant. (5) Environ 150 000 foyers sont privés d'électricité en ce moment. (6) Des vents violents provoquent de la poudrerie à plusieurs endroits. (7) Certaines rafales soufflent à plus de 100 km/h. (8) Ces rafales et la visibilité nulle sur les routes ne sont pas étrangères au carambolage survenu sur l'autoroute 40, près de Lavaltrie, où plus de 60 véhicules se sont heurtés. (9) Certains résidants des environs ont ouvert leur porte aux automobilistes en attendant l'arrivée des services d'urgence.

Pièges et astuces

Bien s'imprégner du contexte demeure la façon la plus efficace de ne pas répondre n'importe quoi à une question posée. La mathématique sert à modéliser la réalité.

A En te référant à la phrase **2** du texte, représente, sous forme d'intervalle, les valeurs que la quantité de verglas tombé à Gaspé, notée *v*, peut prendre.

B Relis la phrase **7**. Crois-tu qu'une rafale de 158 km/h ait été enregistrée ? Justifie ta réponse.

C La phrase **5** commence par le mot «environ».

1) Selon toi, quelles sont les valeurs possibles correspondant au nombre de foyers privés d'électricité?

2) Exprime la réponse que tu as donnée en **1** à l'aide du mode de représentation approprié.

D À la phrase **3**, la quantité de neige prévue dans les Laurentides est comprise entre deux bornes. Dans la phrase, le mot «environ» est employé. Quel effet ce mot a-t-il sur l'intervalle?

E Dans la phrase **8**, on affirme que «plus de 60 véhicules se sont heurtés». Crois-tu que le nombre exact de véhicules qui se sont heurtés pourrait être 55? 70? 134? Justifie ta réponse.

F Pour chacune des relations d'inégalité qu'on trouve dans le texte de la page précédente, définis la variable. Puis représente, à l'aide de symboles d'inégalité, les valeurs que tu crois qu'elle peut prendre.

Ai-je bien compris?

Les affiches qui annoncent les soldes dans les magasins se veulent avant tout accrocheuses. Observe les rabais annoncés ci-dessous.

Si r représente le pourcentage de rabais obtenu lors d'un achat, exprime, en utilisant les symboles d'inégalité, les valeurs que r peut prendre dans chacun des cas suivants.

2

ACHETEZ UNE PAIRE DE CHAUSSURES ET OBTENEZ LA SECONDE PAIRE À MOITIÉ PRIX!*

* LE RABAIS S'APPLIQUE SUR LE PLUS BAS DES DEUX PRIX.

1

Obtenez jusqu'à **70 %** de rabais sur toute la marchandise* en magasin.

* À l'exception des nouveautés.

3

Super liquidation! Tout doit être écoulé!

Rabais supplémentaire de **20 %** sur articles déjà réduits de **20 %** à **60 %**!

Une sortie en famille

Un dimanche matin, la famille Meunier se rend en autobus au restaurant Les palmes afin de prendre le brunch. En sortant du restaurant, la famille décide d'aller au cinéma Capitol, situé tout près du restaurant.

Voici les tarifs du transport en commun, du brunch et de la séance de cinéma.

Transport en commun
Tarifs (un aller)

Usagers	Tarifs
Enfants de 5 ans et moins	Gratuit
Jeunes de 6 à 17 ans	1,50 $
Étudiants de 18 à 23 ans	1,50 $
Adultes	2,50 $
Aînés de 60 ans et plus	1,50 $

Cinéma Capitol
Tarifs

Adultes	9,50 $
Étudiants (18 à 23 ans) Carte étudiante obligatoire	7,00 $
Adolescents (13 à 17 ans)	7,00 $
Enfants (12 ans et moins)	5,50 $
Aînés (65 ans et plus)	7,00 $

Restaurant Les palmes
Brunch du dimanche
(Taxes et service compris)

Enfants de moins de 5 ans (accompagnés d'une ou d'un adulte)	Gratuit
Enfants de moins de 12 ans	7,50 $
Adultes	15,00 $

A Utilise les symboles d'inégalité pour représenter les âges :

1) des jeunes dont le transport en commun coûtera 1,50 $;

2) des enfants dont la séance de cinéma coûtera 5,50 $;

3) des enfants dont le brunch coûtera 7,50 $ au restaurant Les palmes.

B Pour chacun des cas suivants, représente, sur une droite numérique, les âges qui respectent les **contraintes**.

1) Les enfants qui bénéficient du transport gratuit.

2) Les enfants qui bénéficient du brunch gratuit.

3) Les enfants qui **ne** peuvent **pas** bénéficier du transport gratuit.

4) Les enfants qui bénéficient du transport gratuit **et** du brunch gratuit.

5) Les enfants qui bénéficient du transport gratuit **ou** du brunch gratuit.

Contrainte
En mathématique, une contrainte correspond à une condition restrictive imposée à une ou à des variables.

C Explique comment tu as procédé pour répondre, précédemment, aux numéros **3**, **4** et **5** de la question **B**.

D Au cinéma et au restaurant, quels âges ont les enfants qui profitent d'un prix réduit, mais non d'une gratuité ? Exprime ta réponse en compréhension.

E Quels âges ont les personnes qui bénéficient d'un prix réduit à la fois pour le transport en commun, le cinéma et le brunch ? Représente ta réponse sous forme d'intervalle.

F La famille Meunier est composée des personnes suivantes : Éloi, 9 ans ; Arnaud, 20 ans, travailleur ; Zachari, 23 ans, étudiant ; Marc, 50 ans ; Marie-Andrée, 48 ans. Détermine la somme dépensée par la famille Meunier pour le transport aller-retour, le brunch et le cinéma.

Ai-je bien compris ?

1. Pour le gouvernement du Canada, une personne qui a 50 ans est considérée comme une aînée. Représente, sous forme d'intervalle, les âges des aînés qui :

   a) ne peuvent pas bénéficier, au cinéma, de la réduction de prix ;

   b) ne bénéficient d'aucune réduction de prix ;

   c) bénéficient d'au moins une réduction de prix.

2. Établis un parallèle entre les symboles de l'union (∪), de l'intersection (∩) et du complément (′) utilisés dans les ensembles de nombres et les mots suivants du langage courant : *et*, *ou*, *ne… pas*.

Pour réactiver tes connaissances des symboles associés aux ensembles de nombres, tu peux consulter la section 2 du chapitre 1.

Faire le point

Les contraintes

En mathématique, une contrainte correspond à une condition restrictive imposée à une ou à des variables. Une contrainte se traduit par une équation ou par une inéquation. Ici, ce sont les inéquations qui nous intéressent.

L'ensemble-solution d'une inéquation est l'ensemble des valeurs de la variable qui transforment l'inéquation en une inégalité vraie.

Exemple :

Au Québec, l'âge minimal requis pour conduire une automobile est de 16 ans.

Cette contrainte peut se traduire algébriquement par l'inéquation $a \geq 16$, où a représente l'âge.

L'ensemble P des âges, pour lesquels il est permis de conduire au Québec, est exprimé ainsi :

$$P = \{a \in \mathbb{R}_+ \mid a \geq 16\} \quad \text{ou} \quad \xrightarrow{\quad\;\bullet\quad\quad\quad\quad\quad} \quad \text{ou} \quad a \in [16, +\infty[$$
$$\qquad\qquad\qquad\qquad\qquad\qquad\qquad\; 16$$

> Le contexte limite, lui aussi, les valeurs que peut prendre une variable.
>
> Dans l'exemple donné, bien qu'on ne puisse fixer de borne supérieure, il est peu probable que des conducteurs d'automobiles aient plus de 100 ans.

La non-négativité

Il arrive souvent, dans un contexte, que la variable prenne seulement des valeurs positives. Cette contrainte sous-entendue est appelée « une contrainte de non-négativité ». On tient compte de cette contrainte en fixant 0 comme borne inférieure. C'est pourquoi, dans l'exemple ci-dessus, on a écrit $\mathbb{R}_+$ dans la définition de l'ensemble P.

Les connecteurs logiques

Certains mots du langage courant, tels *et*, *ou*, *ne… pas*, permettent d'établir des liens mathématiques entre des contraintes. On appelle ces mots « des connecteurs logiques ». On peut associer ces connecteurs aux opérations de l'intersection ($\cap$), de l'union ($\cup$) et du complément ($'$).

Exemples : Soit les deux contraintes suivantes.

1) Avoir au moins 5 ans. Les âges qui respectent cette contrainte forment l'ensemble A :

2) Avoir moins de 14 ans. Les âges qui respectent cette contrainte forment l'ensemble B :

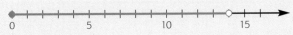

Les exemples qui suivent illustrent le lien entre les connecteurs logiques et les opérations de l'intersection (∩), de l'union (∪) et du complément (') faites sur les ensembles A et B.

Opération	Interprétation	Ensemble-solution		
		Droite numérique (en violet)	Intervalle	En mots
A ∩ B	À la fois élément de A **ET** de B	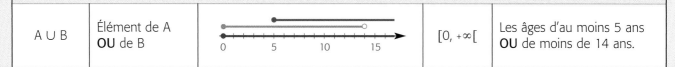	[5, 14[	Les âges d'au moins 5 ans **ET** de moins de 14 ans.
	L'ensemble-solution de l'**intersection** correspond, sur la droite numérique, aux éléments qui sont communs aux deux ensembles. On peut dire qu'il s'agit des âges des enfants qui fréquentent l'école primaire.			
A ∪ B	Élément de A **OU** de B	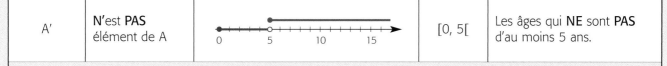	[0, +∞[	Les âges d'au moins 5 ans **OU** de moins de 14 ans.
	L'ensemble-solution de l'**union** correspond, sur la droite numérique, aux éléments qui sont dans l'ensemble A, dans l'ensemble B ou dans les deux ensembles à la fois. L'union des contraintes n'a pas de borne supérieure, bien que le contexte limite les valeurs que peut prendre la variable. On peut dire qu'il s'agit de tous les âges possibles.			
A'	N'est **PAS** élément de A		[0, 5[	Les âges qui **NE** sont **PAS** d'au moins 5 ans.
	L'ensemble-solution du **complément** de l'ensemble A correspond, sur la droite numérique, à tous les éléments qui ne sont pas dans l'ensemble A. On peut dire qu'il s'agit des âges des enfants qui ne fréquentent pas l'école primaire.			

Pièges et astuces

La droite numérique facilite la recherche de l'ensemble-solution d'une opération qui est faite sur un ensemble ou sur des ensembles.

Mise en pratique

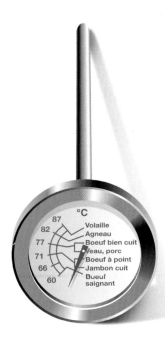

1. Énumère toutes les valeurs entières de x qui respectent les contraintes suivantes.

a) $1 < x \leq 5$ **b)** $^-3 \leq x \leq 6$ **c)** $^-8 < x < 0$ **d)** $3,5 \leq x < 6,2$

2. Un thermomètre à viande, comme celui qui est représenté ci-contre, permet d'obtenir une cuisson adéquate des aliments. Utilise des symboles d'inégalité pour représenter l'intervalle de température qu'il faut idéalement respecter pour la cuisson du bœuf.

3. Dans l'extrait suivant, repère les deux relations d'inégalité. Pour chacune d'elles :

a) définis la variable ;

b) représente, en compréhension, les valeurs que peuvent prendre les variables en fixant des bornes plausibles.

Une tragédie ferroviaire en Égypte

Le 21 août 2006

En Égypte, au moins 50 personnes ont péri lorsque deux trains circulant sur la même voie sont entrés en collision. Près de 140 personnes ont également été blessées.

Source : LCN.

---

4. Pour chacun des énoncés suivants, représente, sur une droite numérique, les valeurs possibles de x dans $\mathbb{R}$.

a) x est supérieur à 3.

b) x n'est pas inférieur ou égal à 9.

c) x est inférieur ou égal à 9 et supérieur à 3.

d) x est inférieur ou égal à 9 ou supérieur à 3.

e) x est inférieur ou égal à 9, mais il n'est pas supérieur à 3.

5. Écris, sous forme d'intervalle, le résultat des opérations qu'on peut former à l'aide des inéquations et des opérations suivantes.

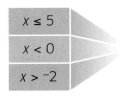

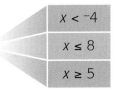

6. Lis l'extrait suivant et réponds aux questions qui l'accompagnent.

SOINS DE SANTÉ AU CANADA
Un nouveau vaccin pour les bébés
24 août 2006

Santé Canada vient d'approuver un vaccin contre le rotavirus. Le rotavirus est un virus extrêmement contagieux qui affecte plus de 95 % des enfants[1], au moins 1 fois[2] avant qu'ils aient atteint l'âge de 5 ans. Ce virus est la cause la plus courante de gastro-entérite grave chez les nourrissons et les enfants âgés de 6 à 35 mois[3].

Adapté du *Journal de Montréal*.

a) Selon toi, y a-t-il une borne supérieure à cette variable (1)?

b) Définis la variable dont il est question (2).

c) Est-ce une variable discrète ou continue?

d) Quel peut être l'âge d'un nourrisson (3)?

e) Que veut dire le mot «et» (3)?

f) Pourquoi cet intervalle a-t-il été limité à 35 mois (3)?

g) Reformule la troisième phrase soulignée sous une forme équivalente et simplifiée.

h) Si plus de 95 % des enfants de moins de 5 ans ont eu la gastro-entérite au moins 1 fois et que la population préscolaire du Québec est d'environ 400 000 jeunes (en 2006, selon Statistique Canada), combien d'enfants, au maximum, n'ont pas contracté le rotavirus?

7. Soit les ensembles A, B et C suivants.

$A = \{x \in \mathbb{R} \mid x \le 5\}$ ⬛ $B = \{x \in \mathbb{R} \mid x > {}^{-}1\}$ ⬛ $C = \{x \in \mathbb{R} \mid x \ge 2\}$

Quel est, sous forme d'intervalle, l'ensemble des nombres qui appartiennent à:

a) A'? ⬛ b) B ∪ C? ⬛ c) A ∩ C? ⬛ d) A ∩ B'? ⬛ e) A ∩ B ∩ C?

8. Les membres de la famille Poisson ne s'entendent pas sur le montant que chacun devra débourser pour l'échange de cadeaux. Hélène propose que chacun écrive, sur un bout de papier, le montant qu'il est prêt à payer. Voici les réponses qu'elle a obtenues.

Au maximum 50 $	*Entre 30 $ et 50 $*	*De 30 $ à 50 $*

Pas plus bas que 20 $	*Au moins 40 $, sans dépasser 60 $*	*Au moins 25 $, mais pas plus de 45 $*

Écris l'intervalle des montants qui convient à tous les membres de la famille.

9. Pour chacun des cas ci-dessous:

① $(]{-}\infty, 5])'$ ② $(]{-}2, 11[)'$ ③ $]{-}\infty, {}^{-}1] \cap [{}^{-}9, 2]$ ④ $]{-}\infty, 3] \cup]0, +\infty[$

a) utilise la droite numérique pour déterminer le résultat;

b) représente ce résultat sous forme d'intervalle.

TIC

10. Dans un moteur de recherche, il est possible de raffiner une recherche en utilisant les connecteurs logiques *et*, *ou* ou *pas* (pour *ne... pas*). C'est l'**algèbre de Boole** qui permet au moteur de recherche de sélectionner les sites ou les documents qui répondent aux contraintes fournies.

Supposons qu'on te demande de faire les recherches suivantes :

camping **et** plage   camping **et** plage **et** golf

plage **ou** golf   (camping **et** golf) **ou** (camping **et** plage)

camping **et** (plage **ou** golf)   camping **ou** plage **ou** golf

plage **et pas** camping

a) Décris ce qui se produira pour chacune des recherches.

b) Quelle recherche produira le plus petit nombre d'occurrences ? le plus grand nombre d'occurrences ?

c) Quelles sont les deux recherches qui produiront les mêmes résultats ?

Point de repère

George Boole

Le mathématicien britannique George Boole (1815-1864) a développé un système formel appelé « algèbre booléenne ». Ce système associe la valeur 0 à ce qui est faux et 1 à ce qui est vrai. Aujourd'hui, ce système logique est utilisé dans de nombreuses applications informatiques.

11. Julie et Martin réalisent un projet scolaire ensemble. Ils doivent se rencontrer pour mettre au point leur projet. Voici les courriels qu'ils se sont envoyés.

De :	Julie Houle
Date :	8 novembre 2007 21:18
À :	Martin Ouellet
Objet :	Re : Bibliothèque

Martin,

Je n'ai pas de cours demain après-midi. J'arriverai donc à la bibliothèque vers 12 h 45. Je devrai partir vers 16 h 30, car j'ai un match de soccer en soirée.

À demain.

Julie

- Message original -

```
De: Martin Ouellet
Date: 8 novembre 2007  20:55
À: Julie Houle
Objet: Bibliothèque

Salut Julie,
Je propose une rencontre demain après-midi pour poursuivre
notre travail. Je serai à la bibliothèque de 14 h 30 à 17 h.
Peux-tu venir m'y rejoindre? Si oui, à quelle heure?
Bye!
Martin
```

Exprime, sous forme d'intervalle, la période de la journée pendant laquelle :

a) Julie et Martin pourront se rencontrer ;

b) il sera possible de rencontrer Martin ou Julie à la bibliothèque ;

c) il sera impossible de rencontrer Martin à la bibliothèque ;

d) il sera possible de rencontrer Martin à la bibliothèque, mais non Julie.

La résolution d'inéquations

Le triathlon  Situation-problème

Alexandre, Benoît, Elisa et Thomas sont des triathlètes. Ils ont participé à un triathlon qui était composé d'une épreuve de natation (1,5 km), suivie d'une épreuve de cyclisme (40 km), puis d'une épreuve de course à pied (10 km). Ils se sont classés respectivement premier, deuxième, troisième et quatrième.

Voici quelques données concernant les temps, arrondis à la minute près, des quatre triathlètes.

Triathlète	Classement	Épreuves			Temps total
		Natation	Cyclisme	Course à pied	
Alexandre	1er	1 minute de plus que Benoît	Une fois et demie son temps de nage		138 minutes
Benoît	2e	Le quart de son temps total	Moins de temps qu'Alexandre		140 minutes
Elisa	3e	La troisième à sortir de l'eau parmi les quatre	Moins de temps que Benoît	Le temps moyen des temps d'Alexandre et de Thomas	
Thomas	4e	10 minutes de moins que son temps de vélo	Le tiers de son temps total		144 minutes

Combien de temps Benoît a-t-il mis pour terminer son épreuve de cyclisme?

Fait divers

Le plus célèbre des triathlons est l'Ironman de Kona, à Hawaii. Cette épreuve d'endurance, qui a lieu chaque année, est constituée d'un enchaînement de 3,8 km de nage en mer, de 180 km de vélo et d'un marathon de 42,2 km. Les plus rapides réalisent l'épreuve en moins de 8 heures. Le participant le plus âgé avait 77 ans lorsqu'il a réussi l'exploit en 16 heures 48 minutes.

Trouver l'erreur

Vers les
séquences
p. 266

Linda et Bernard doivent **résoudre l'inéquation** $2x + 3 > 4x - 11$ et exprimer leur ensemble-solution sur une droite numérique. Voici comment ils ont procédé.

Résolution d'une inéquation à une variable

Résoudre une inéquation

Déterminer l'ensemble-solution de l'inéquation, c'est-à-dire l'ensemble des valeurs de la variable qui rendent l'inégalité vraie.

Démarche de Linda	Démarche de Bernard
$2x + 3 > 4x - 11$	$2x + 3 > 4x - 11$
$2x + 3 - 4x > 4x - 11 - 4x$	$2x + 3 - 2x > 4x - 11 - 2x$
$^{-}2x + 3 > ^{-}11$	$3 > 2x - 11$
$^{-}2x + 3 - 3 > ^{-}11 - 3$	$3 + 11 > 2x - 11 + 11$
$\dfrac{^{-}2x}{^{-}2} > \dfrac{^{-}14}{^{-}2}$	$\dfrac{14}{2} > \dfrac{2x}{2}$
$x > 7$	$7 > x$
Réponse: Les nombres plus grands que 7.	Réponse: Les nombres plus petits que 7.

Linda et Bernard n'ont pas trouvé le même ensemble-solution de l'inéquation $2x + 3 > 4x - 11$.

Pièges et astuces

Lorsqu'on résout une inéquation, on cherche toujours la solution dans l'ensemble des nombres réels ($\mathbb{R}$) s'il n'y a pas de mention d'un ensemble de référence ou s'il n'y a pas de contexte qui sous-entend un ensemble particulier.

A Si le symbole d'inégalité avait été un symbole d'égalité, quelles auraient été les solutions de Linda et de Bernard?

B Comment peux-tu déterminer qui, de Linda ou de Bernard, a le bon ensemble-solution de l'inéquation?

On sait qu'une égalité vraie demeure vraie si l'on effectue la même opération de chaque côté du signe d'égalité. La question suivante permettra de vérifier si l'on peut faire de même avec une inégalité.

C Reproduis le tableau ci-dessous et complète-le. Tu vérifieras ainsi si tu peux transformer une inégalité simple (4 < 8) en effectuant la même opération de chaque côté.

Opération		Nouvelle inégalité	Droite numérique	Inégalité vraie ou fausse?
Addition	+2	4 < 8 4 + 2 < 8 + 2 6 < 10	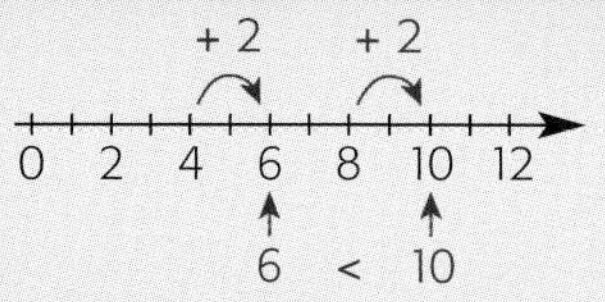	Vraie
Soustraction	−2			
Multiplication	× 2			
	× −2			
Division	÷ 2			
	÷ −2			

Pièges et astuces

Soustraire un nombre revient à additionner l'opposé de ce nombre: soustraire 2 revient à additionner −2. Diviser par un nombre non nul revient à multiplier par l'inverse de ce nombre: diviser par 2 revient à multiplier par $\frac{1}{2}$.

D En te basant sur les observations que tu viens de faire en **C**, énonce des règles qui permettent de transformer des inégalités. Tes règles sont-elles les mêmes que celles des autres élèves de ta classe?

E Utilise les règles que tu as formulées en **D** pour résoudre les inéquations suivantes.

a) $6x + 7 \leq 4x + 3$ b) $8 - x > 2x - 1$ c) $\frac{x + 3}{5} \leq x - 1$

F Vérifie les réponses que tu as données en **E** en remplaçant la variable par un élément de l'ensemble-solution.

G Analyse chacune des étapes des démarches de Linda et de Bernard. Qui a fait une erreur? Quelle erreur a été commise?

Ai-je bien compris?

Résous les inéquations suivantes.

a) $2w + 5 > 3$

b) $4t > 3t - 4$

c) $4(n + 2) \geq 8$

d) $6y + 4 \leq 5y + 3$

e) $\frac{3x + 5}{2} \leq \frac{6x - 1}{3}$

f) $7 + 3m < 2m + 9$

g) $6 - 2p > 4$

h) $6 - 3c \leq 2(c - 2)$

i) $3(k + 2) \geq 2(k + 1)$

j) $\frac{d}{2} + 9 \geq 3d - \frac{5}{4}$

Résolution de problèmes comportant des contraintes

Des quadrilatères

Voici deux figures : un rectangle dont la longueur est le quadruple de sa largeur ; un carré dont le côté mesure quatre unités de moins que la longueur du rectangle. La mesure de la largeur du rectangle est représentée par x.

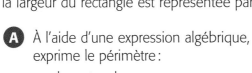

A À l'aide d'une expression algébrique, exprime le périmètre :

1) du rectangle ;

2) du carré.

B Est-ce que la variable x est discrète ou continue ? Quelles sont les valeurs qu'elle peut prendre ?

C Selon toi, quelle figure a le plus grand périmètre ?

D Pour quelles valeurs de x :

1) le périmètre du carré est-il inférieur au périmètre du rectangle ?

2) le périmètre du carré et celui du rectangle sont-ils supérieurs à 52 ?

3) le périmètre du carré ou celui du rectangle est-il inférieur à 32 ?

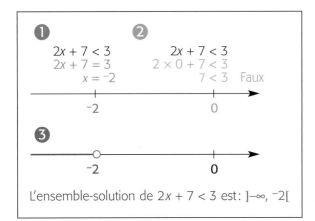

❶ ❷

$2x + 7 < 3$ ⠀ $2x + 7 < 3$
$2x + 7 = 3$ ⠀ $2 \times 0 + 7 < 3$
$x = {}^-2$ ⠀⠀⠀ $7 < 3$ ⠀Faux

⠀⠀ ${}^-2$ ⠀⠀⠀⠀ 0

❸

⠀⠀ ${}^-2$ ⠀⠀⠀⠀ 0

L'ensemble-solution de $2x + 7 < 3$ est : $]-\infty, {}^-2[$

E Dans l'encadré ci-contre, on présente les étapes d'une stratégie pour résoudre une inéquation. Décris les étapes de cette stratégie.

F Utilise cette stratégie pour trouver les valeurs de x pour lesquelles :

1) le périmètre du carré est supérieur à 58 ;

2) le périmètre du rectangle est inférieur à 48.

Ai-je bien compris ?

Soit A, B et C, trois ensembles de nombres définis ainsi :

$A = \{x \in \mathbb{R} \mid 2x + 5 < 3\}$

$B = \{x \in \mathbb{R} \mid 6(2 - x) \leq 18\}$

$C = \{x \in \mathbb{R} \mid 5x + 12 \geq 3x + 4\}$

Représente, sur une droite numérique, l'ensemble-solution de :

a) A ⠀⠀⠀ **b)** B ⠀⠀⠀ **c)** C ⠀⠀⠀ **d)** A' ⠀⠀⠀ **e)** A ∪ B ⠀⠀⠀ **f)** B ∩ C

Faire le point

Les règles de transformation des inégalités et des inéquations

Voici des règles qui permettent de résoudre des inéquations.

Règles de transformation		Exemples	
Additionner et soustraire une même quantité aux deux membres d'une inéquation conserve le sens de cette inéquation.	$a < b$ $a + c < b + c$ $a - c < b - c$	$6 < 8$ $6 + 2 < 8 + 2$ $8 < 10$	$6 < 8$ $6 - 2 < 8 - 2$ $4 < 6$
Multiplier ou diviser chaque membre d'une inéquation par un même nombre strictement positif conserve le sens de cette inéquation.	$a < b$ $a \times c < b \times c$ $a \div c < b \div c$ où $c \in \mathbb{R}_+^*$	$6 < 8$ $6 \times 2 < 8 \times 2$ $12 < 16$	$6 < 8$ $6 \div 2 < 8 \div 2$ $3 < 4$
Multiplier ou diviser chaque membre d'une inéquation par un même nombre strictement négatif inverse le sens de cette inéquation.	$a < b$ $a \times c > b \times c$ $a \div c > b \div c$ où $c \in \mathbb{R}_-^*$	$6 < 8$ $6 \times {}^-2 > 8 \times {}^-2$ ${}^-12 > {}^-16$	$6 < 8$ $6 \div {}^-2 > 8 \div {}^-2$ ${}^-3 > {}^-4$

Remarque : Inverser le sens du symbole, lorsqu'on multiplie ou divise chaque membre d'une inéquation par un nombre strictement négatif, permet d'obtenir une inéquation équivalente, c'est-à-dire une inéquation qui a le même ensemble-solution.

La résolution d'une inéquation à une variable

Lorsqu'on résout une inéquation du premier degré à une variable, par exemple $3(x - 5) \leq 5x + 7$, il faut la transformer en inéquations équivalentes de plus en plus simples. Ainsi, il faut obtenir une inéquation dont un membre est composé uniquement de la variable et l'autre membre, d'une valeur numérique correspondant à la borne de l'ensemble-solution.

Exemple :

$$3(x - 5) \leq 5x + 7$$

$$3x - 15 \leq 5x + 7$$
$$3x - 5x - 15 \leq 5x - 5x + 7$$
$$-2x - 15 \leq 7$$
$$-2x - 15 + 15 \leq 7 + 15$$
$$-2x \leq 22$$
$$\frac{-2x}{-2} \geq \frac{22}{-2}$$
$$x \geq -11$$

Pièges et astuces

Lors de la résolution d'une inéquation, effectuer une opération à la fois aux deux membres de l'inéquation est le meilleur moyen d'éviter les erreurs.

La résolution de problèmes comportant des contraintes

La résolution d'un problème qui se traduit par des inéquations se fait en plusieurs étapes.

Exemple : Zoé a reçu une carte-cadeau de 50 $ qu'elle peut utiliser dans un magasin de matériel d'artiste. Elle veut acheter une toile et au moins 3 tubes de peinture acrylique. Elle choisit une toile qui coûte 23 $, taxes incluses. Chaque tube de peinture coûte 4 $, taxes incluses. Combien de tubes de peinture Zoé pourra-t-elle acheter avec sa carte-cadeau ?

Étapes pour résoudre un problème se traduisant par des inéquations	
1. **Décodage** des données du problème	• Carte-cadeau : 50 $ (maximum) • Toile : 23 $ • Tube de peinture : 4 $ • Achat : 3 tubes ou plus et une toile
2. **Définition** de la variable et de son ensemble de référence	x représente le nombre de tubes de peinture $x \in \mathbb{N}$
3. **Traduction** des contraintes en inéquations	• *Contrainte reliée au prix* Coût de x tubes et coût de la toile ne doivent pas dépasser la valeur de la carte-cadeau : ① $4x + 23 \leq 50$ • *Contrainte reliée au besoin* Au moins 3 tubes de peinture : ② $x \geq 3$
4. **Résolution** des inéquations	① $\quad 4x + 23 \leq 50$ $\quad 4x + 23 - 23 \leq 50 - 23$ $\quad \dfrac{4x}{4} \leq \dfrac{27}{4}$ $\quad x \leq 6{,}75$ ② $x \geq 3$
5. **Vérification** de l'ensemble-solution en substituant à x une valeur de cet ensemble	Remplaçons x par 5. $4 \bullet 5 + 23 \leq 50$ $\quad 43 \leq 50$ L'inégalité est vraie.
6. **Interprétation** de l'ensemble-solution en fonction du contexte	$x \in \mathbb{N}$ $3 \leq x < 6{,}75$ Le nombre de tubes de peinture achetés doit être à la fois plus grand ou égal à 3 et inférieur à 6,75. **Réponse :** Zoé pourra acheter 3, 4, 5 ou 6 tubes de peinture.

Mise en pratique

1. Lesquelles des inéquations suivantes sont équivalentes à $x < ^-4$?

  ① $4x < ^-16$ ③ $x - 12 < ^-16$ ⑤ $^-x < 4$

  ② $x + 4 < 0$ ④ $^-8x > 32$ ⑥ $^-2x + 6 > 2$

2. Parmi les inéquations suivantes, lesquelles ont $x = ^-2$ comme élément de l'ensemble-solution?

  ① $5 - 3x \geq 14$ ③ $12 + x \leq 8 - x$ ⑤ $3x - 1 \leq 2 - 2x$

  ② $2x - 6 < 10$ ④ $3 - (2x + 5) > 0$ ⑥ $5 + 2,5x > 8 + 4x$

3. Associe les inéquations équivalentes.

  ① $x + 5 < 12$ ④ $2x - 50 > ^-5x$ ⑦ $\dfrac{^-1}{2}x + 3 < \dfrac{13}{2}$

  ② $12x < 19$ ⑤ $x - 12 < ^-5$ ⑧ $3 > 3(x + 8)$

  ③ $\dfrac{x - 5}{2} > 1$ ⑥ $7x - 49 < 6x - 42$ ⑨ $12 - x > 5$

4. Résous les inéquations suivantes.

  a) $y + 9 < 11$ **d)** $4x - 1 > x + 5$ **g)** $4,6 - 1,8y \leq ^-0,8$

  b) $^-3x < 6$ **e)** $3y - 8 \geq 7y + 8$ **h)** $0,75y - 2,6 < 0,25y - 3,1$

  c) $5(2x - 1) > 5$ **f)** $\dfrac{3x}{4} + 5 \leq ^-1$ **i)** $2 - \dfrac{x}{2} \geq 2x + \dfrac{1}{4}$

5. Voici deux démarches erronées pour résoudre une inéquation.

Démarche 1
$100(x - 200) + 500 > 200 + 400x$
$(x - 2) + 5 > 2 + 4x$
$x + 3 > 2 + 4x$
$^-3x + 3 > 2$
$^-3x > ^-1$
$x < \dfrac{1}{3}$

Démarche 2
$\dfrac{5x}{8} + \dfrac{3}{5} \leq \dfrac{3}{10}\left(x - \dfrac{7}{20}\right)$
$25x + 24 \leq 12(x - 14)$
$25x + 24 \leq 12x - 168$
$25x - 12x \leq ^-168 - 24$
$13x \leq ^-192$
$x \leq \dfrac{^-192}{13}$

  a) Trouve l'erreur de chacune des démarches.

  b) Résous chaque inéquation.

  c) Compose une petite rubrique du genre «Pièges et astuces» dans laquelle tu feras une mise en garde concernant les erreurs relevées en **a**. Suggère une façon adéquate de résoudre ce type d'inéquations.

6. Résous les inéquations suivantes et représente l'ensemble-solution sur une droite numérique.

a) $3x - 4 \geq 5$

b) $2(x - 3) \leq 0$

c) $4x - 3 \geq 3x + 2$

d) $2(x + 3) < x + 4$

e) $^-2(3 + x) < 4(x - 2)$

f) $\frac{2x}{3} + 1 \geq 2$

g) $0,8x + 2,5 < ^-2,3$

h) $x + \frac{x}{4} > x - \frac{1}{5} + 1$

i) $1,5(x + 2) + 1 > 2,5(1 - x) - 0,5$

j) $100(7x - 5) - 10(5x - 3) \geq 50(3 - 5x)$

7. Résous les inéquations suivantes et représente l'ensemble-solution sous forme d'intervalle.

a) $^-6x + 30 \geq ^-12$

b) $5x + 7 > 2x - 3$

c) $12x - 2(2x - 12) > 8$

d) $0,4x - 1,6 \geq 1,6x + 0,2$

e) $\frac{2x - 4}{5} \leq \frac{3x + 7}{4}$

f) $^-4x - 15 \leq \frac{^-2}{3}(9 - x) + 19$

8. Écris une inéquation équivalente à :

a) $x > \frac{3}{14}$, dans laquelle chaque membre contient la variable ;

b) $t \leq ^-200$, dans laquelle il y a des parenthèses et le coefficient de t est 8 ;

c) $n < 12$, dans laquelle chaque membre contient une fraction.

9. Explique comment il est possible de ne pas changer le sens du signe d'inégalité lorsqu'on résout une inéquation de type $ax + b < cx + d$.

10. La somme de « 3 multiples de 3 consécutifs » est supérieure à 200. Quelles sont les valeurs possibles du plus petit multiple de 3 ? Représente l'ensemble-solution en compréhension.

11. Amélia a 2 ans de plus que Clovis. Le double de la somme de leur âge est plus petit que 25. Quels sont les âges que Clovis peut avoir ?

12. Camille, Catherine et William collectionnent des timbres. Camille a 20 timbres de moins que Catherine, et Catherine a 2 fois plus de timbres que William. Ensemble, ils ont plus de 350 timbres. Représente, en extension, le nombre de timbres que peut avoir Camille.

13. Considérons le trapèze isocèle ci-contre.

En sachant que l'aire de ce trapèze ne dépasse pas 40 cm^2, quelles valeurs la hauteur peut-elle prendre ?

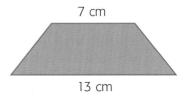

7 cm

13 cm

14. Une pizza tomate-fromage de grand format coûte 12,75 $. Chaque garniture additionnelle coûte 1,65 $. Roberto dispose de 22 $ pour acheter une pizza.

    a) Si n représente le nombre de garnitures additionnelles, écris une inéquation qui traduit cette situation.

    b) Résous l'inéquation.

15. Représente, sous forme d'intervalle, les valeurs de r pour lesquelles la circonférence du cercle sera inférieure à 34π.

16. Soit a, tel que $8 < a < 10$. Représente, sous forme d'intervalle, les valeurs possibles de chacune des expressions suivantes.

    a) $a + 5$ **d)** ^-5a

    b) $a - 12$ **e)** $7 - a$

    c) $3a$ **f)** $20 - 2a$

17. Soit $5 < 2(10 - 3x) + 6 \leq 15$. Quelles sont les valeurs que x peut prendre?

18. Dans le triangle **ABC**, l'angle **A** est obtus et mesure $(5x + 10)°$. Quelles sont les valeurs possibles de x?

19. Quelles sont les valeurs de x qui font en sorte que l'image de $f(x) = 3x + 5$ est comprise entre 2 et 8?

20. La Maison Fontaine de Vie organise un dîner-bénéfice dans le but de recueillir des fonds pour les personnes handicapées. Les frais de location de la salle sont de 450 $ et le traiteur demande 23 $ par personne.

Le billet pour l'événement-bénéfice coûte 65 $. Les organisateurs espèrent amasser de 10 000 $ à 12 000 $.

Combien de billets doivent-ils vendre?

> **Pièges et astuces**
>
> Lorsqu'une expression contient deux symboles d'inégalité, scinder celle-ci en deux inéquations peut faciliter sa résolution.

> **Fait divers**
>
> La Maison Fontaine de Vie vient en aide annuellement à plus de 300 handicapés physiques de la région du Centre-du-Québec. Cet organisme donne aux personnes handicapées la possibilité d'avoir accès à des appareils spécialisés. Il leur offre aussi des loisirs et des camps de vacances.

Pièges et astuces

Attention !
Il y a plusieurs
contraintes que
les mesures des
côtés doivent
respecter.

21. On veut tracer un triangle **ABC** dont le côté **AC** mesure le double du côté **AB** et la somme des côtés **AB** et **BC** est de 8 unités. La figure ci-dessous illustre un triangle qui respecte ces deux contraintes.

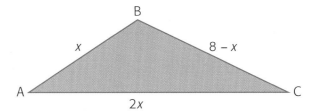

a) Écris, sous forme d'intervalle, l'ensemble des valeurs de x pour lesquelles le triangle décrit ci-dessus est possible.

b) Pour quelles valeurs de x le périmètre du triangle décrit est-il supérieur à 12 unités ?

c) Écris, sous forme d'intervalle, les valeurs possibles du périmètre de ce triangle.

22. Chaque sac illustré ci-dessous contient le même nombre de billes. Combien peut-il y avoir de billes dans un sac ?

23. Sylvain envisage de faire creuser une piscine. Son terrain mesure 17 m sur 12,5 m. Sylvain aimerait que sa piscine, de forme rectangulaire, soit deux fois plus longue que large. Afin de pouvoir circuler autour de la piscine en toute sécurité, il est recommandé d'avoir un espace libre d'au moins 3 m autour de la piscine.

Quelle est l'aire maximale de la piscine qui permet des respecter toutes ces contraintes ?

Les droits de la personne

Audrey et Joanie sont membres du groupe Amnistie internationale de leur école. Elles veulent sensibiliser la population à la violation des droits humains. Elles feront signer des cartes de vœux qu'elles enverront à un journaliste de 24 ans. Ce journaliste est incarcéré depuis 3 ans parce qu'il a désapprouvé, dans Internet, la politique de son pays sur la liberté d'expression. Il est passible de la peine capitale.

Ce samedi, Audrey fait signer ses cartes à la bibliothèque municipale pendant 5 heures. Avant de se rendre à la bibliothèque, elle en avait fait signer 12 par ses parents et ses amis. Le graphique ci-contre illustre l'évolution du nombre de cartes signées selon le temps passé à la bibliothèque.

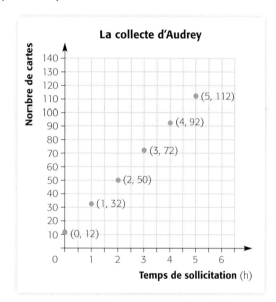

La collecte d'Audrey

Pendant ce temps, Joanie fait signer ses cartes à l'entrée d'une pharmacie. Elle compte les cartes signées toutes les demi-heures. Le graphique de Joanie illustre le lien entre le temps qu'elle a passé à la pharmacie et le nombre de cartes signées.

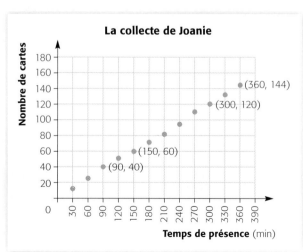

La collecte de Joanie

> **Vivre-ensemble et citoyenneté**
>
> Amnistie internationale est un mouvement mondial qui agit en faveur du respect des droits humains. Ce mouvement s'oppose à des violations de droits, telles que le recours à la torture, l'application de la peine de mort et la détention de prisonniers d'opinion.
>
> Selon toi, quels sont les effets d'une campagne de cartes de vœux sur les prisonniers qui reçoivent ces cartes? Et sur les gens qui violent les droits humains?

Après un certain temps, Joanie et Audrey avaient le même nombre de cartes signées. À ce moment-là, combien de cartes signées avaient-elles?

Représentation
graphique d'un système
d'équations

Au gré du vent

En août, lorsque les vents sont légers et
qu'il fait beau, 125 montgolfières prennent
leur envol, matin et soir, dans le ciel de
Saint-Jean-sur-Richelieu, lors du plus grand
rassemblement de ballons du Canada.

Daniel pilote une montgolfière à une
altitude de 700 m. Il veut amorcer une
descente dans le but d'atterrir. Le graphique
ci-dessous illustre l'altitude prévue de Daniel
en fonction du temps.

Dès le début de sa descente, Daniel
contacte par radio Aaron, un pilote qui se
trouve plus bas. Aaron lui confirme qu'il est
présentement à 300 m et qu'il monte à
une vitesse constante de 10 m par minute.

Fait divers

C'est la différence
entre la
température de
l'air ambiant et
celle du ballon
qui permet à une
montgolfière de
voler. Avec une
même quantité
de propane, un vol
de montgolfière
peut durer plus
longtemps en hiver
qu'en été, puisque
l'air contenu dans
le ballon n'a pas
besoin d'être
aussi chaud.
Le brûleur d'une
montgolfière est
environ 200 fois
plus puissant
que celui d'un
barbecue.

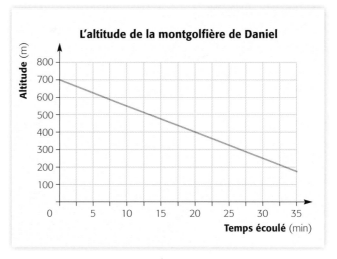

L'altitude de la montgolfière de Daniel

A Reproduis le graphique ci-dessus. Dans le même plan cartésien, représente
l'altitude de la montgolfière d'Aaron en fonction du temps écoulé.

B Est-ce que le point de rencontre des deux droites correspond à «l'endroit»
où les deux montgolfières entreraient en collision? Justifie ta réponse.

C Détermine:

1) le moment où les deux montgolfières seront à la même altitude;

2) l'altitude des deux montgolfières à ce moment précis;

3) pendant combien de temps la montgolfière d'Aaron volera à une altitude
plus basse que celle de Daniel.

D Selon toi, quelles règles faut-il respecter pour représenter un **système d'équations** dans le plan cartésien ?

E Daniel révise son plan de vol. Il décide de descendre à une vitesse de 20 m par minute plutôt qu'à la vitesse prévue.

1) Quelle sera l'altitude des deux montgolfières au moment où elles se croiseront ?

2) Est-ce que les deux montgolfières se croiseront plus tôt ou plus tard que le moment initialement prévu ?

> **Système d'équations à deux variables**
>
> Deux contraintes d'égalité qu'on impose simultanément à deux variables. Les valeurs prises par ces variables doivent vérifier à la fois la première équation et la seconde.
>
> Dans ce chapitre, on se limitera à l'étude des systèmes de deux équations de la forme $y = ax + b$, qu'on appellera « systèmes d'équations ».

> Dans une situation où l'on compare deux fonctions, les règles de ces fonctions forment un système d'équations.

Ai-je bien compris ?

1. Tout le long de l'année, Rachel et Esmé comparent leurs économies. Rachel dépose 25 $ par semaine à la banque. Au 1er janvier, elle avait accumulé 500 $. Esmé dépose 35 $ par semaine à la banque. Au 1er janvier, elle avait mis 350 $ de côté.

   a) Définis d'abord les variables indépendante et dépendante de la situation. Puis représente graphiquement les montants accumulés par Rachel et par Esmé au cours des semaines.

   b) Après combien de semaines Esmé et Rachel auront-elles le même montant à la banque ? Quel sera ce montant ?

2. Explique pourquoi la situation suivante ne peut pas être traduite par un système d'équations. Umberto travaille pour une maison de sondage. Il est payé 200 $ par semaine, et on lui verse 2 $ par sondage complété. Son amie Louise vend, par téléphone, des abonnements à des revues. Elle reçoit 250 $ par semaine, plus une commission de 10 % sur le montant de ses ventes d'abonnement.

Une révélation graphique

Résolution graphique d'un système d'équations et interprétation

Christiane et Debbie se rendent au centre de conditionnement physique pour s'entraîner. Debbie arrive la première à 19 h. Elle prend place sur le tapis roulant et règle sa vitesse de marche à 5 km/h. Christiane arrive 5 minutes plus tard. Elle règle la vitesse de son tapis roulant à 6 km/h. À certains moments, les deux amies regardent l'écran de leur appareil pour comparer leur distance de marche.

Voici la représentation graphique de la distance de marche de Christiane et de Debbie en considérant, comme variable indépendante, le temps écoulé depuis le début de l'entraînement de Debbie.

Pièges et astuces

Lorsqu'il y a plus d'une fonction dans un plan cartésien, pour faciliter le repérage, on peut différencier chaque fonction par une couleur, un type de trait ou un libellé.

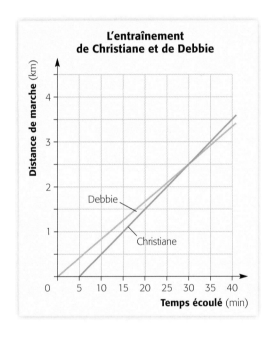

Ⓐ Après combien de temps les deux amies auront-elles marché la même distance? Quelle est cette distance?

Ⓑ Considère maintenant, comme variable indépendante, le temps écoulé en minutes depuis le début de l'entraînement de Christiane. Représente graphiquement ce nouveau système d'équations.

Ⓒ À l'aide de ta représentation graphique, détermine, une fois de plus, après combien de temps les deux amies auront marché la même distance. Quelle est cette distance?

Solution d'un système d'équations

Valeurs que doivent prendre les variables pour vérifier les deux équations du système. Trouver la solution, c'est résoudre le système d'équations.

Ⓓ Est-ce que les deux systèmes d'équations ont la même **solution**? Explique pourquoi.

Christiane ne s'entraîne pas que sur un tapis roulant. Elle participe aussi à des séances de boxe et de cardiovélo. Consciente que ces activités intenses lui font perdre une certaine quantité d'eau, elle se pèse avant et après chaque séance. Après s'être pesée, elle se réhydrate en buvant de l'eau.

Fait divers

L'eau représente de 65 % à 75 % de la masse d'une personne. Elle est éliminée par l'urine, la sueur et la respiration. Lors d'une activité physique intense, il est très important de bien s'hydrater pour remplacer l'eau perdue pendant l'entraînement.

Supposons que Christiane se déshydrate de façon constante tout le long de ses séances de boxe et de cardiovélo. Voici les équations et la représentation graphique illustrant sa masse, en kilogrammes, au cours de ses séances d'une heure.

$y_b = 60,2 - 0,03x$

$y_v = 60,6 - 0,045x$

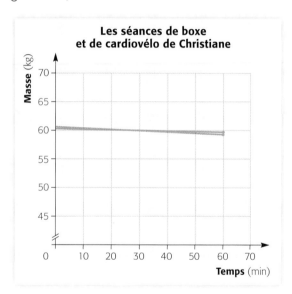

Les séances de boxe et de cardiovélo de Christiane

Pièges et astuces

Bien que la variable dépendante soit de même nature dans les deux équations, on peut y ajouter une lettre significative en indice. Dans ce cas-ci, la masse est associée à y_b pour la séance de boxe et à y_v pour la séance de cardiovélo.

E Quelle activité semble la plus exigeante pour Christiane ?

F Quelle est la solution de ce système d'équations ? Remplace, dans les deux équations, le couple de valeurs pour vérifier s'il appartient au système d'équations.

Le traceur de courbes est un outil très pratique pour trouver graphiquement la solution d'un système d'équations. Il suffit de changer la fenêtre d'affichage de façon à faire apparaître une représentation plus précise du point d'intersection des droites.

Pour en savoir plus sur le traceur de courbes, consulte la page 270 de ce manuel.

TIC

G L'encadré ci-contre présente les particularités de la fenêtre d'affichage du plan cartésien illustré à la page précédente, c'est-à-dire qu'il précise la graduation des axes.

Pour faciliter le repérage du point de rencontre des deux droites, propose une graduation d'axes du plan cartésien plus adéquate que ce qui est fait à la page 173. Représentes-y de nouveau les deux droites.

Fenêtre d'affichage

Zone représentée

X min.: 0

X max.: 70

Nombre d'unités entre deux graduations: 10

Y min.: 45

Y max.: 70

Nombre d'unités entre deux graduations: 5

OK   Annuler

H Selon toi, est-ce toujours possible de trouver graphiquement la solution d'un système d'équations? Explique pourquoi.

Ai-je bien compris?

1. Voici deux systèmes d'équations et leurs représentations graphiques. Détermine la solution de chaque système. Vérifie ensuite chacune de tes solutions à l'aide des équations.

a) $\begin{cases} y = 2x - 7 \\ y = 20 - x \end{cases}$

b) $\begin{cases} y = 20 \\ y = 4x + 2 \end{cases}$

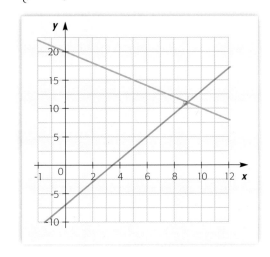

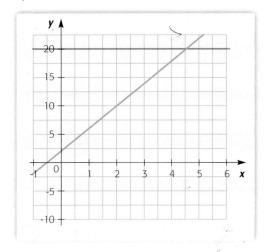

2. Manon a un texte de 2 500 mots à saisir dans un logiciel de traitement de texte. Elle saisit 60 mots à la minute. Sa collègue Hélène vient de recevoir un texte de 3 100 mots. Elle saisit 80 mots à la minute. On s'intéresse à la relation entre le nombre de mots qu'il reste à saisir à Manon et à Hélène, et le temps écoulé depuis le début du travail.

a) Estime la solution du système d'équations qui traduit cette situation. Gradue les axes d'un plan cartésien selon cette estimation.

b) Représente graphiquement ce système d'équations et trouve la solution.

c) Combien de temps faut-il à Manon pour qu'elle termine son travail? Et à Hélène?

En parallèle

Vers les séquences p. 266

Voici six fonctions affines :

$$y_1 = 3x + 4$$

$$y_2 = 2x + 4$$

$$y_3 = 2x + 1$$

$$y_4 = 4 + 3x$$

$$y_5 = {}^-2x + 4$$

$$y_6 = 5$$

A Dans un même plan cartésien, représente graphiquement chacune de ces fonctions.

B Utilise ces fonctions pour former un système de deux équations qui :
1) n'a pas de solution ;
2) a une seule solution ;
3) a une seule solution, qui n'est pas dans le premier quadrant ;
4) a plus d'une solution.

C Est-il possible qu'un système d'équations ait plus d'une solution ? Explique ta réponse.

D Voici un système d'équations :

$$y = 5x + 10$$
$$y = ax + b$$

Détermine toutes les valeurs de **a** et de **b** pour lesquelles le système :
1) n'a aucune solution ;
2) a une solution ;
3) a une infinité de solutions.

Ai-je bien compris ?

1. Voici deux situations. Explique pourquoi on ne peut répondre aux questions posées.

   a) Au repos, les fréquences cardiaques de Charles-André et de Marc-Antoine sont respectivement de 63 et de 60 battements par minute. Lors d'une course à pied, leur pouls augmente de 2 battements à la seconde pendant 1 minute. Après combien de temps les deux coureurs auront-ils la même fréquence cardiaque ?

   b) Clara a planté deux arbres la même année. Le premier arbre, au moment de sa mise en terre, mesurait 90 cm. Il pousse de 25 cm par année. Le deuxième arbre mesurait 120 cm lorsque Clara l'a planté. Il croît de 40 cm par année. Après combien de temps les deux arbres auront-ils la même hauteur ?

2. Écris une situation qui se traduit par un système d'équations possédant une infinité de solutions.

Faire le

La représentation graphique d'un système d'équations à deux variables

Deux contraintes d'égalité qu'on impose simultanément à deux variables forment ce qu'on appelle «un système d'équations à deux variables». Représenter les équations d'un système dans le plan cartésien permet de les comparer.

Exemple :
$$y = x - 2$$
$$y = 2x - 12$$

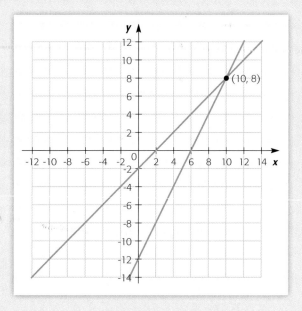

Une graduation des axes appropriée illustre clairement, s'il existe, le point de rencontre des deux droites.

La résolution graphique d'un système d'équations et l'interprétation de la solution

Résoudre un système d'équations, c'est trouver les valeurs des deux variables qui vérifient simultanément les deux équations. Si la solution est unique, ces valeurs sont exprimées sous la forme d'un couple-solution qui correspond au point d'intersection des droites.

Lorsqu'on trouve les coordonnées du point de rencontre, il faut vérifier cette solution en remplaçant, dans les équations ou dans le contexte, les valeurs trouvées. Le couple-solution doit rendre les deux égalités vraies, sinon il s'agit d'une approximation de la solution.

Remarque : L'étude d'un système d'équations ne porte pas uniquement sur la solution. Il faut parfois analyser une situation en tenant compte de ce qui se passe avant ou après le point de rencontre des droites.

Exemple : Cet après-midi, Mégane et Noah ont décidé de poursuivre la lecture du roman qu'ils ont commencé la veille. Mégane reprend sa lecture à la page 147 et lit 44 pages à l'heure. Noah, lui, reprend sa lecture à la page 111 et lit 52 pages à l'heure. Après combien de temps Mégane et Noah auront-ils lu le même nombre de pages ?

Étapes pour trouver graphiquement la solution d'un système d'équations	
1. Traduire algébriquement et graphiquement la situation par un système d'équations et déterminer la solution ou faire une approximation de la solution. x : temps de lecture (en heures) y : nombre de pages lues $y_m = 147 + 44x$ $y_n = 111 + 52x$	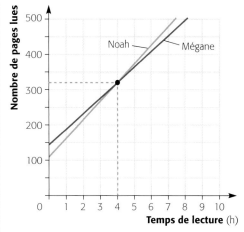 Approximation de la solution : (4, 320)
2. Vérifier la solution dans les deux équations ou dans le contexte.	Remplacer (4, 320) dans les deux équations. Mégane : $320 \neq 147 + 44(4)$ Noah : $320 \neq 111 + 52(4)$ Donc, (4, 320) n'est pas la solution.
3. Changer la graduation des axes, représenter de nouveau le système d'équations autour de la solution. **Vérification** Mégane : $345 = 147 + 44(4,5)$ Noah : $345 = 111 + 52(4,5)$	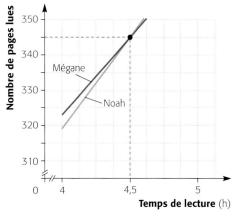 Nouvelle approximation de la solution : (4,5, 345)
4. Répondre à la question. Mégane et Noah auront lu 345 pages.	Mégane et Noah auront lu le même nombre de pages de leur roman après 4 heures 30 minutes.

Le nombre de solutions d'un système d'équations

Dans le tableau ci-dessous, on présente le nombre de solutions d'un système d'équations selon la position relative des droites :

$$y_1 = a_1 x + b_1$$
$$y_2 = a_2 x + b_2$$

Position relative des deux droites	Équations		Nombre de solutions
	Paramètres	Exemples	
Droites sécantes 	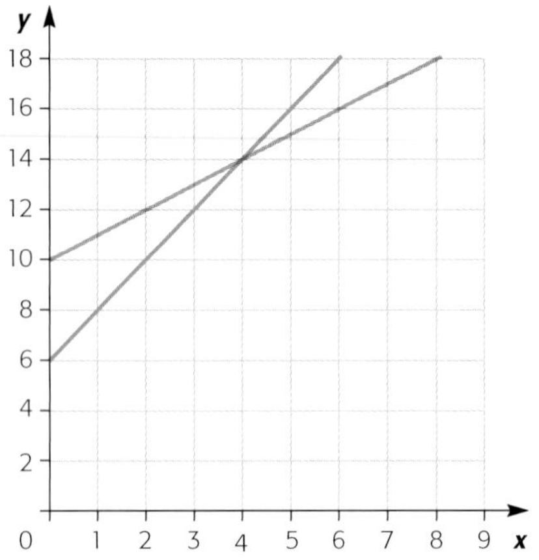 $a_1 \neq a_2$	$y = x + 10$ $y = 2x + 6$	**Une solution** (le point de rencontre)
Droites parallèles distinctes 	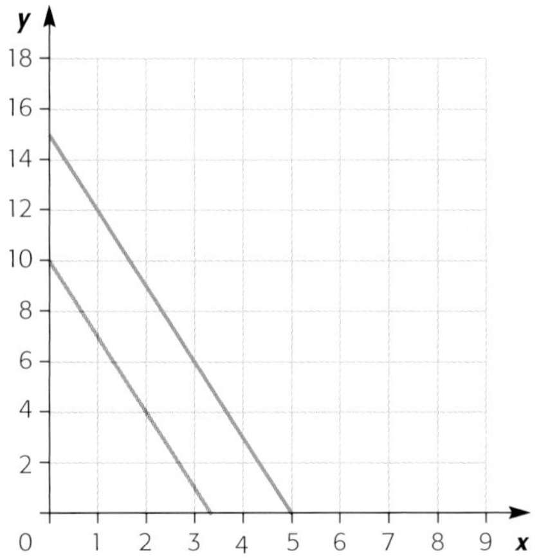 $a_1 = a_2$ $b_1 \neq b_2$	$y = {}^-3x + 10$ $y = {}^-3x + 15$	**Aucune solution** (aucun point de rencontre)
Droites confondues 	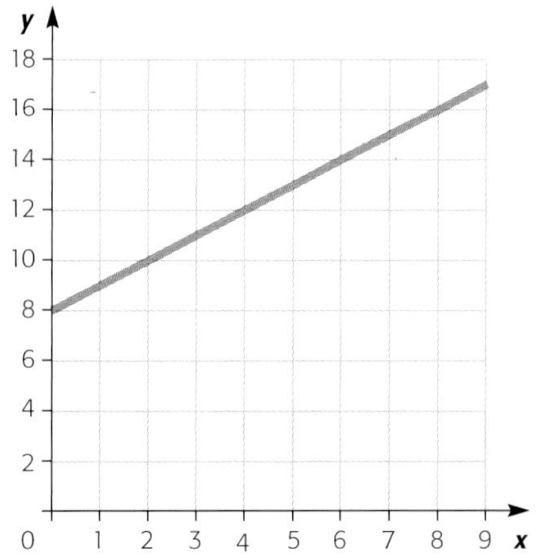 $a_1 = a_2$ $b_1 = b_2$	$y = x + 8$ $y = 8 + x$	**Infinité de solutions** (tous les points appartenant à la droite)

Mise en pratique

1. Quelle est la solution de chacun des systèmes d'équations suivants?

a)

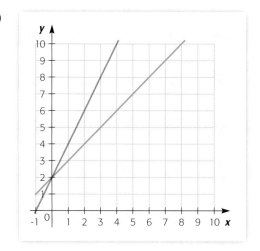

d)

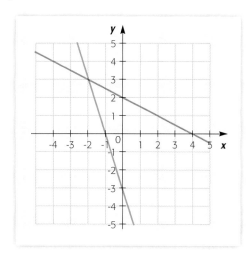

b)

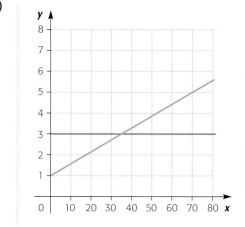

e)

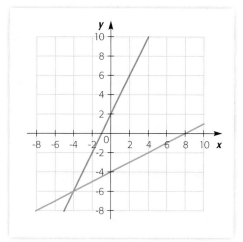

c)

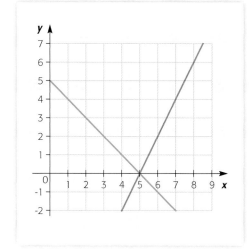

f)

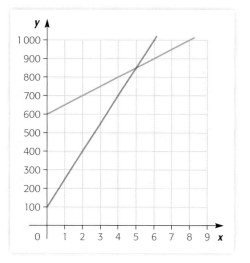

2. Représente graphiquement chacun des systèmes d'équations suivants, puis trouve la solution de chaque système.

Pièges et astuces

Une façon efficace de vérifier la solution trouvée graphiquement consiste à la remplacer dans les équations ou dans le contexte.

a)
$$y = x + 2$$
$$y = 8 - x$$

c)
$$y = 4x + 3$$
$$y = 2x + 3$$

e)
$$y = 2x - 3$$
$$y = \,^-x + 6$$

b)
$$y = 60 - 10x$$
$$y = 5x + 15$$

d)
$$y = \,^-2x + 5$$
$$y = \frac{1}{2}x - 5$$

f)
$$y = 4x + 3$$
$$y = 7$$

3. La solution d'un système d'équations est l'origine du plan cartésien. De quel type peuvent être les fonctions qui composent ce système?

4. Est-ce que le point de rencontre de deux fonctions affines décroissantes peut se situer dans n'importe quel quadrant? Justifie ta réponse.

5. Dans quel quadrant se situe le point de rencontre des droites suivantes?

a)

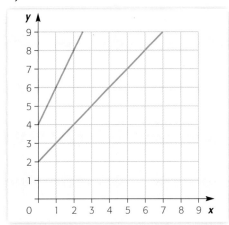

c)

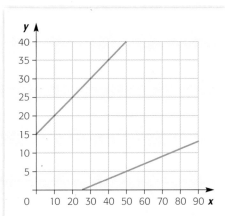

b)

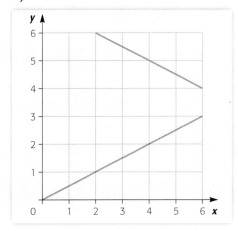

d)

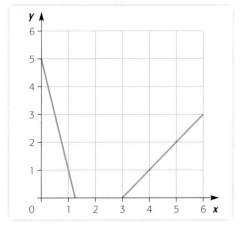

6. Pour chaque système d'équations représenté en **5**, suggère une graduation d'axes adéquate qui permettrait d'évaluer les coordonnées du point de rencontre.

7. Dans quel quadrant du plan cartésien se situe la solution de chacun des systèmes d'équations suivants ?

a)
$$y = 50x + 20$$
$$y = 40x + 1\,000$$

c)
$$y = 10x + 100$$
$$y = 12x + 8$$

e)
$$y = 5x - 4$$
$$y = {^-}12$$

b)
$$y = 0,1x + 11$$
$$y = 0,2x + 45$$

d)
$$y = 20$$
$$y = 5 - x$$

f)
$$y = 10 - 2x$$
$$y = \frac{-3}{2}x$$

8. Combien de solutions possède chacun des systèmes d'équations suivants ? Justifie ta réponse.

a)
$$y = \frac{x}{3} + 5$$
$$y = {^-}2x + 4$$

b)
$$y = 25 - 2x$$
$$y = {^-}2x + 50$$

c)
$$y = 4x - 6$$
$$y = 2(2x - 3)$$

d)
$$y = 4x + 12$$
$$y = \frac{-x}{3} + 12$$

e)
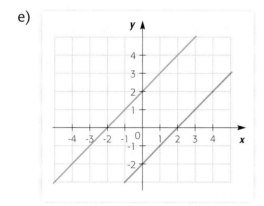

f)
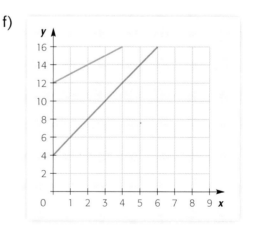

9. Thérèse montre à Jacques comment tricoter un foulard. Elle tricote les 12 premières rangées de mailles. Pendant que Jacques prend la relève et poursuit le tricot, Thérèse commence un second foulard. Jacques tricote une rangée en 70 secondes. Thérèse tricote une rangée en seulement 30 secondes.

a) Représente graphiquement, pour Thérèse et pour Jacques, le nombre de rangées tricotées en fonction du temps écoulé depuis que Thérèse a commencé son foulard.

b) Détermine le couple-solution du système d'équations représenté en **a**.

10. Pascale et Luc travaillent dans deux édifices situés au bord de l'eau, à 4 km l'un de l'autre. À l'heure du dîner, Pascale et Luc quittent leur bureau, marchent en direction l'un de l'autre et se rejoignent au bord de l'eau pour manger leur lunch.

Aujourd'hui, Pascale quitte son bureau deux minutes avant Luc. La vitesse de marche des deux amis est de 6 km/h.

a) En considérant, comme variable indépendante, le temps écoulé depuis le départ de Pascale et, comme variable dépendante, la distance séparant chacun des deux amis de l'édifice de Pascale, représente graphiquement le système d'équations qui traduit cette situation.

b) À quelle distance de l'édifice de Pascale les deux amis mangeront-ils?

11. Eliot loue toujours une voiture pour effectuer ses déplacements d'affaires. Une première entreprise de location lui propose un tarif fixe de 55 $ pour la journée, taxes comprises. Les 200 kilomètres initiaux seront gratuits. Eliot devra ensuite débourser 0,15 $ par kilomètre supplémentaire.

Une deuxième entreprise de location lui propose plutôt un tarif de 45 $, taxes comprises. Chaque kilomètre parcouru sera chargé à 0,10 $.

a) Traduis algébriquement cette situation par un système d'équations.

b) Représente graphiquement cette situation.

c) Pour quelles distances est-il préférable qu'Eliot choisisse la première entreprise de location?

12. Marine veut s'acheter un ordinateur portatif au coût de 1 500 $, taxes comprises. La boutique lui propose de faire un paiement de 62,50 $ par mois, sans intérêts, jusqu'au remboursement total du montant.

Le père de Marine propose à sa fille de financer son achat de la façon suivante : paiement immédiat de 300 $ et remboursement mensuel de 40 $, jusqu'au paiement entier de sa dette.

Marine examine les deux options en considérant le montant qui lui restera à payer en fonction du temps écoulé depuis son achat.

a) Cette variable est-elle discrète ou continue?

b) Quelles sont les équations qui forment ce système?

c) Représente graphiquement les deux options.

d) Quel est le point d'intersection des deux droites? Que représente-t-il?

e) Est-ce que ce système d'équations a une solution dans le contexte? Justifie ta réponse.

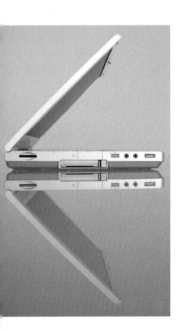

La résolution algébrique et la table de valeurs

Un pas dans le bon sens

Situation-problème

Dans une petite municipalité, une usine menace de fermer ses portes. Les 300 employés de l'usine, inquiets de cette éventualité, organisent une marche de solidarité. Ils veulent conscientiser la population et le gouvernement aux effets qu'aurait la fermeture de l'usine sur l'économie de la municipalité.

À 10 h, près de 2 000 personnes, réunies à l'usine, entament la marche de 4,2 km en direction de l'hôtel de ville. Un groupe de retardataires part 10 minutes après la tête du peloton. Ces retardataires marchent d'un bon pas afin de rejoindre le premier groupe.

Les deux groupes marchent à des vitesses constantes. Le tableau ci-dessous indique, pour les 20 premières minutes de la marche, le temps écoulé depuis 10 h et la distance parcourue par chacun des groupes.

> **Vivre-ensemble et citoyenneté**
>
> Comment expliques-tu qu'il y ait tant de gens qui prennent part à cette marche de solidarité alors qu'il y a seulement 300 employés qui risquent de perdre leur emploi?

Temps écoulé depuis le début de la marche (min)	Distance parcourue (km)	
	Peloton de tête	Retardataires
0	0	0
5	0,2	0
10	0,4	0
15	0,6	0,35
20	0,8	0,7

Si tous maintiennent leur vitesse, combien de kilomètres les retardataires devront-ils parcourir avant de rejoindre la tête du peloton?

Des mots contre les maux

Résolution d'un système
d'équations à l'aide
d'une table de valeurs

La dictée P.G.L. (Paul Gérin-Lajoie) est
un projet éducatif qui vise à initier les
jeunes à la solidarité, tout en favorisant
et en valorisant l'apprentissage
de la langue française.

Chaque année, plusieurs milliers de jeunes
prennent part à la «collecte du partage
P.G.L.». De cette façon, les jeunes
viennent en aide aux enfants d'ailleurs
en faisant commanditer leur dictée.
Les commanditaires peuvent offrir un
montant global, un montant fixe par mot
bien écrit ou un montant de base auquel est ajouté un montant fixe par mot
correctement écrit. Les fonds amassés permettent de soutenir les écoles
francophones de pays défavorisés, en Afrique et à Haïti.

En deuxième année du primaire, la dictée P.G.L. comporte 30 mots. Cynthia a
demandé à sa grand-mère Claire et à sa tante Sandra de commanditer sa dictée.
La table de valeurs ci-dessous indique les dons qui seront offerts par Claire et par
Sandra, selon le nombre de mots que Cynthia écrira correctement.

Nombre de mots bien écrits	Don de Claire ($)	Don de Sandra ($)
0	0	8,00
1	0,50	8,20
2	1,00	8,40
3	1,50	8,60

A Dans cette situation:

   1) quelle est la variable indépendante?

   2) quelle est la variable dépendante?

B Décris le don que feront Claire et Sandra.

C Qui, de Claire ou de Sandra, fera le don le plus important si Cynthia réussit
à écrire correctement:

   1) 15 mots?

   2) 30 mots?

D Reproduis la table de valeurs présentée ci-dessus. Poursuis-la afin de
déterminer le nombre de mots bien écrits par Cynthia pour lequel Claire
et Sandra offriront le même montant. Quel est ce montant?

E Qui fera le don le plus important si Cynthia écrit correctement :

  1) moins de mots que le nombre de mots trouvé en **D** ?

  2) plus de mots que le nombre de mots trouvé en **D** ?

F Propose une façon de faire plus efficace que celle utilisée en **D** pour résoudre, à l'aide d'une table de valeurs, le système d'équations.

Fait divers

La mission de la Fondation Paul Gérin-Lajoie est de participer à l'éducation de base des enfants dans les pays les plus démunis ainsi qu'à l'éveil des jeunes Canadiens aux réalités des pays en développement. Toutes les sommes versées à la Fondation sont investies dans des projets qui contribuent à l'éducation pour tous. Voici quelques exemples de réalisations outre-mer de la Fondation depuis 1991.

Réalisations outre-mer	Nombre
Salles de classe construites	394
Salles de classe rénovées	398
Soutien aux enseignants	3 510
Tables-bancs fournies	10 775
Enfants et adultes alphabétisés	13 801

Ai-je bien compris ?

1. Construis une table de valeurs et détermine le couple-solution de chacun des systèmes suivants.

1
$$y = 3x - 12$$
$$y = x + 8$$

2
$$y = {}^-x + 14$$
$$y = 2x - 7$$

3
$$y = 17 - 2x$$
$$y = 5x - 4$$

2. Une entreprise de téléphonie offre deux plans d'interurbains à ses clients : le plan « standard » où les abonnés doivent payer 15 ¢ par minute d'interurbain ; le plan « appels plus » où les abonnés doivent payer un montant de base mensuel de 12 $, auquel on ajoute 3 ¢ par minute d'interurbain.

Construis une table de valeurs afin de trouver le nombre de minutes à partir duquel le plan « appels plus » devient plus avantageux que le plan « standard ».

Une boutique d'électronique

- **Résolution d'un système d'équations à l'aide d'une table de valeurs**
- **Nombre de solutions d'un système d'équations**

Kathleen et Jean sont vendeurs dans un magasin d'appareils électroniques. Chaque semaine, Kathleen reçoit un salaire de base de 150 $. À ce salaire de base s'ajoute une commission de 10 % du montant de ses ventes. Jean reçoit un salaire de base de 366 $. À ce salaire de base s'ajoute une commission de 5 % du montant de ses ventes. La semaine dernière, le même montant figurait sur le chèque de paie de Kathleen et sur celui de Jean.

A Dans cette situation :

   1) quelle est la variable indépendante ?

   2) quelle est la variable dépendante ?

Pas de variation
Dans une table de valeurs, différence entre deux valeurs successives de la variable indépendante.

B Traduis cette situation par un système d'équations.

C Représente ce système d'équations dans une table de valeurs en trois colonnes en utilisant un **pas de variation** de 1 000 $.

D Est-ce que la table de valeurs permet de déterminer le montant des ventes réalisées la semaine dernière par Kathleen et par Jean ? Sinon, entre quelles valeurs peux-tu situer ces ventes ?

E Construis une nouvelle table de valeurs en diminuant le pas de variation et en limitant le montant des ventes à l'intervalle trouvé en **D**.

F Quel pas de variation as-tu choisi ?

G Le pas de variation que tu as choisi en **F** te permet-il d'établir le montant des ventes réalisées la semaine dernière par Kathleen et par Jean ? Sinon, situe ces ventes entre deux valeurs et reprends l'étape exposée en **E**.

H Refais l'étape décrite en **E** jusqu'à ce que tu puisses déterminer le montant des ventes réalisées par Kathleen et par Jean. À combien s'élèvent ces ventes ?

TIC

Le tableur facilite la construction d'une table de valeurs et la recherche de la solution d'un système d'équations.

Pour en savoir plus sur le tableur, consulte la page 268 de ce manuel.

I Quel montant figurait sur le chèque de paie de Kathleen et de Jean la semaine dernière?

J Pour résoudre ce système d'équations, tu as procédé par encadrements successifs. Énonce quelques stratégies qui permettent d'augmenter l'efficacité de cette façon de faire.

Tu as vu, dans la section précédente, qu'un système d'équations peut n'avoir aucune solution, avoir une solution unique ou avoir une infinité de solutions.

K Dans une table de valeurs, comment pourrais-tu reconnaître un système qui:

1) a une solution unique?

2) n'a aucune solution?

3) a une infinité de solutions?

Donne un exemple de chaque cas.

Ai-je bien compris?

1. Résous, à l'aide d'une table de valeurs, chacun des systèmes d'équations suivants.

1

$y = 3x + 15$
$y = 5x + 8$

2

$y = {}^-2x + 22$
$y = 6x - 20$

3

$y = 10x + 170$
$y = 35x + 13$

2. Une entreprise qui produit du jus de canneberges a deux immenses réservoirs. À un certain moment, on déverse du jus, à un débit de 65 L par minute, dans le réservoir contenant déjà 3 190 L de jus. Au même moment, on vide l'autre réservoir à un débit de 60 L par minute. Dans ce réservoir, il y a 5 240 L de jus prêt à être embouteillé.

a) Après combien de temps les deux réservoirs contiendront-ils la même quantité de jus?

b) Quelle quantité de jus contiendra alors chacun des réservoirs?

**Résolution algébrique
d'un système d'équations**

Faire plus avec moins

Gabrielle veut emballer un cadeau pour son amie Amanda. Elle prend le ruban qui est fixé autour d'une de ses boîtes à base rectangulaire. Ce ruban est suffisamment long pour entourer, sans qu'il y ait de reste, la boîte-cadeau à base triangulaire que Gabrielle veut offrir à son amie.

Les dimensions des bases des boîtes, exprimées en centimètres, sont indiquées ci-dessous.

Pièges et astuces

Il ne faut jamais présumer que les figures données sont dessinées à l'échelle.

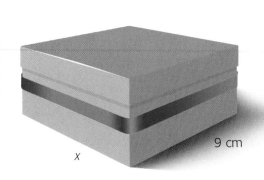

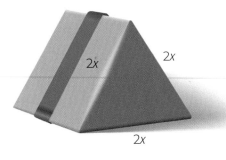

A Exprime en fonction de x :

1) le périmètre de la base de la boîte à base rectangulaire, P_r ;

2) le périmètre de la base de la boîte à base triangulaire, P_t.

B Traduis cette situation par une seule équation. Justifie ton raisonnement.

C Résous l'équation que tu as trouvée en **B**.

D Vérifie que, pour la valeur de x que tu viens de trouver, le périmètre du rectangle est bien égal à celui du triangle. Quel est ce périmètre ?

E Tu viens de résoudre algébriquement un système de deux équations. Décris le procédé utilisé comme si tu devais l'expliquer à une ou à un élève de ta classe.

F Voici cinq rectangles.

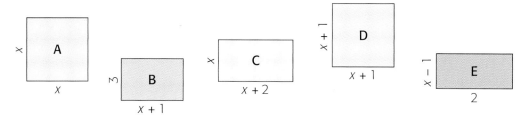

Exprime le périmètre de chacun de ces rectangles en fonction de x.
Note le périmètre de **A** par P_a, celui de **B** par P_b, etc.

G Trouve deux rectangles qui :

1) ne peuvent avoir le même périmètre, peu importe la valeur de x ;

2) ont nécessairement le même périmètre, peu importe la valeur de x ;

3) ont le même périmètre pour une valeur de x. Quelle est cette valeur ?

H Pour chacune des réponses données en **G** :

1) écris le système d'équations associé aux deux rectangles ;

2) résous algébriquement le système d'équations ;

3) établis un parallèle entre les équations, la représentation graphique des fonctions et le nombre de solutions.

Ai-je bien compris ?

1. Résous algébriquement chacun des systèmes d'équations suivants.

1
$y = 3x - 12$
$y = x + 8$

3
$y = {}^-x + 14$
$y = 2x - 7$

5
$y = \dfrac{x}{3} + 11$
$y = \dfrac{4x}{3} - 4$

2
$y = 3x + 5$
$y = 7x - 8$

4
$y = 6x + 9$
$y = 6x - 1$

6
$y = {}^-2x + 12$
$y = 12 - 2x$

2. César et Corinne confectionnent des colliers. Pour vendre leurs créations, ils vont au marché aux puces ce samedi et louent tous deux une table. César loue une grande table au coût de 45 $. Il fait un profit de 6,50 $ sur chaque collier qu'il vend. Corinne loue une petite table au coût de 30 $. Elle fait un profit de 5,75 $ sur chaque collier qu'elle vend. Combien de colliers César et Corinne doivent-ils vendre pour faire le même profit ? Quel est ce profit ?

Faire le  point

La résolution d'un système d'équations à l'aide d'une table de valeurs

On peut représenter les systèmes d'équations par une table de valeurs.

Exemple :

Marco et Ève-Lyne reviennent de la bibliothèque. Marco a emprunté un roman de 438 pages. Il lit en moyenne 20 pages par heure. Ève-Lyne a emprunté un roman de 492 pages. Elle lit en moyenne 24 pages par heure. Après combien d'heures de lecture leur restera-t-il le même nombre de pages à lire ?

On peut traduire la situation par un système d'équations et la représenter dans une table de valeurs.

> Pages qui restent à lire à Marco : $y_M = 438 - 20x$
> Pages qui restent à lire à Ève-Lyne : $y_E = 492 - 24x$
> Où x est le temps consacré à la lecture.

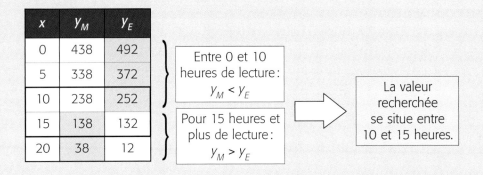

Pour trouver le couple-solution du système d'équations, on peut procéder par encadrements successifs en réduisant le pas de variation entre les deux valeurs ciblées dans la première table de valeurs.

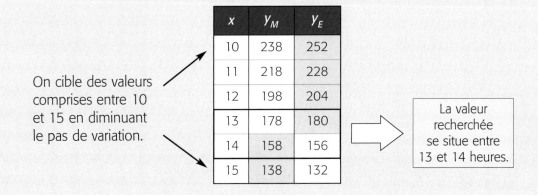

x	y_M	y_E
13	178	180
13,1	176	177,6
13,2	174	175,2
13,3	172	172,8
13,4	170	170,4
13,5	168	168
13,6	166	165,6
13,7	164	163,2
13,8	162	160,8
13,9	160	158,4
14	158	156

On cible des valeurs comprises entre 13 et 14 en diminuant le pas de variation.

Réponse :
Après 13 heures 30 minutes de lecture, il restera à Marco et à Ève-Lyne 168 pages de leur roman à lire.

La résolution algébrique d'un système d'équations

La relation d'égalité est **transitive**. Cela signifie que, si une expression est équivalente à deux autres expressions, ces deux autres expressions sont équivalentes.

Exemple : Si 12 = 5 + 7 et 12 = 2 × 6, alors 5 + 7 = 2 × 6

La propriété de transitivité peut être utilisée pour résoudre un système d'équations. On appelle cette méthode algébrique «la résolution par comparaison».

Étapes	Exemples
1. Traduire la situation par un système d'équations.	Pages qui restent à lire à Marco : $y_M = 438 - 20x$ Pages qui restent à lire à Ève-Lyne : $y_E = 492 - 24x$ Où x est le temps consacré à la lecture.
2. Poser une égalité entre les deux expressions : $y_M = y_E$	$438 - 20x = 492 - 24x$ $438 - 20x + 24x = 492 - 24x + 24x$ $438 + 4x = 492$ $438 - 438 + 4x = 492 - 438$ $\dfrac{4x}{4} = \dfrac{54}{4}$ $x = \mathbf{13,5}$
3. Déterminer la valeur de la variable dépendante pour une des deux équations.	$y_M = 438 - 20 \cdot \mathbf{13,5}$ $= 438 - 270$ $= \mathbf{168}$
4. Valider la solution avec la deuxième équation.	$y_E = 492 - 24 \cdot \mathbf{13,5}$ $= 492 - 324$ $= \mathbf{168}$
5. Interpréter la solution et répondre à la question.	Après 13 heures 30 minutes de lecture, il restera à Marco et à Ève-Lyne 168 pages de leur roman à lire.

Pièges et astuces

La solution d'un système d'équations peut être obtenue graphiquement, à l'aide d'une table de valeurs ou algébriquement. La résolution algébrique est généralement la plus efficace des trois méthodes. Cependant, la représentation du système par une table de valeurs ou graphiquement permet de voir ce qui se passe de part et d'autre du couple-solution.

Le nombre de solutions d'un système d'équations

Un système d'équations peut n'avoir aucune solution, avoir une solution unique ou avoir une infinité de solutions. L'observation de la table des valeurs ou de l'équation réduite permet de déterminer le nombre de solutions du système d'équations.

La table de valeurs

Dans une table de valeurs, l'observation du taux de variation et de la valeur initiale révèle le nombre de solutions du système d'équations.

Exemple :

Solution unique			Aucune solution			Infinité de solutions		
x	y_1	y_2	x	y_1	y_2	x	y_1	y_2
4	19	35	0	8	2	0	10	10
5	25	37	1	12	6	1	16	16
6	31	39	2	16	10	2	22	22
7	37	41	3	20	14	3	28	28
8	43	43	4	24	18	4	34	34
9	49	45	5	28	22	5	40	40
10	55	47	6	32	26	6	46	46

Solution unique	Aucune solution	Infinité de solutions
Les taux de variation sont différents. Le système d'équations a une seule solution, soit le couple (8, 43).	Les valeurs initiales sont différentes et les taux de variation sont les mêmes. Le système d'équations n'a aucune solution.	Les valeurs initiales et les taux de variation sont les mêmes. Le système d'équations a une infinité de solutions, soit tous les couples qui appartiennent aux équations.

La résolution algébrique

Lors de la résolution algébrique d'un système d'équations, l'observation de l'équation réduite permet de déterminer le nombre de solutions du système d'équations.

Exemple :

> L'équation réduite est une équation dont un membre est composé uniquement de l'inconnue et l'autre, de sa valeur.

Solution unique	Aucune solution	Infinité de solutions
$y_1 = 6x - 5$ $y_2 = 2x + 27$	$y_1 = 4x + 8$ $y_2 = 4x + 2$	$y_1 = 6x + 10$ $y_2 = 2(3x + 5)$
$6x - 5 = 2x + 27$ $4x = 32$ $x = 8$	$4x + 8 = 4x + 2$ $0x = {}^-6$	$6x + 10 = 2(3x + 5)$ $6x + 10 = 6x + 10$ $0x = 0$
Seule la valeur 8 rend l'égalité vraie.	Aucun nombre réel ne rend l'égalité vraie.	Tous les nombres réels rendent l'égalité vraie.

Mise en pratique

1. Détermine le couple-solution de chacun des systèmes représentés par les tables de valeurs suivantes.

a)

x	0	2	4	6	8
y_1	20	18	16	14	12
y_2	25	21	17	13	9

c)

x	0	1	2	3	4
y_1	8	14	20	26	32
y_2	4	6	8	10	12

b)

x	0	5	10	15	20
y_1	-12	13	38	63	88
y_2	25	40	55	70	85

d)

x	0	1	2	3	4
y_1	-4	-2	0	2	4
y_2	12	9	6	3	0

2. Voici trois systèmes d'équations.

1

$y = x - 15$

$y = {}^-4x + 25$

2

$y = 7x + 4$

$y = 5x + 15$

3

$y = {}^-3x + 44$

$y = {}^-x - 20$

a) À l'aide de tables de valeurs, détermine la solution de chacun des systèmes d'équations.

b) Valide les solutions que tu as trouvées en **a** en résolvant algébriquement les systèmes d'équations.

3. Détermine algébriquement le couple-solution de chacun des systèmes d'équations suivants.

a) $\begin{cases} y = 8x + 42 \\ y = {}^-6x \end{cases}$

e) $\begin{cases} y = 11x + 11 \\ y = 9x - 6 \end{cases}$

i) $\begin{cases} y = 1,5x + 9,2 \\ y = 4,8x - 4 \end{cases}$

b) $\begin{cases} y = {}^-5x + 17 \\ y = {}^-3x - 21 \end{cases}$

f) $\begin{cases} y = \dfrac{20-2}{3}x \\ y = 13 - 2x \end{cases}$

c) $\begin{cases} y = \dfrac{2x}{9} + 1 \\ y = \dfrac{-2}{3}x - 2 \end{cases}$

g) $\begin{cases} y = 135 - x \\ y = \dfrac{x}{2} \end{cases}$

d) $\begin{cases} y = 8x - 14 \\ y = {}^-5x + 12 \end{cases}$

h) $\begin{cases} y = \dfrac{2}{3}x - 1 \\ y = x + 2 \end{cases}$

4. Nathalie et Yannick ont deux fils jumeaux, Tristan et Nathan. Depuis la naissance des jumeaux, les parents ont mesuré leurs tailles tous les six mois et ils ont consigné les résultats dans le tableau ci-dessous.

Âge (mois)	Taille de Nathan (cm)	Taille de Tristan (cm)
0	50	54
6	62	63
12	74	72
18	86	81

En supposant que le rythme de croissance des deux garçons ait été constant depuis leur naissance, à quel âge avaient-ils la même taille ? Quelle était cette taille ?

5. Le tableau ci-dessous indique le prix qu'il faut payer pour placer une petite annonce dans le journal *La Nouvelle* et dans le journal *L'Union*.

Nombre de caractères dans la petite annonce	Coût ($) *La Nouvelle*	Coût ($) *L'Union*
30	2,70	4,10
50	4,50	5,50
150	13,50	12,50
225	20,25	17,75
300	27,00	23,00

a) Combien coûte une petite annonce de 205 caractères dans le journal *La Nouvelle* ?

b) Combien coûte une petite annonce de 175 caractères dans le journal *L'Union* ?

c) Combien de caractères doit-il y avoir dans la petite annonce pour que le coût soit le même dans les deux journaux ? Quel sera alors ce coût ?

6. L'équation $y = {}^-3x + 16$ fait partie d'un système d'équations. Quelle peut être la deuxième équation de ce système si celui-ci :

a) n'a aucune solution ?

b) a une infinité de solutions ?

c) a une seule solution, située dans le premier quadrant du plan cartésien ?

d) a une seule solution, située dans le troisième quadrant du plan cartésien ?

7. Écris un système d'équations pour lequel le couple (3, 2) est :

a) la solution unique ;

b) une solution parmi un nombre infini de solutions.

8. La famille Marcoux planifie un voyage en Floride durant la semaine de relâche. Elle doit choisir entre les deux destinations suivantes.

> **DAYTONA**
>
> Frais de transport de 780 $ et hébergement dans un hôtel de quatre étoiles au coût de 142 $ par nuit.

> **MIAMI**
>
> Frais de transport de 856 $ et hébergement dans un hôtel de trois étoiles au coût de 134 $ par nuit.

a) Traduis cette situation par un système d'équations.

b) Construis une table de valeurs afin de déterminer le nombre de jours à partir duquel le voyage à Miami est moins coûteux.

9. Nagui doit faire effectuer certains travaux de plomberie. Il appelle deux plombiers et il note leur tarif.

> **Plombier Larivière**
>
> Frais de déplacement : 12 $
> Tarif : 42 $ / heure

> **Plombier Fontaine**
>
> Frais de déplacement : 34 $
> Tarif : 36 $ / heure

a) Représente les factures des plombiers par deux équations.

b) Détermine le temps requis à partir duquel il devient plus avantageux de faire appel au plombier Fontaine plutôt qu'au plombier Larivière.

10. L'organisation des Jeux du Québec prépare un souper pour remercier ses nombreux bénévoles. Elle joint deux traiteurs pour leur faire part du menu désiré. Le traiteur Bon appétit ! fournira les nappes et la vaisselle au coût de 450 $. Ce traiteur demande en plus 26 $ par personne pour le repas. Le traiteur C'est succulent ! fixe son prix à 35 $ par personne. Toutefois, ce montant inclut les nappes et la vaisselle.

a) Pour combien de personnes le coût total de la soirée sera-t-il le même, peu importe le traiteur retenu ? Quel est ce coût ?

b) Si l'organisation prévoit accueillir 60 personnes, quel traiteur devrait-elle engager ? Quel montant déboursera-t-elle ?

11. Deux groupes rock très populaires, Distorsion et Gaïa, lancent un nouvel album sur le marché. Distorsion vend en moyenne 2 000 albums par jour. Il a déjà vendu 15 000 albums au moment où Gaïa lance son album. Gaïa vend en moyenne 2 500 albums par jour.

a) En mettant en relation le nombre d'albums vendus selon le temps, traduis cette situation par un système d'équations en présumant que les ventes se poursuivent au même rythme.

b) Trouve la solution de ce système d'équations et interprète-la.

12. Roxane désire s'acheter une voiture. Elle a vu une voiture neuve à son goût, au coût total de 18 900 $. Ses paiements mensuels s'élèveraient à 525 $. Son frère Roland voudrait lui vendre sa voiture au prix de 12 600 $. Il lui offre la possibilité de répartir ce montant en plusieurs versements mensuels de 300 $ par mois. Roxane s'intéresse au montant qu'il lui restera à rembourser selon le temps écoulé, en mois, depuis l'achat de la voiture.

   a) Dans combien de mois Roxane aura-t-elle totalement remboursé le montant emprunté si elle achète :

   1) la voiture de son frère ?

   2) la voiture neuve ?

   b) Traduis la situation par un système d'équations.

   c) Détermine algébriquement la solution de ce système d'équations et interprète-la.

13. Guillermo assiste à la finale régionale du jeu-questionnaire « Génies en herbe ». La rencontre oppose l'équipe de son école, les Alérions, et celle d'une autre école de la région, les Patriotes. Au moment où il entre dans l'amphithéâtre où se tient l'épreuve, la partie est déjà commencée. Les Patriotes mènent alors 450 à 350. À partir de ce moment et jusqu'à la fin de la rencontre, les Patriotes ont marqué en moyenne 50 points aux 2 minutes, alors que les Alérions ont marqué en moyenne 30 points par minute.

   a) Si la partie s'est terminée par un pointage identique pour les deux équipes, combien de temps s'est-il écoulé depuis l'arrivée de Guillermo ?

   b) S'il restait 30 minutes à la rencontre lorsque Guillermo est arrivé, quelle équipe a remporté la victoire ? Quel était le pointage final ?

14. Michaëlle travaille dans une boutique de plein air. En plus de son salaire de base de 280 $ par semaine, elle reçoit 4 % du montant total des ventes effectuées pendant la semaine. Son copain Dominic travaille dans une boutique concurrente. Il reçoit aussi un salaire de base et une commission proportionnelle à ses ventes. La semaine dernière, il a vendu pour 2 400 $ de marchandises et il a reçu un salaire de 370 $. Cette semaine, il a vendu pour 2 860 $ de marchandises et il a reçu un salaire de 393 $.

   a) À quel montant les ventes doivent-elles s'élever pour que Michaëlle et Dominic reçoivent le même salaire ?

   b) Quel est ce salaire ?

15. Un groupe d'amis se réunit au restaurant pour un souper. Le repas terminé, le serveur prépare une seule addition pour tout le groupe. Le total de l'addition inclut les taxes et le service. Si chaque personne donne 15 $ au serveur, il manquera 33 $ pour régler l'addition. Si chaque personne donne 20 $ au serveur, celui-ci rendra 27 $ au groupe.

   a) Traduis cette situation par un système de deux équations.

   b) Combien de personnes étaient présentes à ce souper ?

   c) Quel est le prix d'un souper dans ce restaurant ?

Fait divers

L'escalade est une activité sportive qui a de plus en plus d'adeptes au Québec. La pratique de ce sport permet, entre autres, d'accroître sa force musculaire et d'améliorer la souplesse de son corps. Au Québec, il existe des centres où l'on peut pratiquer l'escalade intérieure, dans un environnement sécuritaire et à l'abri du mauvais temps.

16. Au cabinet d'avocats Landry, Arsenault et associés, on a trouvé un moyen original d'amasser des fonds pour la Fondation Rêves d'enfants. Tous les vendredis, les employés peuvent porter le jeans s'ils achètent un autocollant de la Fondation au coût de 2 $. Une vingtaine d'employés se procurent l'autocollant chaque semaine.

À la maison de courtage Brunelle et fille, on a eu une autre idée pour financer la Fondation Rêves d'enfants : des ateliers de rire. Chaque vendredi, Marie anime un atelier de 15 minutes pendant la pause du matin. Chaque atelier coûte 1 $ à toute personne qui veut y participer. L'argent recueilli est remis à la Fondation.

Les 10 premières semaines, 25 personnes participent à chaque atelier donné par Marie dans son bureau. À partir de la 11e semaine, les ateliers étant devenus très populaires, 55 personnes y prennent part hebdomadairement dans une grande salle !

a) Après combien de semaines la maison de courtage et le cabinet d'avocats auront-ils amassé la même somme pour la Fondation Rêves d'enfants ?

b) Au bout d'un an, combien d'argent ces deux initiatives auront-elles permis de recueillir pour la Fondation ?

Vivre-ensemble et citoyenneté

Et toi, as-tu une idée originale qui permettrait d'amasser des fonds pour une œuvre de bienfaisance ?

17. Il existe différentes sortes de sels. Le plus connu, le sel de table, est le chlorure de sodium. Les sels se dissolvent facilement dans l'eau. Pour un même volume d'eau, la quantité maximale de sel pouvant y être dissoute dépend de la nature du sel et de la température de l'eau, en degrés Celsius.

Voici les équations de quatre sels dont se servent les chimistes pour étudier la solubilité de ces substances.

La solubilité (s) des sels selon la température (T) de l'eau

Sel	Équation
Chlorure de sodium (NaCl)	$s = 26 + 0{,}02\,T$
Iodure de potassium (KI)	$s = 56 + 0{,}11\,T$
Chlorure d'ammonium (NH_3Cl)	$s = 23 + 0{,}21\,T$
Sulfate de lithium (Li_2SO_4)	$s = 26 - 0{,}03\,T$

a) À quelle température peut-on dissoudre, dans l'eau, la même quantité d'iodure de potassium que de chlorure d'ammonium ?

b) Est-ce qu'il y a une température où le chlorure de sodium a la même solubilité, dans l'eau, que l'iodure de potassium ? Justifie ta réponse.

c) Qu'est-ce qui est fondamentalement différent entre le sulfate de lithium et les trois autres sels ?

Consolidation

1. Dans chacune des situations présentées ci-dessous :
   a) traduis, à l'aide de symboles, les inéquations qui s'y trouvent (n'oublie pas de définir les variables employées) ;
   b) exprime, sous forme d'intervalle ou en extension, l'ensemble-solution de chaque inéquation trouvée en **a**.

①

Variétés de produits Saint-Jacques

Jours	Heures d'ouverture
Lundi, mardi, samedi	9 h - 17 h
Mercredi, jeudi, vendredi	9 h - 21 h
Dimanche	Fermé

② Un bébé est prématuré s'il naît avant la 37e semaine de grossesse et s'il pèse moins de 2,5 kg. Il a alors besoin de dormir de 15 à 22 heures par jour.

③

Capacité maximale : 12 personnes

④ On annonce une belle journée, avec une température de 28 °C sous le soleil. La nuit prochaine, le mercure ne devrait pas descendre au-dessous de 20 °C.

2. Soit les ensembles A, B, C et D définis ainsi :
   $A = \{x \in \mathbb{R} \mid x \leq 8\}$ $C = \{x \in \mathbb{R} \mid x \geq 8\}$
   $B = \{x \in \mathbb{R} \mid x \geq {}^-4\}$ $D = \{x \in \mathbb{R} \mid x < {}^-4\}$

   Associe chacune des opérations suivantes à l'ensemble-solution correspondant.
   a) $(A \cap C)'$ b) $A \cap B$ c) $C \cup D$ d) $A \cap D$ e) $A \cup B$ f) C'

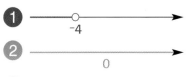

3. Résous algébriquement chacun des systèmes d'équations suivants.

   a) $\begin{cases} y = 8 - \dfrac{2}{3}x \\ y = \dfrac{x}{6} - 7 \end{cases}$ c) $\begin{cases} y = 10 - x \\ y = \dfrac{16}{3} - \dfrac{x}{3} \end{cases}$ e) $\begin{cases} y = 19 - \dfrac{3}{8}x \\ y = 64 - x \end{cases}$ g) $\begin{cases} y = 0,02x + 450 \\ y = 0,05x + 375 \end{cases}$

   b) $\begin{cases} y = \dfrac{x}{2} - 4 \\ y = 2x - 12 \end{cases}$ d) $\begin{cases} y = 3 - \dfrac{x}{2} \\ y = \dfrac{2}{3}x - 4 \end{cases}$ f) $\begin{cases} y = {}^-2x + 10 \\ y = 4x - 3 \end{cases}$ h) $\begin{cases} y = 100 - 8x \\ y = x + 98 \end{cases}$

4. Soit le système d'équations suivant.

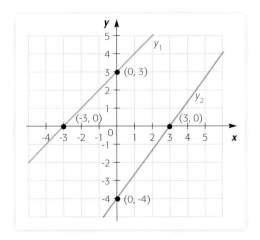

a) Quelles sont les équations associées à chacune des droites?

b) Quelle est la solution de ce système d'équations?

5. Détermine, si possible, la solution d'un système d'équations formé :

a) d'une fonction constante passant par $(3, 4)$ et d'une fonction linéaire passant par $(1, 2)$;

b) d'une fonction affine décroissante dont l'ordonnée et l'abscisse à l'origine sont respectivement 4 et 8, et d'une fonction linéaire dont le taux de variation est $^{-}2$.

c) d'une fonction linéaire dont le taux de variation est 4 et d'une fonction affine dont le taux de variation est 4.

6. Les tables de valeurs ci-dessous présentent des systèmes d'équations à deux variables. Détermine, si possible, la solution de chacun des systèmes.

a)

x	1	2	3	4	5
y_1	8	6	4	2	0
y_2	6	5	4	3	2

c)

x	$^{-}3$	$^{-}1$	1	3	5
y_5	150	157	164	171	178
y_6	160	165	170	175	180

b)

x	0	10	20	30	40
y_3	15	20	25	30	35
y_4	25	26	27	28	29

d)

x	0	2	7	10	20
y_7	0	0,2	0,7	1	2
y_8	1	1,2	1,7	2	3

7. Résous les inéquations suivantes dans $\mathbb{R}$ et représente leur ensemble-solution sur une droite numérique.

a) $4(x - 5) > 5(x - 4) - x$

b) $x - (5 - 2x) \leq 3x + 10$

8. Tout ou rien!

Soit l'inéquation suivante : $ax + b < cx + d$.

a) À quelles conditions la solution est-elle $x \in \{\}$?

b) À quelles conditions la solution est-elle $x \in \mathbb{R}$?

9. De part et d'autre

Voici la stratégie que Joseph utilise pour résoudre des inéquations.

Remplacer le symbole
d'inégalité par
un symbole d'égalité
et résoudre l'équation.

Dans l'inéquation de départ, remplacer
la variable par une valeur plus grande
que la solution de l'équation et vérifier si
l'inégalité obtenue est vraie.

L'inégalité est vraie.

L'inégalité est fausse.

Les solutions sont toutes
les valeurs plus grandes que
la solution de l'équation.

Les solutions sont toutes
les valeurs plus petites que
la solution de l'équation.

Crois-tu que la stratégie de Joseph est valable ? Justifie ta réponse.

10. Avoir 18 ans

On présente ci-dessous le coût d'un abonnement annuel au Club de golf Oasis.

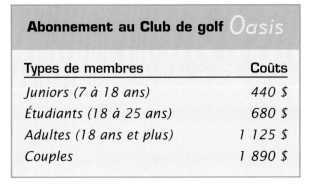

Abonnement au Club de golf *Oasis*	
Types de membres	**Coûts**
Juniors (7 à 18 ans)	440 $
Étudiants (18 à 25 ans)	680 $
Adultes (18 ans et plus)	1 125 $
Couples	1 890 $

À ce club de golf, les gens qui ont 18 ans sont ciblés dans trois catégories différentes. Comment doit-on interpréter cela ?

11. Une ligne pleine

Supposons que les salaires annuels des employés d'une entreprise varient de 22 395 $ à 87 280 $.

a) Selon toi, la variable «salaire» est-elle une variable continue ou une variable discrète?

b) De quelle façon représente-t-on les valeurs prises par cette variable sur une droite numérique?

12. Parce que le temps change

a) Voici une carte météorologique du Canada. Les diverses couleurs, sur la carte, représentent les diverses températures à une date précise.

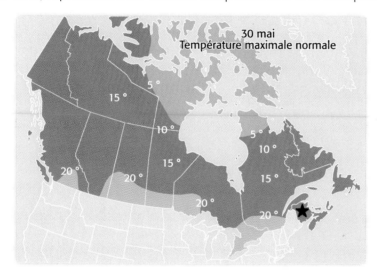

En cette journée du 30 mai, quelle pourrait être la température au Nouveau-Brunswick (★)? Présente ta réponse sous forme d'intervalle et à l'aide d'une droite numérique.

b) Observe le graphique ci-dessous, qui illustre les températures que la ville de Sherbrooke pourrait connaître pendant 14 jours.

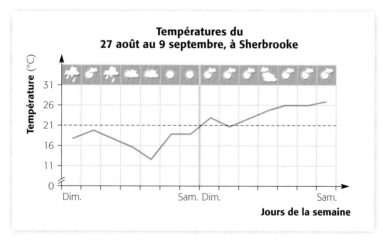

Quel est l'intervalle des températures prévues à Sherbrooke pour ces 14 prochains jours?

Vers les
séquences
p. 266

13. Une journée bien remplie!

Lyson est coiffeuse. Plusieurs de ses clients veulent un rendez-vous ce samedi. Lyson a noté les heures où ils pourraient passer au salon.

NOM	HEURES POSSIBLES	DURÉE PRÉVUE DU RENDEZ-VOUS
Annabella	[13, 15]	1 heure
Gisèle	[8, 12]	2 heures
Rémi	[13, 16]	30 minutes
Francine	[9, 13]	1 heure 30 minutes
Isabelle	[10, 17]	1 heure 30 minutes
Louise	[14, 16]	1 heure
Germain	[11, 15]	30 minutes
Patrice	[8, 16]	1 heure
Julia	[8, 10]	1 heure

a) Établis l'horaire de Lyson en tenant compte des précisions suivantes.

- Gisèle se marie ce samedi et elle doit absolument passer au salon cette journée-là.
- Un rendez-vous peut être fixé 15 minutes avant la fin du rendez-vous précédent. La personne qui assiste Lyson lavera les cheveux des clients.
- Le salon est ouvert de 8 h à 16 h 30.
- Entre 12 h et 14 h, Lyson doit pouvoir prendre au moins 30 minutes pour dîner.
- Lyson veut voir le plus de clients possible.

b) Au fait, Lyson pourra-t-elle voir tous ses clients?

14. Créditer, débiter

Bruno, Émilie et Raymond comparent leur compte d'épargne. Bruno a 525 $ dans son compte et il y dépose 40 $ par semaine. Émilie a un solde de 720 $ dans son compte et elle y dépose 30 $ par semaine. Raymond a 1 200 $ dans son compte et il y retire 10 $ par semaine.

a) Raymond est actuellement celui qui a le plus d'argent dans son compte d'épargne. Pendant combien de temps en sera-t-il ainsi?

b) Quand Émilie sera-t-elle celle qui a le plus d'argent?

15. Des manèges pour les petits et les grands

Certains parcs d'attraction ont adopté un mode de tarification en fonction de la taille des visiteurs. Voici un exemple de tarification.

Tarifs journaliers (taxes en sus)

Entrée / manèges

Personnes de 1,37 mètre et plus	36,04 $
Personnes de moins de 1,37 mètre	23,99 $
Enfants de moins de 3 ans	Gratuit
Stationnement	13,16 $

a) À quel montant s'élèverait une visite au parc pour ta famille?

b) Quelle différence y a-t-il entre la formulation «Gratuit pour les enfants de moins de 3 ans» et la formulation «Gratuit pour les enfants de 2 ans et moins»?

> **Vivre-ensemble et citoyenneté**
>
> Selon toi, est-il juste de fixer un prix d'entrée dans un parc d'attraction en fonction de la taille des visiteurs?

16. La table ronde

Vers les séquences p. 266

William cherche une table circulaire pour sa salle à manger. Pour qu'on puisse se déplacer dans la pièce, le diamètre de la table doit être d'au plus 2,5 m. William aimerait que 6 personnes au moins prennent place autour de la table. Pour que les personnes assises soient à l'aise, il doit prévoir l'équivalent d'une longueur d'arc d'au moins 70 cm pour chacune d'elles.

a) Quelles sont les mesures possibles du diamètre de la table? Justifie ta réponse.

b) Pour toutes les valeurs trouvées en **a**, combien de personnes pourraient prendre place autour de la table?

c) Une amie de William lui a rapporté une nappe circulaire de la Provence, en France. Cette nappe peut recouvrir une table dont l'aire est d'au plus 15 m². Si William achète une table dont le diamètre convient à la nappe, combien de chaises doit-il prévoir?

17. La zone cible

Lors d'une séance d'aérobie, la fréquence cardiaque, exprimée en battements par minute, doit idéalement se situer dans la zone cible, c'est-à-dire entre 70 % et 80 % de la fréquence cardiaque maximale. Pour calculer la fréquence cardiaque maximale d'une personne, on soustrait son âge du nombre 220.

a) Définis les variables en jeu dans cette situation.

b) Décris la zone cible à l'aide de symboles d'inégalité.

c) Si la zone cible de Paule se situe entre 125 et 142 battements par minute, quel âge a-t-elle?

d) Denis a 55 ans. Quelles sont les fréquences cardiaques communes aux zones cibles de Paule et de Denis?

18. Finie la baignade

Voici une table de valeurs dans laquelle on a inscrit quelques données relatives à la vidange de deux piscines privées.

Temps écoulé (min)	Quantité d'eau de la première piscine (L)	Quantité d'eau de la deuxième piscine (L)
0	50 000	75 000
15	47 500	70 000
30	45 000	65 000
45	42 500	60 000

a) En supposant que le débit de chaque tuyau d'évacuation de l'eau soit constant, après combien de temps les deux piscines contiendront-elles la même quantité d'eau?

b) Propose d'autres données concernant une troisième piscine, qui:

   1) contiendrait la même quantité d'eau que les deux autres piscines après le même temps de vidange;

   2) ne contiendrait jamais la même quantité d'eau que les deux autres piscines pendant la vidange.

19. Les hauts et les bas

Dominique est une adepte du vélo de montagne. Une journée, elle part en randonnée et gravit une côte à une vitesse moyenne de 12 km/h. Au retour, elle emprunte le même trajet et descend à une vitesse moyenne de 18 km/h. La descente a duré 15 minutes de moins que l'ascension.

a) Détermine la longueur de la côte.

b) Détermine la durée du trajet aller-retour.

20. Cheveux courts, cheveux longs?

Voici deux bouteilles de shampooing.

Isaac a les cheveux courts. Il a calculé qu'il pourrait se laver les cheveux 40 fois avec le shampooing de marque ABC, avant que la bouteille soit vide. Coralie, qui a les cheveux longs, pourrait se laver les cheveux 25 fois avec le shampooing de marque XYZ.

a) Définis les variables dépendante et indépendante de cette situation.

b) Traduis cette situation par un système d'équations.

c) Après combien de lavages restera-t-il la même quantité de shampooing dans chaque bouteille si Coralie et Isaac utilisent chaque fois la même quantité de shampooing?

ABC 320 ml

XYZ 500 ml

21. Une cause tout en rose

Anne et Lucas contribuent à financer la recherche sur le cancer du sein en s'inscrivant à une course à pied de 5 km, qui a lieu dans leur quartier. Les participants pourront courir ou marcher sur une piste balisée de 2,5 km, puis revenir à leur point de départ. Anne décide de courir les 5 km tandis que Lucas préfère marcher.

En courant à une vitesse constante, Anne prévoit faire son parcours en 30 minutes. En marchant à une vitesse constante, Lucas prévoit le faire en 45 minutes.

À quel endroit de la piste Anne et Lucas se croiseront-ils?

22. Où est l'intruse?

Vers les séquences p. 266

Dans chacun des ensembles de pièces de monnaie décrits ci-dessous se cache une fausse pièce. Pour découvrir cette fausse pièce, tu disposes uniquement d'une balance.

1 Huit pièces de monnaie, dont une fausse pièce plus légère que les autres.

2 Neuf pièces de monnaie, dont une fausse pièce plus lourde que les autres.

3 Douze pièces de monnaie, dont une fausse pièce plus lourde ou plus légère que les autres.

Pour chaque ensemble de pièces de monnaie, explique comment tu procéderais pour déceler la fausse pièce en faisant le moins de pesées possible.

23. Les biscuits du partage

Étienne a pris l'initiative d'acheter, chaque semaine de paie, des biscuits à la farine d'avoine. Il vend ensuite ces biscuits aux employés de l'entreprise où il travaille. Aujourd'hui, avec l'argent dont il dispose, il lui manque 3,60 $ pour acheter 12 douzaines de biscuits. S'il achète 11 douzaines de biscuits, il lui restera 4,20 $.

a) Quelle est la somme dont Étienne dispose pour acheter des biscuits?

Étienne vend 1 $ chaque biscuit qu'il achète. À la fin de l'année, il remet les profits de la vente à la guignolée. Étienne vend annuellement aux employés de 3 000 à 3 200 biscuits.

b) À combien peut s'élever la somme qu'Étienne donne à la guignolée à la fin de l'année?

> **Vivre-ensemble et citoyenneté**
>
> La guignolée est un événement annuel au Québec. À l'origine, ce moment de partage avait lieu la veille du Nouvel An entre les habitants d'un même rang. De nos jours, cette quête a lieu les premières semaines de décembre. Les gens fournissent de la nourriture et de l'argent aux démunis.
>
> Selon toi, pourquoi sollicite-t-on cette aide en décembre seulement?

24. Mettre du baume au coeur

Jean-Pierre est bénévole à la Fondation Gilles-Kègle. Dans le but d'attirer de nouveaux bénévoles, il doit faire produire des dépliants destinés à expliquer la mission de la Fondation, puis les faire imprimer. Il appelle quatre imprimeries différentes pour connaître leurs prix. Voici ce qu'il a noté dans son calepin.

Imprimerie A
- *Production : 136 $*
- *Impression : 2 ¢ par exemplaire*

Imprimerie B
- *Production : 74 $*
- *Impression : 10 ¢ par exemplaire*

Imprimerie C
- *Production : Aucuns frais*
- *Impression : 15 ¢ par exemplaire, minimum de 800 copies*

Imprimerie D
- *Offre uniquement le service d'impression*
- *Impression : 12 ¢ par exemplaire*

Assiste Jean-Pierre dans sa tâche. Compare les coûts de production et d'impression des quatre imprimeries. Précise l'imprimerie où cela coûterait moins cher selon le nombre d'exemplaires qui seront imprimés.

Ne doutez jamais qu'un petit groupe de citoyens attentionnés et engagés puisse changer le monde. En effet, c'est la seule chose qui l'ait vraiment changé.

Margaret Mead, anthropologue américaine (1901 – 1978)

Vivre-ensemble et citoyenneté

Dans la région de Québec, les bénévoles de la Fondation Gilles-Kègle font plus de 800 visites à domicile par semaine, 7 jours sur 7. Ces bénévoles apportent leur soutien à des personnes malades, démunies et seules. Gilles Kègle, qu'on surnomme « l'infirmier de la rue », et son équipe réconfortent ainsi plus de 1 500 personnes annuellement.

Quels petits gestes peux-tu faire au quotidien pour mettre du baume au cœur d'une personne ?

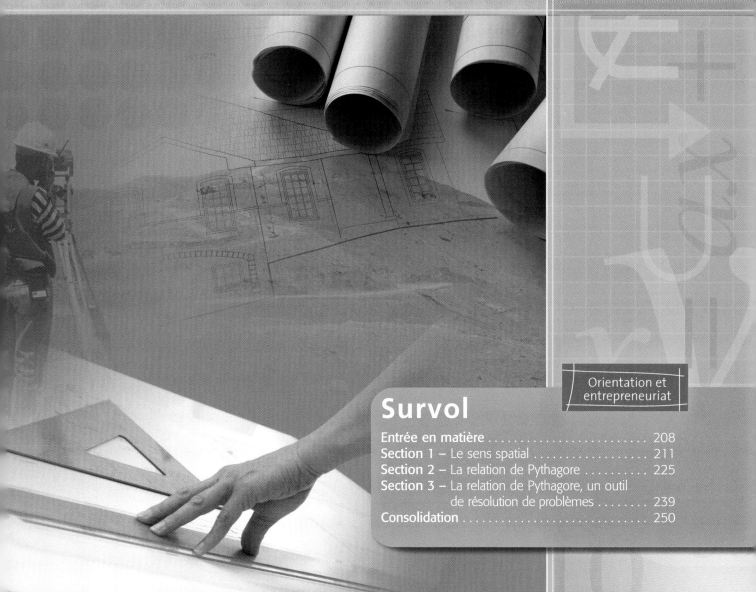

Du sens spatial à la relation de Pythagore

Le mot «géométrie» signifie «mesure de la terre». À l'origine, les êtres humains ont développé ce champ mathématique pour trouver des solutions concrètes à des problèmes et pour apprivoiser le monde.

Pense aux différents métiers et professions que tu connais. Selon toi, un arpenteur-géomètre peut-il passer une journée sans utiliser les particularités des triangles? De quelle façon la géométrie s'inscrit-elle dans le quotidien d'une architecte? Comment un charpentier fait-il pour ériger des murs droits sans équerre et sans rapporteur d'angle?

Orientation et entrepreneuriat

Survol

Entrée en matière

À chaque métier, sa géométrie

Les situations suivantes font appel à tes connaissances en géométrie.

Orientation et entrepreneuriat

Le mot « géomatique » est formé à partir du préfixe « géo- » (pour géographie) et du suffixe « -matique » (pour informatique).

Les techniciens en géomatique utilisent l'informatique pour traiter des données géographiques comme les coordonnées d'un endroit, l'altitude, la topographie, etc.

Selon toi, comment la géomatique peut-elle être utile aux urbanistes, aux architectes et aux ambulanciers ?

1. Stéphane étudie en géomatique pour devenir analyste de photographies aériennes et satellites. Voici une photo satellite prise près de Gatineau. Stéphane doit l'utiliser pour créer une carte géographique de cette région.

Stéphane a tracé les segments orange **AB**, **CD** et **EG** qui sont supportés par des droites parallèles. Il a aussi tracé les segments bleus **AE**, **CF** et **BG**, non supportés par des droites parallèles. Les angles **BAE** et **ABD** mesurent respectivement 90° et 78°.

a) Déduis les mesures des angles suivants. Justifie chacune de tes réponses.

    1) ∠ CDG   **2)** ∠ CDB   **3)** ∠ FGD   **4)** ∠ FEA

b) Classifie le quadrilatère **AEGB**.

2. Lili est conceptrice de décors pour le Théâtre des trois pignons. Spécialiste en arts, elle conçoit et fabrique les décors pour toutes les productions théâtrales et les galas que le théâtre présente. Le prochain spectacle à l'affiche est une pièce pour enfants. Son mandat est de construire des solides multicolores, que les comédiens déplaceront. Voici l'esquisse des cubes, du prisme régulier et des cylindres qu'elle prévoit faire.

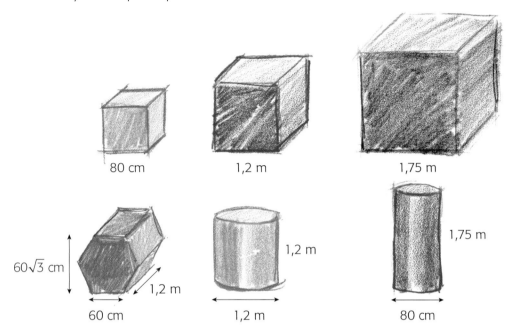

a) Pour sa légèreté et sa robustesse, Lili a décidé d'utiliser du plastique ondulé pour fabriquer les solides. Quelle aire de plastique ondulé de chaque couleur lui faut-il pour réaliser tous les solides?

b) Dans les retailles, Lili découpe quatre triangles équilatéraux isométriques. Quel solide additionnel peut-elle construire avec ces triangles?

3. Nancy est infographiste. Elle conçoit des dépliants publicitaires, des logos d'entreprise et des documents officiels de présentation. Elle utilise des logiciels spécialisés en arts visuels pour répondre aux besoins de sa clientèle.

Voici les consignes à respecter pour réaliser le logo d'entreprise dont elle a le mandat.

① Utiliser toute la surface d'un rectangle de 5 cm de longueur (à l'horizontale) sur 3 cm de largeur (à la verticale).

② Tracer le plus grand cercle possible compris entre 2 triangles rectangles.

③ Créer un logo symétrique, l'axe de symétrie étant vertical.

④ Présenter plusieurs choix de couleurs.

Conçois un logo qui respecte les consignes.

Orientation et entrepreneuriat

Lorsqu'elles travaillent, Lili et Nancy utilisent la géométrie et ont parfois recours à leur sens spatial. Elles allient créativité, rigueur et esthétisme tout en respectant plusieurs contraintes.

Crois-tu que tu as certaines habiletés pour exercer le même métier que celui de Lili ou de Nancy?

Réactivation

1. Nomme le solide associé à chacun des développements suivants. Les figures de la même couleur sont isométriques.

a) 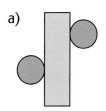   b) 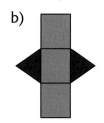   c) 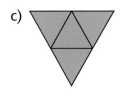   d)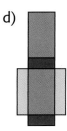

2. À main levée, dessine :
   a) un développement d'un cube ;
   b) un développement d'une pyramide droite régulière à base hexagonale ;
   c) une pyramide droite régulière à base carrée.

3. Détermine l'aire des figures suivantes.
   a) Un triangle rectangle dont les côtés mesurent 5 cm, 12 cm et 13 cm
   b) Un hexagone régulier dont les côtés mesurent 6 cm et dont l'apothème mesure $\sqrt{27}$ cm
   c) Un losange dont les diagonales mesurent 8 cm et 6 cm
   d) Un disque dont le rayon mesure 4 cm

4. Dans chacune des figures suivantes, détermine la valeur de la mesure manquante. Justifie tes réponses.

   a) Hexagone régulier   b) Octogone régulier   c) Cercle

   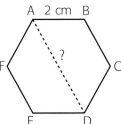   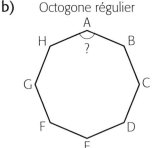   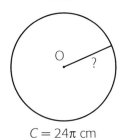

   $C = 24\pi$ cm

5. Voici une boîte-cadeau qui a la forme d'un prisme droit à base rectangulaire.

   Quelle longueur de ruban faut-il pour décorer cette boîte, en sachant qu'il faut 30 cm pour le nœud ?

   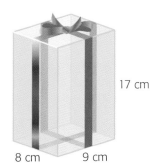

   17 cm

   8 cm   9 cm

L'illusion de profondeur
Situation-problème

Un promoteur immobilier souhaite entreprendre la construction des maisons d'un nouveau quartier résidentiel. De concert avec les architectes et les spécialistes en dessin technique, il doit d'abord créer des plans, des maquettes et des affiches publicitaires.

La réalisation de l'affiche publicitaire est particulièrement intéressante. Elle doit donner une illusion de profondeur à une image en deux dimensions.

Voici le plan du rez-de-chaussée d'un des modèles de maison à deux étages.

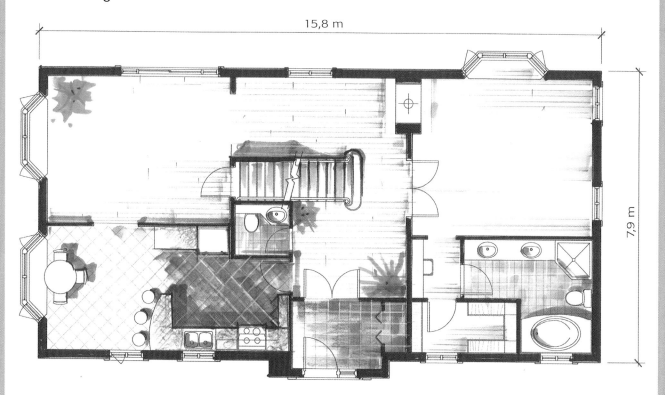

À l'aide de l'information que tu peux déduire à partir de ce plan (comme la position de la porte et des fenêtres), réalise une affiche qui montre la façade ainsi qu'un côté de la maison.

Projections parallèles
et centrales

La perspective : un art mathématique

Perspective
Représentation qui permet de révéler la troisième dimension d'un objet sur une surface plane. Le mot «perspective» vient du latin *perspectus*, qui signifie «pénétré par le regard».

Karina est conceptrice d'affiches publicitaires. Un commerçant d'électroménagers remis à neuf lui demande de réaliser une affiche. Il souhaite que Karina dessine des électroménagers au centre de l'affiche. Karina doit choisir, parmi les quatre **perspectives** suivantes, celle qui ressemble le plus à ce que les yeux perçoivent.

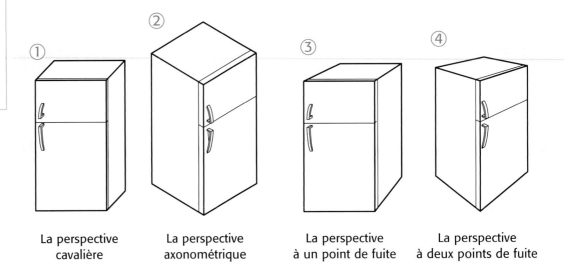

La perspective
cavalière

La perspective
axonométrique

La perspective
à un point de fuite

La perspective
à deux points de fuite

A Selon toi, quelle représentation Karina devrait-elle choisir ?

B Si Karina devait faire un deuxième choix, quel pourrait-il être ?

Sur l'affiche, Karina a aussi dessiné une sécheuse.

C Dessine une sécheuse selon chaque type de perspective.

D À l'aide des éléments qui composent tes dessins, classifie les perspectives selon deux critères de ton choix.

E À partir des représentations ③ et ④, propose une définition de «point de fuite».

F Quel est le point commun des représentations ① et ② ?

Fait divers

C'est au XVe siècle que des artistes ont développé des moyens de donner une illusion de profondeur à une image en deux dimensions.

Un parement d'autel espagnol (XIIIe siècle)

La Dernière Cène de Léonard de Vinci (1498)

L'œuvre de droite fait intervenir le concept de perspective, qui touche autant la mathématique que l'art.

Ai-je bien compris?

Associe chaque type de perspective au dessin correspondant.

a) La perspective cavalière

b) La perspective axonométrique

c) La perspective à un point de fuite

d) La perspective à deux points de fuite

①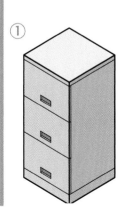

②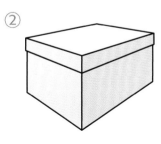

③

④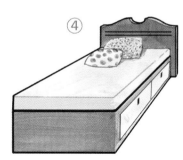

Des vues révélatrices

Vers les séquences
p. 266

Projections orthogonales

L'emballage est un des éléments qui influencent les consommateurs dans le choix d'un produit. Pour une question de commercialisation, certaines entreprises exploitent cet élément, comme tu peux le constater dans les photos ci-dessous.

Pour donner l'illusion que la boîte est transparente, ces entreprises utilisent en fait un concept mathématique.

A Sur une feuille, fais trois dessins. Représente d'abord la face, le dessus, puis le côté droit d'une boîte transparente qui contient l'appareil photo ci-contre.

Les trois dessins que tu as réalisés en **A** sont courants en dessin technique et en infographie. Ils constituent «les vues» ou les **projections orthogonales** d'un objet.

Projection orthogonale
Représentation d'un objet selon des vues qui sont perpendiculaires entre elles.

> ### Orientation et entrepreneuriat
>
> Une des étapes de la commercialisation est la conception d'emballages qui protègent et informent sur le contenu tout en attirant la clientèle. Les concepteurs d'emballages proposent d'abord plusieurs prototypes avant de créer un emballage. Ensuite, les entreprises font des études de marché pour vérifier ce que la clientèle préfère, car l'emballage... c'est l'image.
>
> Selon toi, cette profession existait-elle il y a 30 ans? Peux-tu penser à d'autres professions qui n'existaient pas il y a 20 ans? Peux-tu nommer un métier qui a déjà existé mais que plus personne ne pratique?

Voici un arrangement dans lequel les dés sont tous orientés de la même façon.

B Combien de dés y a-t-il dans cet arrangement?

C Combien de points vois-tu sur les dés si tu regardes l'arrangement:

   1) de face?

   2) du côté droit?

   3) du dessus?

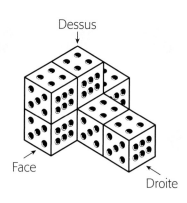

Dessus

Face

Droite

D Dessine les vues de droite, de face et du dessus de cet arrangement de dés.

E En sachant que la somme des points de deux faces opposées est toujours égale à 7, dessine les trois autres vues de cet arrangement.

Voici les projections orthogonales d'un arrangement de cubes.

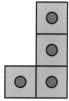

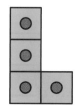

   Vue de face   **Vue de droite**   **Vue du dessus**

F Combien de cubes y a-t-il dans cet arrangement?

G Dessine cet arrangement en perspective cavalière.

Ai-je bien compris?

Voici deux arrangements de dés.

1. Indique le nombre de dés qu'il y a dans chaque arrangement.

   a)   **b)**

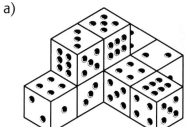

2. Dessine les vues de face, du dessus et de droite de chaque arrangement de la question **1**. Assure-toi de reproduire le bon nombre de points sur chaque dé.

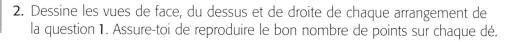

TIC

Le logiciel de géométrie dynamique facilite la représentation des vues d'un objet tridimensionnel. Il permet aussi de tracer des figures en différentes perspectives.

Pour en savoir plus sur le logiciel de géométrie dynamique en 3D, consulte la page 272 de ce manuel.

Tout objet à trois dimensions comporte six vues (de face, de derrière, du dessus, du dessous, de gauche et de droite). Cependant, les représentations d'un objet montrent habituellement trois vues (de face, d'un des côtés et du dessus). C'est d'ailleurs le nombre maximal de vues qu'une personne peut apercevoir en même temps.

Faire le point

Les projections parallèles et centrales

Une projection est une transformation de l'espace. Elle permet de représenter en deux dimensions un objet à trois dimensions. Il existe plusieurs types de projections.

Les projections parallèles

Dans une projection parallèle, toutes les arêtes de l'objet qui sont parallèles dans la réalité sont représentées par des arêtes parallèles.

Il y a deux types de projections parallèles : la perspective cavalière et la perspective axonométrique.

La perspective cavalière	La perspective axonométrique
1) Une face de l'objet se trouve dans le même plan que la feuille sur laquelle l'objet est représenté.	1) Une arête verticale de l'objet se trouve dans le même plan que la feuille sur laquelle l'objet est représenté.
2) Les arêtes obliques (appelées «les fuyantes») sont toutes du même côté de cette face et sont parallèles entre elles. L'angle de profondeur est d'environ 45°.	2) Les fuyantes de part et d'autre de cette arête sont parallèles entre elles. L'angle de profondeur est d'environ 30°.
3) La mesure des fuyantes est réduite environ de moitié par rapport à la face située au premier plan.	3) La mesure des fuyantes n'est pas réduite par rapport à l'arête située au premier plan.
Remarque : Le papier quadrillé est tout indiqué pour représenter des objets en perspective cavalière.	*Remarque :* Le papier pointé est tout indiqué pour représenter des objets en perspective axonométrique.

Les projections centrales

Dans une projection centrale, certaines arêtes de l'objet qui sont parallèles dans la réalité ne sont pas représentées par des arêtes parallèles.

Il y a plusieurs types de projections centrales, dont la perspective à un point de fuite et la perspective à deux points de fuite.

La perspective à un point de fuite		La perspective à deux points de fuite	
1) Une face de l'objet se trouve dans le même plan que la feuille sur laquelle l'objet est représenté.		1) Une arête verticale de l'objet se trouve dans le même plan que la feuille sur laquelle l'objet est représenté.	
2) Les fuyantes convergent toutes vers le point de fuite pouvant être placé n'importe où.		2) Les fuyantes convergent toutes vers les deux points de fuite pouvant être placés n'importe où.	
3) La mesure des fuyantes est réduite.		3) La mesure des fuyantes est réduite.	
Remarque : Dans une perspective à un point de fuite, les arêtes horizontales et les arêtes verticales sont parallèles entre elles.		*Remarque :* Dans une perspective à deux points de fuite, seules les arêtes verticales sont parallèles entre elles.	

Les projections orthogonales

Contrairement aux projections parallèles ou centrales où un seul dessin suffit pour représenter l'objet à trois dimensions, il faut plusieurs projections orthogonales du même objet pour pouvoir déduire son allure en trois dimensions.

Voici les trois vues généralement utilisées pour représenter un objet.

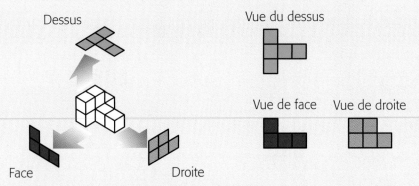

Dessus

Vue du dessus

Vue de face   Vue de droite

Face   Droite

Le développement de polyèdres

Le développement d'un polyèdre est la représentation, dans un plan, de toutes les faces du polyèdre.

Polyèdre   Développement

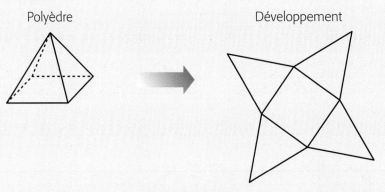

Pour qu'une représentation soit un développement, toutes les faces doivent être reliées par au moins une arête.

Un même polyèdre compte plusieurs développements différents. Pour que deux développements soient considérés comme différents, ils ne peuvent pas être associés par une isométrie du plan.

Exemples :

1) Les développements ci-contre sont différents parce qu'il est impossible de les associer par une isométrie du plan.

2) Les développements ci-contre ne sont pas différents parce qu'ils sont associés par une réflexion.

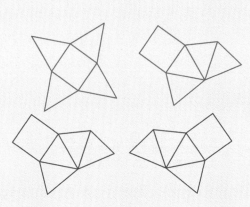

Mise en pratique

1. Voici des arrangements de petits cubes représentés en perspective axonométrique.

 ①   ②   ③

   a) Représente l'arrangement ① en perspective cavalière.
   b) Représente l'arrangement ② en perspective à un point de fuite.
   c) Représente l'arrangement ③ en perspective à deux points de fuite.

2. Voici des arrangements de dés.

 ①    ② 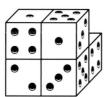   ③

   a) Quel arrangement est représenté en perspective cavalière ?
   b) Quel arrangement est représenté en perspective à un point de fuite ?
   c) Quel arrangement est représenté en perspective à deux points de fuite ?

3. Dessine les projections orthogonales des arrangements de cubes suivants.

   a)    b) 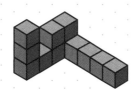   c)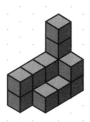

4. Simon a dessiné un cube en perspective à deux points de fuite.

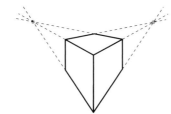

   Explique comment Simon peut modifier sa technique afin que le cube ait une apparence plus réaliste.

5. Voici les vues de face et de droite d'un arrangement de petits cubes.

Vue de face

Vue de droite

L'enseignante de Max et d'Ariane leur a demandé de dessiner la vue du dessus de cet arrangement. Quand ils ont présenté leur dessin à l'enseignante, cette dernière leur a dit que leur résultat était parfait. Voici les vues dessinées par Max et Ariane.

Vue du dessus de Max

Vue du dessus d'Ariane

a) Comment est-il possible que les deux dessins soient corrects même s'ils sont différents?

b) Il y a une autre vue possible pour le même arrangement. Décris-la.

6. Dessine à l'échelle les vues de face, d'un côté et du dessus des solides suivants. Écris le plus de mesures possible.

a) Un prisme à base rectangulaire de 4 cm sur 3 cm sur 5 cm

b) Un cylindre droit dont le rayon mesure 2 cm et dont la hauteur mesure 6 cm

c) Une pyramide droite à base carrée dont la base a une aire de 9 cm² et dont la hauteur mesure 3 cm

7. Jean-François a empilé des cubes avec sa petite sœur. Il a ensuite dessiné ce plan «codé» de leur construction, vue du dessus. Les chiffres désignent le nombre de cubes empilés.

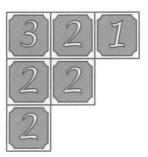

a) Par rapport aux projections orthogonales, quel avantage y a-t-il à écrire le nombre de cubes sur la vue du dessus?

b) Dessine les vues de face et des deux côtés de la construction de cubes. Comme Jean-François, inscris le nombre de cubes sur chaque face.

8. Dessine un développement de ce cube. Assure-toi d'y inclure la ligne rouge qui apparaît sur certaines faces. Les points **A**, **B**, **C** et **D** sont les points milieu de certaines arêtes et **E** est un sommet du cube.

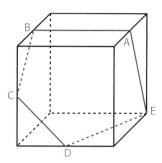

9. Voici quatre développements du même dé.

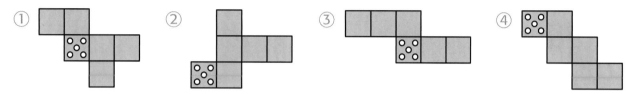

a) En sachant que la somme des points sur les faces opposées du dé est de 7, reproduis ces développements et complète le dessin des «points».

b) Y a-t-il plus d'une possibilité? Justifie ta réponse.

10. La fenêtre ci-contre est une œuvre de Sandro Del Prete.

a) Explique pourquoi cette fenêtre ne peut pas exister.

b) Inspire-toi de cette œuvre pour dessiner une porte qui ne peut pas exister.

Sandro Del Prete, 1973

Fait divers

Sandro Del Prete est un artiste suisse. Il s'intéresse aux figures impossibles ou ambiguës qu'on peut obtenir par la modification, entre autres, de certaines règles de la perspective.

11. À quelle condition une représentation en perspective cavalière serait-elle presque identique à une représentation en perspective à un point de fuite?

12. Où se trouve le point de fuite de cette photo?

13. Cette œuvre de M.C. Escher, réalisée en 1947, s'intitule *En haut et en bas*.

a) Quelle partie de cette œuvre est à la fois «en haut et en bas»?

b) Où se trouve le point de fuite dans cette œuvre?

c) Qu'est-ce que les fuyantes ont de particulier, dans cette œuvre?

La relation de Pythagore

Une maison à l'équerre

Il y a plusieurs types d'angles dans une maison, mais c'est l'angle droit qui revient le plus souvent. En effet, l'angle que les murs forment avec le plancher est droit et la plupart des murs d'une pièce se coupent aussi en formant un angle droit.

Sur un chantier de construction, plusieurs ouvriers n'utilisent pas de rapporteur d'angle ou d'équerre. Ils réussissent à construire des angles droits à l'aide d'un simple ruban à mesurer !

En fait, ils se basent sur une propriété mathématique pour y arriver. Tu peux découvrir cette propriété à l'aide d'une bande de papier de 7 cm que tu plies aux $\frac{3}{7}$ de sa longueur pour former un « triangle ».

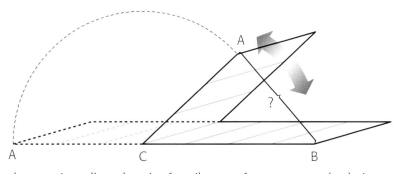

Comment les ouvriers d'un chantier font-ils pour former un angle droit en se basant sur cette propriété mathématique ?

Orientation et entrepreneuriat

En plus de leur sens spatial, les ouvriers de la construction utilisent souvent leur sens de la proportionnalité et leur sens du nombre.

Selon toi, quelles sont les autres habiletés requises pour pratiquer un métier de la construction ?

À la recherche d'une relation

Relation de Pythagore

Aujourd'hui, dans son cours de mathématique, Thomas a appris qu'une relation unit les mesures des **cathètes** et de l'**hypoténuse** dans les triangles rectangles.

L'enseignante de Thomas, madame Dupuis, lui a proposé d'essayer de déduire cette relation à partir de trois triangles rectangles dont on connaît les mesures de tous les côtés.

Cathètes
Côtés qui forment l'angle droit dans un triangle rectangle.

Hypoténuse
Côté opposé à l'angle droit dans un triangle rectangle.

① 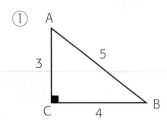 ② 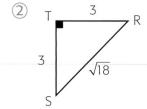 ③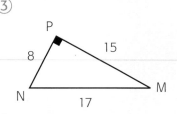

Le mot «hypoténuse» vient du verbe «tendre»; c'est pourquoi il n'y a pas de *h* après le *t*.

A Identifie les cathètes et l'hypoténuse de chaque triangle rectangle.

B Propose un moyen de calculer la mesure de l'hypoténuse du triangle rectangle ① à partir des mesures de ses cathètes.

C Est-ce que le moyen que tu as proposé en **B** permet aussi de calculer la mesure de l'hypoténuse des deux autres triangles rectangles? Sinon, essaie de proposer un autre moyen.

Pour faciliter la recherche d'une relation, madame Dupuis a dessiné cette figure au tableau en traçant des carrés sur chacun des côtés du triangle ①.

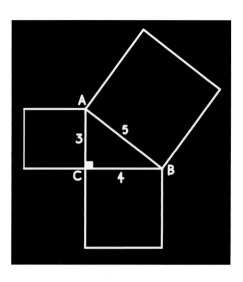

D Quelle relation observes-tu entre les aires des trois carrés de la figure de madame Dupuis?

E Sur du papier quadrillé, reproduis les triangles ② et ③ de la page précédente et trace les carrés sur les cathètes et l'hypoténuse, comme l'a fait madame Dupuis.

F Dans chaque figure, quelles sont les aires des trois carrés?

G Quelle relation observes-tu entre les aires des trois carrés de chacune de tes figures?

TIC

Le tableur facilite la recherche d'une tendance, d'une régularité ou d'une relation entre certaines données.

Pour en savoir plus sur le tableur, consulte la page 268 du manuel.

H Quelle relation observes-tu entre les mesures des côtés de chacun des triangles?

I Dans tes propres mots, énonce la relation entre les mesures des cathètes et de l'hypoténuse d'un triangle rectangle. Est-ce que tu obtiens la même relation que les autres élèves de ta classe?

J La relation que tu as énoncée en **I** s'appelle «la relation de Pythagore». Écris sous forme algébrique la relation de Pythagore pour le triangle rectangle ci-contre.

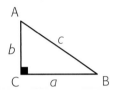

Point de repère

Pythagore

Pythagore (v. 580 – v. 490 av. J.-C.) est un philosophe et mathématicien de la Grèce antique. Il est aussi le fondateur de l'école pythagoricienne, groupe auquel on attribue plusieurs découvertes, dont les nombres irrationnels. Il y a plus de 2 500 ans, les pythagoriciens ont également découvert la relation qui existe entre les mesures des trois côtés de tout triangle rectangle.

Ai-je bien compris?

1. Dans chacun des triangles rectangles ci-dessous, identifie les cathètes et l'hypoténuse, puis détermine la mesure manquante.

a)

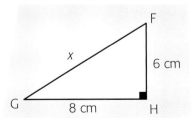

b)

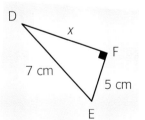

2. Dans les triangles rectangles suivants, trouve la mesure manquante.

   a) Les cathètes du triangle mesurent 5 cm et 6 cm.

   b) L'hypoténuse mesure 10 cm et une des cathètes mesure 6 cm.

   c) Deux côtés du triangle mesurent 4 cm.

Concept ou coïncidence?

Preuve de la relation de Pythagore

C'est bien connu : les mathématiciens n'aiment pas les coïncidences. C'est pourquoi ils ont voulu prouver que la relation de Pythagore s'applique à tous les triangles rectangles, sans exception.

Point de repère

Théano

Théano, mathématicienne, physicienne et médecin, a vécu au VIe siècle avant Jésus-Christ. On raconte qu'elle a épousé Pythagore et qu'elle a pris les rênes de l'école pythagoricienne après la mort de ce dernier.

Le travail des femmes de cette époque est rarement reconnu. Toutefois, même si l'école pythagoricienne était communautaire et publiait la plupart de ses travaux sous le nom de Pythagore, plusieurs travaux portent le nom de Théano. C'est là un témoignage de l'importance de sa contribution.

Pour prouver la relation de Pythagore, il faut montrer que la somme des carrés des cathètes est égale au carré de l'hypoténuse dans tous les triangles rectangles. Pour ce faire, on utilise un triangle rectangle dont les cathètes mesurent a et b unités et dont l'hypoténuse mesure c unités.

Triangle de référence

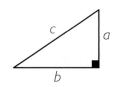

Voici deux carrés isométriques dont la mesure du côté est la somme de a et b.

Puisque la relation de Pythagore fait intervenir des nombres au carré, il est stratégique de penser que l'aire de carrés constitue une piste intéressante pour prouver cette relation.

Carré ①   **Carré ②**

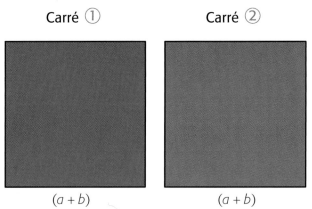

$(a + b)$ $(a + b)$

Il y a plusieurs façons de diviser ces deux carrés pour y retrouver des triangles de référence.

Carré ①

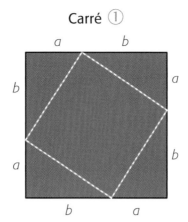

Carré ②

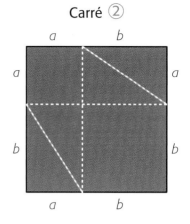

A Pointe les quatre triangles de référence dans les carrés ① et ②.

B Quelle est la mesure de chacun des segments surlignés? Justifie ta réponse.

C Dans le carré ①, le quadrilatère qui se trouve à l'intérieur est-il aussi un carré? Justifie ta réponse.

D Si tu enlèves les quatre triangles de référence des carrés ① et ②, les aires restantes sont-elles les mêmes? Justifie ta réponse.

E À l'aide d'une expression algébrique, représente l'aire restante de chacun des carrés.

F Quelle conclusion peux-tu tirer de cet exercice?

Les immeubles d'habitation du Village olympique de Montréal

Ai-je bien compris?

Détermine les mesures manquantes dans les figures suivantes, formées de carrés et de triangles rectangles isométriques.

a)

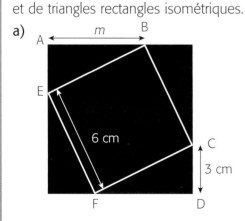

b)

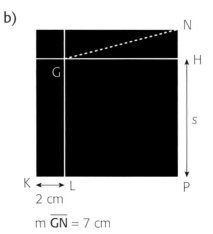

m $\overline{GN}$ = 7 cm

TIC

À l'aide d'un moteur de recherche, tu peux trouver beaucoup de preuves différentes de la relation de Pythagore dans Internet.

Pour en savoir plus sur le moteur de recherche, consulte la page 275 du manuel.

– **Réciproque de la relation de Pythagore**
– **Triangles rectangles remarquables**

Une mosaïque

Pendant qu'il parlait au téléphone avec une amie, Andrew s'est amusé à créer cette mosaïque avec des punaises à tête sphérique.

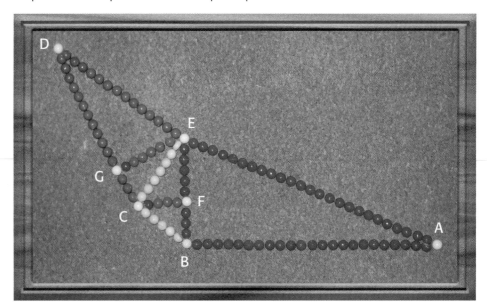

A Nomme tous les triangles que tu vois dans cette mosaïque.

Supposons que:

– les punaises de même couleur entre deux punaises blanches sont alignées;
– toutes les punaises sont isométriques et équidistantes.

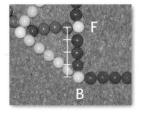

À l'aide de cette supposition, tu peux «mesurer» les segments de la mosaïque sans utiliser de règle. La photo ci-contre illustre une méthode pour mesurer les segments en utilisant la «punaise» comme unité de mesure. Dans la photo, le segment **FB** mesure 4 «punaises».

B Reproduis la mosaïque sur une feuille et détermine la mesure des côtés des triangles que tu as nommés en **A**.

C Parmi les triangles que tu as nommés en **A**, lesquels sont des triangles rectangles?

Ai-je bien compris?

Voici les mesures des côtés de six triangles.

① 3 cm, 4 cm, 5 cm   ③ 5 cm, 6 cm, 7 cm   ⑤ 6 cm, 7 cm, 8 cm
② 9 cm, 12 cm, 15 cm   ④ 16 cm, 30 cm, 34 cm   ⑥ 15 m, 8 m, 17 m

a) Parmi ces triangles, lesquels sont des triangles rectangles?
b) Pourquoi les triangles ① et ② sont-ils semblables?
c) Parmi les triangles ③, ④, ⑤ et ⑥, y a-t-il une autre paire de triangles semblables? Justifie ta réponse.

Faire le point

La relation de Pythagore

Dans tout triangle rectangle, le carré de l'hypoténuse est égal à la somme des carrés des cathètes.

Voici deux façons d'utiliser la relation de Pythagore pour trouver des mesures manquantes dans un triangle rectangle.

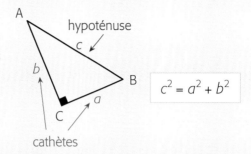

$c^2 = a^2 + b^2$

Pour trouver la mesure de l'hypoténuse	Pour trouver la mesure d'une cathète
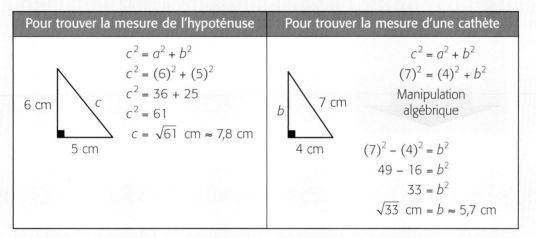	

Pour trouver la mesure de l'hypoténuse :

$c^2 = a^2 + b^2$
$c^2 = (6)^2 + (5)^2$
$c^2 = 36 + 25$
$c^2 = 61$
$c = \sqrt{61}$ cm $\approx 7{,}8$ cm

Pour trouver la mesure d'une cathète :

$c^2 = a^2 + b^2$
$(7)^2 = (4)^2 + b^2$

Manipulation algébrique

$(7)^2 - (4)^2 = b^2$
$49 - 16 = b^2$
$33 = b^2$
$\sqrt{33}$ cm $= b \approx 5{,}7$ cm

Une preuve de la relation de Pythagore

Une des façons de constater que la relation de Pythagore s'applique à tous les triangles rectangles consiste à enlever quatre triangles rectangles isométriques de deux carrés de même aire.

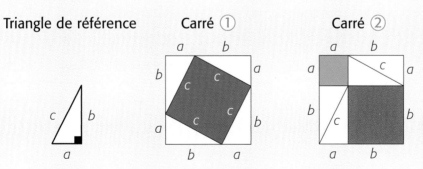

Triangle de référence   Carré ①   Carré ②

Puisque les aires restantes sont forcément égales, on peut déduire que :

$$A_{\text{carré mauve}} = A_{\text{carré vert}} + A_{\text{carré rouge}}$$
$$c^2 = a^2 + b^2$$

La réciproque de la relation de Pythagore

Quand on connaît toutes les mesures des côtés d'un triangle, on peut aussi utiliser la relation de Pythagore pour vérifier que le triangle est rectangle. On dit alors qu'on utilise la réciproque de la relation de Pythagore.

Voici deux exemples d'utilisation de la réciproque.

Les côtés d'un triangle mesurent 6 cm, 7 cm et 9 cm.	Les côtés d'un triangle mesurent 7 cm, 24 cm et 25 cm.
Si le triangle est rectangle, le côté qui mesure 9 cm est l'hypoténuse, car c'est le côté le plus long.	Si le triangle est rectangle, le côté qui mesure 25 cm est l'hypoténuse, car c'est le côté le plus long.
On vérifie l'égalité de la relation de Pythagore.	On vérifie l'égalité de la relation de Pythagore.
$9^2 \overset{?}{=} 6^2 + 7^2$ $81 \overset{?}{=} 36 + 49$ $81 \neq 85$	$25^2 \overset{?}{=} 24^2 + 7^2$ $625 \overset{?}{=} 576 + 49$ $625 = 625$
Le triangle n'est pas rectangle.	Le triangle est rectangle.

Remarque : C'est parce que la relation de Pythagore s'applique à **tous** les triangles rectangles et **seulement** aux triangles rectangles qu'il est possible d'utiliser la **réciproque** de cette relation.

Les triangles rectangles remarquables

Étant donné que la relation de Pythagore fait intervenir la racine carrée, on trouve souvent des nombres irrationnels comme mesure d'un ou de plusieurs côtés d'un triangle rectangle.

Il existe toutefois certains triangles rectangles dont les mesures des côtés sont toutes des nombres naturels. Ce sont «les triangles rectangles remarquables». Les trois mesures des côtés forment alors «un triplet pythagoricien».

Il existe une infinité de triangles rectangles remarquables. En voici trois.

Triangle rectangle remarquable	Relation de Pythagore	Triplet pythagoricien
	$3^2 + 4^2 = 5^2$ $9 + 16 = 25$	(3, 4, 5)
	$5^2 + 12^2 = 13^2$ $25 + 144 = 169$	(5, 12, 13)
	$7^2 + 24^2 = 25^2$ $49 + 576 = 625$	(7, 24, 25)

Mise en pratique

1. Parmi les mesures suivantes, lesquelles peuvent être les mesures des côtés d'un triangle rectangle?

   a) 8 cm, 15 cm, 17 cm

   b) 39 cm, 15 cm, 36 cm

   c) 6 cm, 6 cm, 8,5 cm

   d) 2 cm, 3 cm, 4 cm

   e) 6 cm, 8 cm, 1 dm

   f) 1 cm, 1 cm, $\sqrt{2}$ cm

   g) 4 cm, 7 cm, $\sqrt{11}$ cm

   h) $\sqrt{5}$ cm, $\sqrt{11}$ cm, 4 cm

   i) 6 cm, 8 cm, 9,8 cm

2. Trouve la mesure de l'hypoténuse des triangles rectangles suivants.

   a)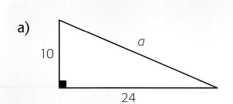

   b)

   c)

   d)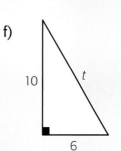

   e)

   f)

3. Trouve la mesure manquante dans les triangles rectangles suivants.

   a)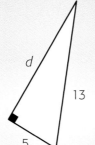

   b)

   c)

   d)

   e)

   f)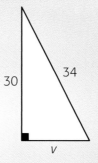

4. Voici des triplets de nombres.

225

Triplet 1	Triplet 2	Triplet 3	Triplet 4
(3, 4, 5)	(6, 8, 10)	(15, 20, 25)	(4, 5, 6)

a) Quels triplets sont des triplets pythagoriciens?

b) Comment peux-tu former d'autres triplets pythagoriciens à partir de celui-ci:
(8, 15, 17)?

64   225   289

Point de repère

Dans l'Antiquité, plus de 1 000 ans avant Pythagore, des arpenteurs égyptiens se servaient d'une corde à 13 nœuds pour construire des angles droits. Les 13 nœuds équidistants délimitaient 12 intervalles isométriques et permettaient de construire un triangle rectangle dont les côtés mesuraient 3, 4 et 5 intervalles. Les géomètres ont utilisé ce type de corde pendant tout le Moyen Âge.

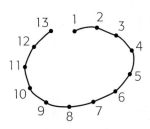

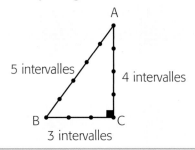

5. Détermine les nombres naturels entre lesquels se trouvent les mesures manquantes des triangles rectangles suivants.

a)
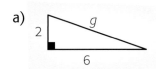

b) L'hypoténuse d'un triangle rectangle dont les deux cathètes mesurent 5 cm et 6 cm

c) Une cathète d'un triangle rectangle isocèle dont l'hypoténuse mesure 6 cm

d)
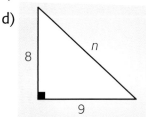

e) L'hypoténuse d'un triangle rectangle dont les deux cathètes mesurent 15 cm et 16 cm

f) Une cathète d'un triangle rectangle dont l'hypoténuse mesure 13 cm et dont l'autre cathète mesure 8 cm

6. Zoé prétend que ces deux expressions algébriques sont équivalentes.

$$x^2 + y^2 \qquad (x + y)^2$$

    a) Zoé a-t-elle raison? Justifie ta réponse.

    b) Associe chaque expression ci-dessus à un des énoncés suivants.

        ① Le carré de la somme de deux nombres

        ② La somme des carrés de deux nombres

    c) Énonce la relation de Pythagore à l'aide d'un des deux énoncés.

7. Détermine si les triangles suivants sont des triangles rectangles, des triangles **acutangles** ou des triangles **obtusangles**.

    a) Un triangle dont les côtés mesurent 5 cm, 6 cm et 7 cm

    b) Un triangle dont deux côtés mesurent $\sqrt{3}$ cm et un côté mesure 3 cm

    c) Un triangle dont les côtés mesurent 10 cm, $\frac{40}{3}$ cm et $\frac{50}{3}$ cm

    d) Un triangle dont les côtés mesurent 5,75 cm, 6 cm et 11 cm

> **Acutangle**
> Se dit d'un triangle dont les trois angles sont aigus.

> **Obtusangle**
> Se dit d'un triangle dont un angle est obtus.

8. Détermine l'aire et le périmètre des polygones suivants.

    a)

5 mm

    b)
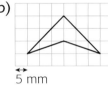
5 mm

    c)
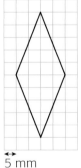
5 mm

    d)
5 mm

9. Quelle est l'aire de ce carré?

4 cm

10. Quelle est l'aire de ce rectangle si sa base mesure le double de sa hauteur?

$\sqrt{45}$ cm

11. L'écriture de la relation de Pythagore est simplifiée lorsque le triangle rectangle est isocèle. Quelle est cette écriture simplifiée? Au besoin, utilise le schéma suivant.

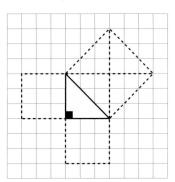

12. Parmi les triangles suivants, lesquels sont des triangles rectangles?

a)
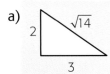

c)
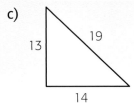

e)
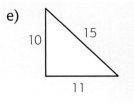

b)
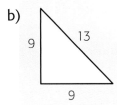

d)
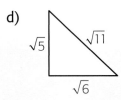

f)
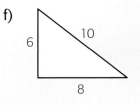

13. Nadia mesure 1,75 m. Quand elle s'apprête à faire le grand écart et que ses jambes forment un angle de 90°, sa taille diminue de 20 cm. Quelle est la longueur d'une jambe de Nadia si la distance entre ses deux pieds est de 1,2 m quand elle est dans cette position?

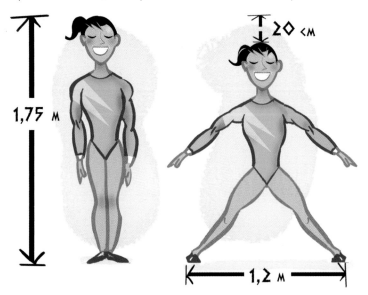

14. Quelle est la mesure de la diagonale d'un carré dont:

   a) le périmètre mesure 16 cm?

   b) l'aire mesure 16 cm²?

15. Véronique court à 10 km/h vers le nord pendant 30 minutes, à 8 km/h vers l'est pendant 45 minutes, puis à 12 km/h vers le sud pendant 20 minutes. À quelle distance se trouve-t-elle alors de son point de départ?

16. Jean-Yves vit dans une très vieille maison dans laquelle les angles des murs sont rarement droits. Avant de poser du plancher flottant dans une pièce «rectangulaire», il décide de déterminer lequel des quatre angles a une mesure la plus près de 90°.

   Voici le plan qu'il a réalisé.

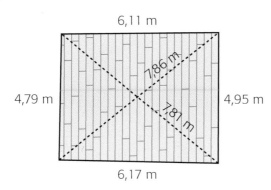

   a) Quel angle de cette pièce a la mesure la plus près de 90°?

   b) Si les diagonales étaient isométriques, Jean-Yves pourrait-il conclure que son plancher est rectangulaire? Justifie ta réponse.

17. Dans un plan cartésien, quelle est la distance entre les points:

   a) A(⁻7, 6) et B(6, 4)?   **c)** E(⁻1, ⁻3) et F(5, 5)?

   b) C(1, 3) et D(13, 8)?   **d)** G(2, 4) et H(3, 6)?

18. Un losange a une aire de 64 cm². Trouve deux mesures possibles pour son périmètre.

19. Détermine la valeur de t.

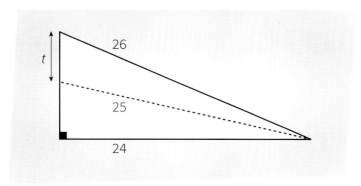

Orientation et
entrepreneuriat

Les arpenteurs-
géomètres utilisent
des instruments
de mesure pour
déterminer
précisément
les limites d'un
terrain, d'une
route, d'un parc
ou d'autres types
de territoires.
Dans le cadre
de leur travail,
ils exploitent à
la fois leurs
connaissances
en géomatique
et en droit.

Selon toi, comment
ces connaissances
s'intègrent-elles au
métier d'arpenteur-
géomètre?

20. Mario est arpenteur-géomètre. Il doit établir de façon précise la limite entre deux terrains. À quelle distance son collègue doit-il planter son piquet pour que Mario puisse lire 19,52 m dans son viseur?

4 m

21. Bondinet est un chat très agile qui aime sauter de meuble en meuble dans le sous-sol de sa résidence. En sachant que la distance maximale qu'il peut sauter est de 1,5 mètre, qu'il peut tout juste atteindre le bord de la fenêtre à partir du dessus du téléviseur et que le téléviseur est centré sur le meuble, à quelle hauteur se trouve la fenêtre?

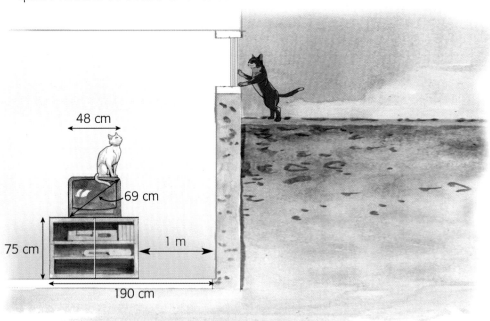

48 cm

69 cm

75 cm

1 m

190 cm

Le système d'alarme  Situation-problème

Vers les séquences
p. 266

Sylvain et Léa font appel à un technicien pour installer un système d'alarme dans leur maison. Ils choisissent un système d'alarme à capteurs de mouvement.

Les capteurs de mouvement, placés dans un coin du plafond, doivent être calibrés de façon précise. Pour ce faire, le technicien doit déterminer la mesure de la plus grande distance de la pièce.

Il ne peut pas utiliser son ruban à mesurer électronique pour mesurer cette distance à cause des meubles qui font obstacle aux ondes sonores. Il décide donc de mesurer la largeur, la longueur et la hauteur de cette pièce, qui est un prisme droit à base rectangulaire.

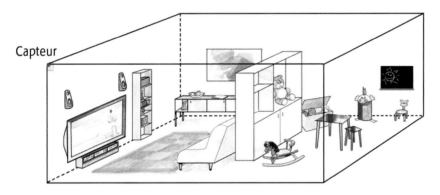

Capteur

Dimension	Mesure (m)
Largeur	8,2
Longueur	4,1
Hauteur	2,4

À quelle distance du capteur se trouve le point le plus éloigné de la pièce?

Fait divers

À la façon d'une chauve-souris, le ruban à mesurer électronique émet des ondes sonores qui sont réfléchies sur un objet solide et reviennent vers l'émetteur. Le système électronique et le microprocesseur de l'appareil convertissent en distance le temps écoulé entre le signal sortant et le signal entrant. Cette distance s'affiche alors à l'écran.

À la recherche de triangles rectangles

Recherche de mesures
manquantes et relation
de Pythagore

Le travail des architectes paysagistes étonne toujours par sa beauté et sa précision. Qu'il s'agisse de parcs, de grands jardins publics ou privés, ou encore d'aménagement commercial ou résidentiel, l'œuvre des architectes paysagistes nécessite une utilisation rigoureuse de certaines règles mathématiques.

Un des aspects de leur travail consiste à relever la présence d'angles droits et de triangles rectangles dans certaines figures géométriques. Cette stratégie permet d'utiliser la relation de Pythagore pour déduire des mesures manquantes et pour compléter leurs plans à l'échelle.

A Dans l'hexagone régulier ci-contre, classifie les triangles formés par les grandes diagonales.

B Trouve toutes les particularités des hauteurs de ces triangles.

C Quel côté du triangle rectangle **BOM** correspond à l'apothème de l'hexagone ?

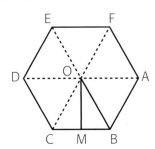

D Dans l'hexagone, à quoi correspondent les deux autres côtés du triangle rectangle **BOM** ?

E Si l'hypoténuse du triangle rectangle **BOM** mesure 6 cm :
1) quel est le périmètre de l'hexagone ?
2) quelle est la mesure de l'apothème de l'hexagone ?
3) quelle est l'aire de l'hexagone ?

Si une mesure exprimée en notation décimale est le résultat d'une racine carrée, il s'agit souvent d'un nombre irrationnel arrondi. Dans ce cas, le symbole d'approximation (≈) doit précéder la mesure.

F Détermine le périmètre des polygones réguliers ci-dessous.

1)

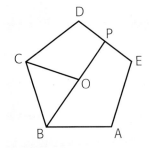

m $\overline{BP}$ = 2,5 cm
m $\overline{OC}$ ≈ 1,4 cm

2)

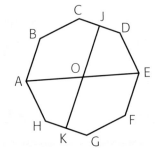

m $\overline{AE}$ = 2,5 cm
m $\overline{JK}$ ≈ 2,3 cm

Supposons maintenant que l'hexagone régulier de la page précédente constitue la base de la pyramide droite ci-contre.

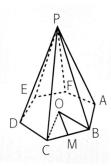

G Quelle mesure as-tu trouvée pour le segment **OM** dans l'hexagone de la page précédente?

H Repère le triangle **MOP** dans la pyramide.

I Ce triangle est-il rectangle? Justifie ta réponse.

J Quel côté du triangle **MOP** correspond à la hauteur de la pyramide?

K Si la hauteur que tu as indiquée en **J** mesure 6 cm, détermine la mesure du segment **PM**.

L À main levée, dessine un développement de cette pyramide. Indique toutes les mesures que tu connais maintenant.

Point de repère

André Le Nôtre (1613–1700) a fait des études en mathématique, en art et en architecture avant de devenir, à l'âge de 40 ans, l'un des premiers architectes paysagistes. Parmi ses nombreuses réalisations, on compte les jardins du château de Versailles, les jardins des Tuileries et les jardins du château de Chantilly.

Aujourd'hui, certaines universités offrent un baccalauréat dans cette discipline.

Ai-je bien compris?

1. Calcule l'aire de ce pentagone régulier.

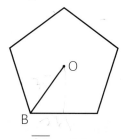

m $\overline{\text{OB}}$ ≈ 3,4 cm
$P_{pentagone}$ = 20 cm

2. Voici une pyramide droite régulière à base hexagonale. Le segment ON est l'apothème de la base de cette pyramide.

   a) Calcule l'aire totale de cette pyramide.
   b) Calcule la hauteur de cette pyramide.

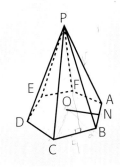

P_{base} = 24 cm

m $\overline{\text{PA}}$ = 10 cm

ACTIVITÉ
D'EXPLORATION ②

Relation de Pythagore dans l'espace

Pythagore au cube

Voici un prisme à base rectangulaire.

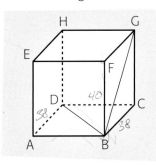

m $\overline{AB}$ = 40 mm

m $\overline{BD}$ = $\sqrt{3044}$ mm

m $\overline{BG}$ = $\sqrt{2888}$ mm

A Peux-tu affirmer que ce prisme est un cube? Justifie ta réponse de deux façons différentes.

B Peux-tu affirmer qu'il s'agit d'un prisme à base carrée? Pourquoi?

C Quelle est l'aire latérale de ce prisme?

Pièges et astuces

Les lois de la perspective ont pour effet de modifier l'apparence de certains angles. La réciproque de la relation de Pythagore te permet de vérifier si deux segments sont perpendiculaires ou non.

Voici deux cubes dont l'arête mesure 6 cm.

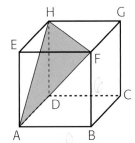 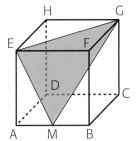

D Nomme les triangles colorés que tu vois dans ces cubes.

E Quel côté de chaque triangle te semble le plus grand?

F Détermine le périmètre de chaque triangle.

G Classifie chacun de ces triangles. Justifie ta réponse.

Ai-je bien compris?

Les sommets du triangle **HMN** sont situés soit sur le point milieu d'une arête, soit sur un sommet du cube.

a) Quel est le périmètre du triangle **HMN**?

b) Le triangle a l'air rectangle en **H**. L'est-il? Justifie ta réponse.

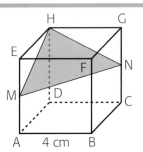

Faire le point

La recherche de mesures manquantes à l'aide de la relation de Pythagore

Afin d'utiliser la relation de Pythagore pour résoudre des problèmes, il faut d'abord relever la présence de triangles rectangles sur les faces ou à l'intérieur de solides.

Certaines stratégies peuvent aider à trouver des triangles rectangles dans des polygones. Par exemple, plusieurs mots font intervenir le concept de perpendicularité. Ces «synonymes» d'angle droit traduisent donc la présence d'un ou de plusieurs triangles rectangles.

Voici deux exemples de mots qui laissent sous-entendre le concept de perpendicularité dans des figures planes.

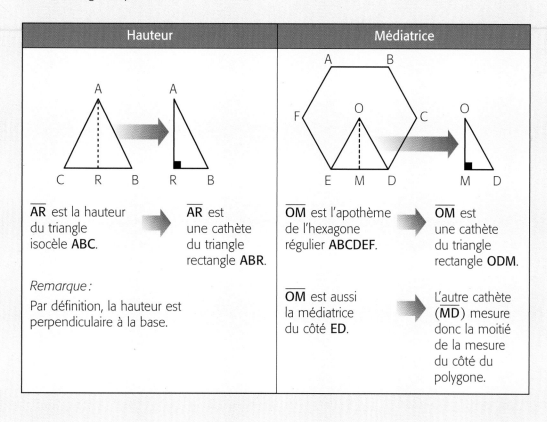

Hauteur	Médiatrice
$\overline{AR}$ est la hauteur du triangle isocèle **ABC**. → $\overline{AR}$ est une cathète du triangle rectangle **ABR**.	$\overline{OM}$ est l'apothème de l'hexagone régulier **ABCDEF**. → $\overline{OM}$ est une cathète du triangle rectangle **ODM**.
Remarque : Par définition, la hauteur est perpendiculaire à la base.	$\overline{OM}$ est aussi la médiatrice du côté **ED**. → L'autre cathète ($\overline{MD}$) mesure donc la moitié de la mesure du côté du polygone.

Médiatrice
Droite qui coupe un segment à angle droit, en son centre.

La relation de Pythagore dans l'espace

Relever la présence de triangles rectangles

Les «synonymes» d'angle droit sont aussi utiles pour relever la présence de triangles rectangles dans des figures en trois dimensions. Il est ensuite possible d'utiliser la relation de Pythagore pour résoudre des problèmes impliquant ces figures.

Le nom de certaines figures en trois dimensions laisse sous-entendre le concept de perpendicularité.

Par exemple, dans toute pyramide **droite régulière**, on retrouve un triangle rectangle dont les cathètes sont la **hauteur de la pyramide** et l'apothème de la base. L'hypoténuse est l'apothème de la pyramide.

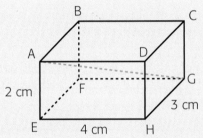

Résoudre des problèmes

Pour déterminer la mesure de certains segments passant à l'intérieur de polyèdres, il faut parfois utiliser deux fois la relation de Pythagore.

Par exemple, voici un prisme droit dans lequel on cherche à déterminer la mesure du segment **AG**.

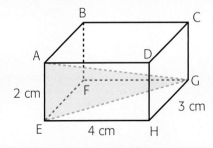

1) On calcule d'abord la mesure d'une diagonale d'une des faces du prisme à l'aide de la relation de Pythagore. Par exemple, $\overline{EG}$ est l'hypoténuse du triangle rectangle **EHG**.	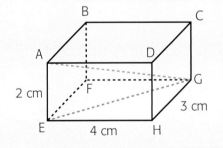	$(m\,\overline{EG})^2 = (m\,\overline{EH})^2 + (m\,\overline{HG})^2$ $(m\,\overline{EG})^2 = (4)^2 + (3)^2$ $(m\,\overline{EG})^2 = 16 + 9 = 25$ $m\,\overline{EG} = \sqrt{25} = 5$ cm
2) On utilise ensuite la mesure de $\overline{EG}$ pour calculer la mesure recherchée. $\overline{AG}$ est l'hypoténuse du triangle rectangle **AEG**.		$(m\,\overline{AG})^2 = (m\,\overline{AE})^2 + (m\,\overline{EG})^2$ $(m\,\overline{AG})^2 = (2)^2 + (5)^2$ $(m\,\overline{AG})^2 = 4 + 25 = 29$ $m\,\overline{AG} = \sqrt{29} \approx 5,4$ cm

Mise en pratique

1. Calcule l'aire des polygones réguliers qui ont les caractéristiques suivantes.

   a) Huit côtés, un périmètre de 16 cm et une grande diagonale qui mesure environ 5,2 cm

   b) Cinq côtés, un périmètre de 11 cm et inscriptible dans un cercle qui a une aire d'environ 11 cm²

   c) Six côtés et un périmètre de 42 cm

2. Calcule l'aire des polygones réguliers suivants.

   a)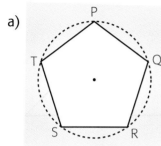

   $C = 7$ cm
   $P_{pentagone} \approx 6,5$ cm

   b)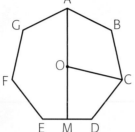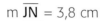

   $P = 21$ cm
   m $\overline{AM} \approx 6,6$ cm
   m $\overline{OC} \approx 3,5$ cm

   c)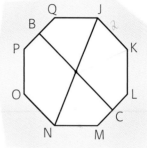

   m $\overline{JN} = 3,8$ cm
   m $\overline{BC} \approx 3,5$ cm

3. L'apothème d'une pyramide droite régulière mesure le double de l'apothème de sa base.

   Quelle expression algébrique représente la hauteur de cette pyramide?

4. Une boîte cubique a une aire totale de 54 cm². Quelle est la longueur de la plus longue tige métallique rigide que tu peux placer à l'intérieur de cette boîte?

5. La hauteur d'une pyramide régulière à base hexagonale mesure 10 cm, l'apothème d'une des faces latérales de la pyramide mesure 14 cm et le périmètre de sa base mesure 66 cm. Cette pyramide est-elle droite?

6. Les sommets du triangle **ABC** sont situés sur les points milieu de certaines arêtes de ce prisme à base rectangulaire.

   a) Quel est le périmètre du triangle **ABC**?

   b) Ce triangle a l'air rectangle en **A**. L'est-il? Justifie ta réponse.

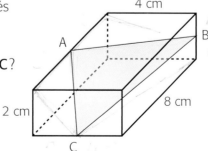

La pyramide Transamerica, San Francisco.

7. a) Quelle trajectoire doit suivre une fourmi qui marche sur ce dé pour se rendre le plus rapidement possible au grain de sucre (**S**), situé au milieu d'une arête, si elle part du point milieu d'une autre arête (**F**)?

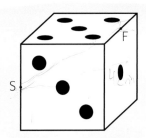

b) Quelle est la longueur de cette trajectoire si l'arête du cube mesure 4 cm?

c) Quelle est la longueur du segment **SF** qui passe à l'intérieur du cube?

8. Anne-Marie a construit cette figure à l'aide de six cerfs-volants isométriques. Elle a ainsi obtenu le développement d'une pyramide régulière droite à base hexagonale.

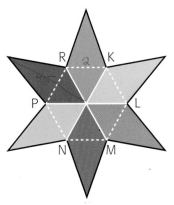

Les cerfs-volants ont des diagonales de 2 cm et de 4,5 cm.

a) Quelle est l'aire totale de la pyramide?

b) Quelle est la hauteur de la pyramide?

9. Le congélateur de Claude a une largeur de 75 cm, une profondeur de 80 cm et une hauteur de 30 cm. Quelle est la longueur du plus grand bâtonnet glacé qu'elle peut y mettre sans le plier?

10. Valérie a dessiné un trait rouge sur ce cube. Elle s'est assurée de toujours passer par un sommet ou par le point milieu d'une arête. Quelle est la longueur du trait qu'elle a dessiné?

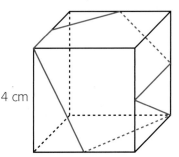

4 cm

11. Voici un prisme droit régulier à base hexagonale représenté en perspective à un point de fuite. La hauteur du prisme est de 10 cm et le périmètre d'une base est de 18 cm.

Détermine le périmètre et l'aire du triangle jaune.

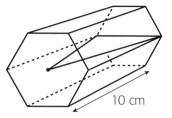

10 cm

12. Une entreprise qui vend du café dans des contenants cylindriques souhaite insérer une cuillère de plastique dans chacun de ses contenants.

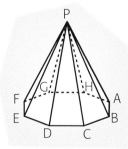

14 cm **CAFÉ**

C_{base} = 31,4 cm

Quelle longueur maximale la cuillère peut-elle avoir?

13. Toutes les arêtes de ce prisme droit régulier à base triangulaire mesurent 3 cm.

Calcule le périmètre et l'aire du triangle **ABC** si **B** et **C** sont les points milieu des arêtes et **A** est un sommet du prisme.

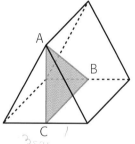

A
B
C
3 cm

14. Quelle est la hauteur de la pyramide droite régulière à base octogonale suivante?

P
G H
F A
E B
D C

Le périmètre de la base est d'environ 12,2 cm.
La grande diagonale de la base ($\overline{AE}$) mesure 4 cm.
L'arête $\overline{PE}$ mesure 5 cm.

15. Propose des dimensions pour deux tiroirs différents qui pourraient contenir une tige rigide de 30 cm, mais qui ne pourraient pas en contenir une de 31 cm.

16. Voici une pyramide droite régulière à base pentagonale.

L'apothème de la pyramide ($\overline{PN}$) mesure 10 cm.

L'apothème de la base ($\overline{OM}$) mesure 4 cm.

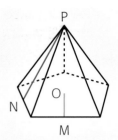

a) Quelle est la hauteur de la pyramide ?

b) Si le périmètre de la base de cette pyramide est d'environ 14,4 cm, quelle est son aire latérale ?

17. Voici une photo de la grande pyramide de Gizeh, au Caire.

Le périmètre de la base de la pyramide mesure 912 m et son apothème mesure 180 m. Quelle est la hauteur de la pyramide ?

> ### Fait divers
>
> L'architecte français Jean-Pierre Houdin a récemment émis l'hypothèse selon laquelle la pyramide de Gizeh a été construite de l'intérieur, à l'aide d'une rampe interne et d'un système de contrepoids. Tout porte à croire que les chercheurs confirmeront cette hypothèse et résoudront ainsi un grand mystère lié à cette merveille du monde !

> ### TIC
>
> Le logiciel de géométrie dynamique facilite la construction de figures en trois dimensions.
>
> Pour en savoir plus sur le logiciel de géométrie dynamique en 3D, consulte la page 272 du manuel.

18. Dans un logiciel de géométrie dynamique en 3D, Mélanie a teinté en bleu le quadrilatère **ABCD** dont les sommets sont situés sur les points milieu de certaines arêtes d'un cube.

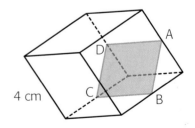

a) Quelles sont les mesures des côtés du quadrilatère **ABCD** ?

b) Classifie ce quadrilatère. Justifie ta réponse à l'aide de la relation de Pythagore.

19. Dans les cubes ci-dessous, les points **A** et **B** sont situés sur les sommets ou les points milieu des arêtes. Quelle est la distance entre les points **A** et **B** dans chacun des cubes?

a)
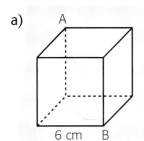

6 cm B

b)
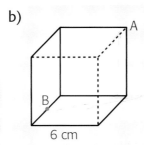

6 cm

c)
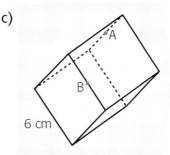

6 cm

20. Madelyn prépare une soupe dans un chaudron cylindrique mesurant 8 cm de hauteur et dont la base a une circonférence d'environ 58 cm. Elle lâche la cuillère dont elle se sert pour brasser la soupe afin d'aller répondre au téléphone. La cuillère glisse, puis s'immobilise sur la paroi intérieure du chaudron.

Si la cuillère a une longueur de 20 cm, à quelle hauteur s'immobilise-t-elle?

21. Voici le patron d'une boîte de carton. Émile y a dessiné un triangle. Les sommets du triangle sont situés sur les points milieu des arêtes ou sur le sommet d'un rectangle.

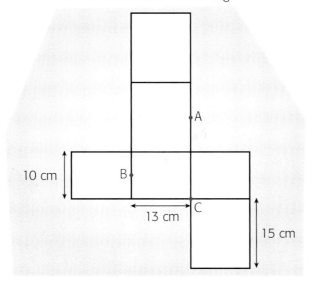

a) Quel est le périmètre du triangle **ABC** sur le patron?

b) Quel sera le périmètre du triangle une fois qu'Émile aura plié la boîte?

c) Pourquoi les réponses en **a** et en **b** sont-elles différentes?

Consolidation

1. Miyuki a fait deux représentations d'un cube en perspective cavalière.

① 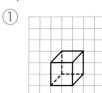 ②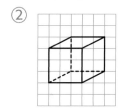

   Quel facteur de réduction Miyuki a-t-elle utilisé pour les fuyantes de chaque cube?

2. Dessine le dessus, la face et un côté d'une boîte transparente qui contient:
   a) un globe terrestre; b) une tasse; c) une paire de patins.

3. Nomme les solides représentés par les projections orthogonales suivantes et dessine-les en perspective cavalière.

   a) Vue de face   Vue de droite   Vue du dessus

   b) Vue de face   Vue de droite   Vue du dessus

4. Voici un cube qui a un chiffre différent (de 1 à 6) sur chaque face.

   Sur ce cube, les chiffres des faces opposées ont la même orientation et leur somme est toujours égale à 7.

   Dessine un développement de ce cube. Respecte l'orientation des chiffres sur chaque face. Trouve un moyen de vérifier que ton développement est adéquat.

5. La balançoire à bascule

La balançoire à bascule du parc des Hirondelles est formée d'une planche de bois de 3 mètres fixée en son milieu à un support triangulaire ayant une hauteur de 50 cm.

Quand Benjamin touche le sol, à quelle hauteur se trouve Delphine?

6. Des plis

Voici une règle flexible formée de cinq sections isométriques.

Vers les séquences
p. 266

Quelle est la distance entre les deux extrémités de cette règle lorsqu'elle est pliée de façon à former 3 angles droits si elle mesure 1 mètre lorsqu'elle est à plat?

7. Pythagore? Un instant, s'il vous plaît!

Calcul mental

Sans calculatrice, calcule la distance entre l'endroit où le fil touche le sol et la base de ce poteau de téléphone.

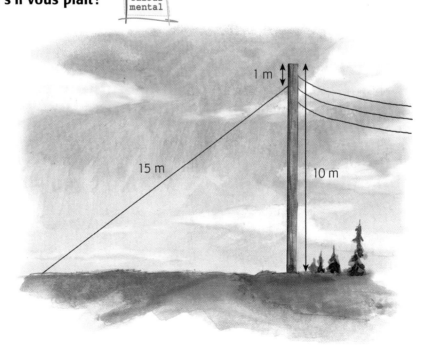

1 m

15 m

10 m

8. « Cube » sur cube

Voici les développements de quatre cubes.

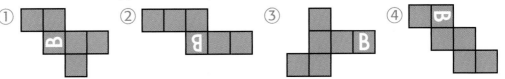

Reproduis ces développements et complète l'écriture du mot «CUBE» afin de pouvoir lire le mot sur les quatre faces latérales du cube quand tu plies le développement.

9. Un cerveau qui a du nerf

Le cerveau a de la difficulté à interpréter le message que lui envoie le nerf optique devant une figure comme la suivante.

a) Dessine cette figure de façon à montrer clairement deux cubes empilés dans une pièce où le mur est rose et où le plancher est jaune.

b) Dessine cette figure de façon à montrer clairement deux cubes suspendus au plafond jaune d'une pièce dont le mur est rose.

10. C'est tout naturel !

Détermine entre quels nombres naturels se trouvent les mesures manquantes des triangles rectangles suivants.

a)
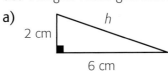

b) Un triangle rectangle dont les deux cathètes mesurent 5 cm et 6 cm

c) Un triangle rectangle isocèle dont l'hypoténuse mesure 6 cm

d)
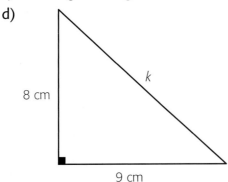

e) Un triangle rectangle dont les cathètes mesurent 15 cm et 16 cm

f) Un triangle rectangle dont l'hypoténuse mesure 13 cm et une cathète mesure 8 cm

11. Quelle aire est-il ?

a) Peux-tu calculer l'aire d'un carré à l'aide de la relation $\frac{D \times d}{2}$, qui sert normalement à calculer l'aire d'un losange ?

b) Quelle est l'aire de ce carré ?

1 cm

c) Quelle est la mesure de la diagonale de ce carré ?

d) Utilise la relation de Pythagore pour montrer que les relations $\frac{D \times d}{2}$ et c^2 peuvent toutes deux servir à calculer l'aire d'un carré.

12. Rencontre du troisième type

L'hypoténuse d'un triangle rectangle mesure $a\sqrt{2}$, où a est la mesure d'une cathète de ce triangle. De quel type de triangle s'agit-il ?

13. De l'air, Fernand !

Fernand est technicien en climatisation. Pour monter sur le toit d'un édifice de 9 m de hauteur, il place son échelle de 12 m de façon que 1 mètre de celle-ci dépasse du rebord du toit. À quelle distance du pied du mur de l'édifice l'extrémité de l'échelle se trouve-t-elle ?

14. À l'époque

Vers les séquences p. 266

Il y a quelques années, le contour de l'écran d'un téléviseur était un carré. Aujourd'hui, c'est un rectangle dont le rapport entre la base et la hauteur est 16 : 9. En sachant que la «mesure» d'un écran de téléviseur fait référence à la mesure de sa diagonale, quels téléviseurs ont une plus grande surface d'écran : les anciens téléviseurs «36 pouces» ou les nouveaux téléviseurs «36 pouces» ?

15. Une marche à la fois

Sur cet escalier, les marches mesurent 32 cm et les contremarches mesurent 25 cm. Quelle est la longueur de la rampe si elle commence vis-à-vis du centre de la première marche et se termine vis-à-vis du centre de la dernière marche ?

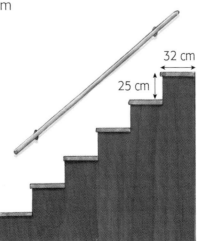

32 cm

25 cm

16. Au travail !

Ce portable est-il ouvert à 90° ?

32,5 cm

38,1 cm

35,8 cm

20,0 cm

17. Une question « réguliaire »

Quel est le périmètre d'un hexagone régulier qui a une aire de 12 cm^2 ?

18. Le rayon des inscriptions

Quel est le rayon du cercle dans lequel peut être inscrit un heptagone régulier dont l'apothème mesure 1 cm et dont le périmètre est d'environ 6,75 cm ?

19. Pythagore à la rescousse !

À l'aide de la relation de Pythagore, montre que l'apothème d'un hexagone régulier n'est pas isométrique à son côté.

20. $a = \dfrac{r}{2}$?

Vérifie que l'apothème d'un triangle équilatéral mesure la moitié du rayon du cercle dans lequel il s'inscrit.

21. Attention : chute de livres !

Dans une pièce de 244 cm de hauteur, Blanche a construit une étagère qui mesure 240 cm de hauteur, 80 cm de largeur et 30 cm de profondeur.

Cette étagère peut-elle tomber « à plat ventre » ?

22. La ligne rouge

Quelle est la longueur de cette ligne rouge que Marc-André a tracée ?

5 mm

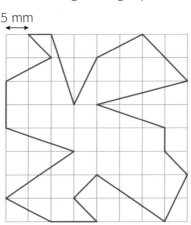

23. Une économie de temps

Donald et Isabelle étaient à 65 m de la maison lorsqu'ils ont décidé de se partager les courses à faire avant de rentrer. Voici les trajectoires qu'ils ont empruntées.

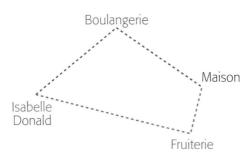

Boulangerie

Maison

Isabelle
Donald

Fruiterie

- Isabelle a marché 60 m pour aller à la fruiterie et elle a parcouru en tout une distance de 85 m.
- La distance entre le point de départ de Donald et la boulangerie et celle entre la boulangerie et la maison sont les mêmes.
- Les trajectoires d'Isabelle et de Donald ont la même longueur.

a) Isabelle a-t-elle tourné à angle droit pour rentrer à la maison?

b) Donald a-t-il tourné à angle droit pour rentrer à la maison?

24. Et les angles?

Vers les séquences p. 266

Voici les mesures d'une des cathètes et de l'hypoténuse de trois triangles rectangles scalènes.

Triangle 1	Triangle 2	Triangle 3
Cathète: 3 cm Hypoténuse: 6 cm	Cathète: 4 cm Hypoténuse: 8 cm	Cathète: 5 cm Hypoténuse: 10 cm

a) Que remarques-tu?

b) La mesure de la cathète donnée peut-elle être celle de la plus grande des deux cathètes? Pourquoi?

c) Trace les trois triangles rectangles sur du papier quadrillé.

d) À l'aide de ta règle, mesure l'autre cathète des trois triangles. Vérifie tes mesures à l'aide de la relation de Pythagore.

e) Mesure les angles aigus des trois triangles que tu as tracés.

f) Propose une conjecture concernant les mesures des angles aigus d'un triangle rectangle dont l'hypoténuse mesure le double d'une cathète.

25. Pensez-y bien !

Parmi tous les triangles rectangles ayant une hypoténuse de 10 cm, quelles sont les mesures des cathètes de celui qui a la plus grande aire?

26. De bons voisins

Geneviève et Alain sont deux locataires d'immeubles situés de part et d'autre d'une rue. Ils veulent partager une corde à linge.

La distance entre les immeubles est de 35 m. La fenêtre de Geneviève est à 50 m du sol, alors que la fenêtre d'Alain est à 73 m du sol.

Quelle longueur minimale de corde doivent-ils acheter?

27. Échec et math

Cette œuvre de Sandro Del Prete représente un jeu d'échecs selon une perspective «axonométrique».

Das gekrümmte Schachbrett (Jeu d'échecs impossible)
par Sandro Del Prete, 1975.

a) Essaie d'expliquer pourquoi il est si difficile d'interpréter cette œuvre correctement.

b) Ferme ton manuel et dessine un prisme à base rectangulaire qui présente le même paradoxe que dans l'œuvre de Sandro Del Prete.

28. Stefania, conceptrice de meubles

Stefania, mathématicienne dans l'âme, conçoit des meubles qui comportent des formes géométriques. Voici la vue de côté d'une table d'appoint qu'elle a conçue.

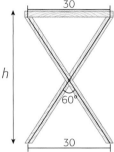

Quelle est la hauteur (*h*) de cette table si l'épaisseur du bois est de 2 cm ?

29. Pise te joue un tour

Guïdo est un photographe italien. Il prépare une exposition dont le titre est « L'Italie… sous un autre angle ». Voici la photo qu'il a prise de la tour de Pise reconnue à travers le monde en raison de son inclinaison.

a) Comment se fait-il que la tour soit droite sur cette photo ?

b) En sachant que la tour de Pise est penchée d'environ 5,5° vers le sud-ouest, indique où se trouve le sud-est sur la photo.

c) Quels éléments de la photo te permettent de répondre à la question **b** ?

d) Dessine la vue du dessus de la tour de Pise.

La tour de Pise, de 1173 à 1372.

Orientation et entrepreneuriat

Dans la situation ci-dessus, la photo prise par Guïdo est le résultat d'un travail de réflexion de la part du photographe. Dans d'autres cas, comme celui d'un photographe qui fait l'étude d'une espèce animale, la patience est la qualité essentielle pour capter l'image souhaitée.

Selon toi, quelle importance le hasard peut-il avoir dans le quotidien d'un photographe professionnel ?

Intersection

Géographie urbaine

Audrey est urbaniste. En collaboration avec le conseil municipal, elle planifie l'aménagement d'un nouveau quartier. Comme cela est fait dans la plupart des villes, elle choisit de tracer les rues selon une grille rectangulaire comme celle qui est illustrée ci-dessous. Dans cette grille, les distances entre les rues sont exprimées en mètres.

1. Audrey décide d'ajouter au plan une rue en diagonale allant du point **E** au point **F**. Détermine le temps minimal que mettra une personne pour se déplacer à pied du point **A** au point **B**, en supposant que sa vitesse de marche soit de 1,2 m/s et que les rues n'aient aucune largeur.

Le conseil municipal a décidé de mettre sur pied un service d'autobus. Afin de répondre adéquatement aux besoins des habitants du quartier, les règles suivantes ont été établies pour la planification des arrêts d'autobus.

– Les arrêts doivent se trouver à des intersections.

– Toute intersection sans arrêt d'autobus doit se trouver à cinq minutes de marche ou moins d'un arrêt d'autobus.

– Il doit y avoir le moins d'arrêts possible.

2. En respectant ces règles et en considérant une vitesse de marche de 1,2 m/s, place les arrêts d'autobus dans le plan d'Audrey.

Option projet

Le conseil municipal vient d'adopter un projet d'aménagement d'un parc sur un terrain adjacent au quartier résidentiel. La superficie du terrain, qui a la forme d'un trapèze rectangle, devra être divisée de façon qu'un espace soit aménagé pour chaque groupe d'âge, comme le montre le tableau ci-dessous.

Dans le projet d'aménagement du parc, le conseil de ville prévoit l'installation d'une piscine de 25 m sur 14 m. Il prévoit aussi l'installation d'un lampadaire situé à égale distance des limites parallèles du terrain. Ce lampadaire doit permettre un éclairage optimal du parc.

Groupe d'âge	Espace alloué
0 à 5 ans	Au plus 20 %
6 à 11 ans	Entre 20 % et 50 %
12 à 17 ans	Au plus 25 %
18 ans et plus	Entre 10 % et 25 %

A Dessine un plan d'aménagement du parc en respectant les contraintes du projet.

B Dans ton plan, indique quelles installations se trouveront dans chacun des espaces alloués aux différents groupes d'âge.

C Trouve des arguments pour justifier ton choix d'installations et pour défendre ton plan d'aménagement auprès du conseil municipal.

Problèmes

1. Les bons ballons

La formule suivante permet de calculer le coefficient de rebond d'un ballon qu'on laisse tomber sur une surface dure :

$$c = \frac{r^{\frac{1}{2}}}{h^{\frac{1}{2}}}$$

où h est la hauteur de laquelle le ballon est lâché et r, la hauteur à laquelle il rebondit.

Le coefficient de rebond d'un ballon de basketball réglementaire doit se situer entre 0,76 et 0,8. Quelles sont les hauteurs auxquelles peut rebondir un ballon de basketball réglementaire si on le laisse tomber d'une hauteur de 2 m ?

2. Mesures irrationnelles

L'aire du trapèze ci-dessous est inférieure à 15. Quelles sont les mesures possibles de la grande base ?

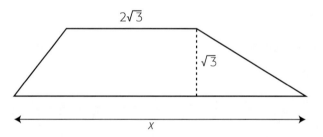

3. Cœur de pomme ?

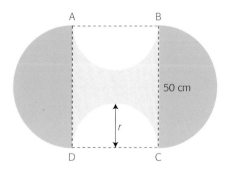

Dans la figure ci-contre, les demi-cercles de diamètres $\overline{AB}$ et $\overline{CD}$ sont isométriques et ont au plus un point commun. Leur rayon est r. Les demi-cercles de diamètres $\overline{AD}$ et $\overline{BC}$ sont aussi isométriques.

a) Quelle règle permet de calculer P, le périmètre de cette figure, en fonction de r ?

b) De quel type de fonction s'agit-il ?

c) Représente graphiquement cette fonction.

d) Détermine le domaine et l'image de cette fonction.

4. Un chien peut-il entendre un chat ?

Les sons sont transmis par des ondes. La fréquence d'une onde sonore est le nombre d'ondes qui passent en un point donné en une seconde. On exprime la fréquence en cycles par seconde, ou hertz (Hz).

Les sons graves sont produits par des ondes à basse fréquence, alors que les sons aigus sont émis par des ondes à haute fréquence. Le tableau ci-dessous indique les gammes de fréquences que peuvent entendre et produire certains animaux.

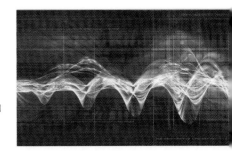

	Gamme de fréquences (Hz)	
Animal	Fréquences audibles	Fréquences produites
Chien	15 à 50 000	452 à 1 080
Grenouille	50 à 10 000	50 à 8 000
Sauterelle	100 à 15 000	7 000 à 100 000
Chat	60 à 65 000	760 à 1 520
Dauphin	150 à 150 000	7 000 à 120 000
Merle d'Amérique	250 à 21 000	2 000 à 13 000

a) Quel animal figurant dans le tableau ci-dessus peut produire des sons qu'il ne peut pas entendre ?

b) Un être humain peut entendre des fréquences allant de 20 Hz à 20 000 Hz et produire des fréquences allant de 80 Hz à 1 100 Hz.

Détermine la gamme de fréquences :

1) que l'être humain ne peut pas entendre ;

2) que l'être humain peut produire et que le chien peut entendre ;

3) que la grenouille et la sauterelle peuvent produire ;

4) que le chat peut produire, mais que le chien ne peut pas entendre ;

5) que le dauphin peut produire et entendre ;

6) que le chat et le chien ne peuvent pas entendre ;

7) que le merle d'Amérique et l'être humain peuvent produire.

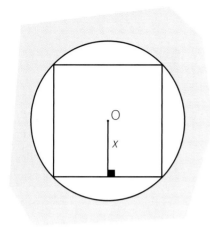

5. Carré inscrit

La figure ci-contre représente un carré inscrit dans un cercle.

Exprime, sous forme d'intervalle, les valeurs de x pour lesquelles la différence entre la circonférence du cercle et le périmètre du carré est supérieure à 12.

6. Le *Chu Shogi*

On a inventé plusieurs variantes du jeu d'échecs. Certaines variantes n'utilisent pas l'échiquier habituel de 64 cases. Le *Chu Shogi*, une variante japonaise du jeu d'échecs, se joue sur un échiquier carré dont chaque case mesure 3 cm sur 3 cm. Les diagonales de l'échiquier complet mesurent $\sqrt{2592}$ cm.

Combien y a-t-il de cases sur cet échiquier?

7. À l'envers dans les airs

Zirkus Meer, une troupe de cirque autrichienne, présente un numéro d'équilibristes sur des cartes à jouer géantes assemblées comme un château de cartes. L'équilibriste se trouve ainsi à plusieurs mètres du sol, au sommet d'une structure oscillante.

Suppose que les cartes utilisées pour réaliser l'acrobatie mesurent 134 cm de longueur. Suppose aussi qu'elles soient disposées de façon à former des triangles isocèles dont la hauteur est égale à la base.

Quelle règle permet de calculer la hauteur de l'équilibriste en fonction du nombre d'étages de la structure?

8. Nos représentants à Ottawa

Le tableau ci-dessous donne les populations approximatives de huit provinces canadiennes et le nombre de députés élus dans chacune de ces provinces lors des élections fédérales de janvier 2006.

a) À partir des données présentées dans le tableau, estime pour 2006 :

  1) le nombre de députés élus au Manitoba pour une population de 1 178 491 habitants ;

  2) la population de la Saskatchewan où 14 députés ont été élus.

b) En te basant sur le ratio « nombre d'habitants par député », détermine les provinces qui ont les ratios minimum et maximum.

Province	Population	Nombre de députés
Terre-Neuve-et-Labrador	$5,1 \times 10^5$	7
Île-du-Prince-Édouard	$1,4 \times 10^5$	4
Nouvelle-Écosse	$9,3 \times 10^5$	11
Nouveau-Brunswick	$7,5 \times 10^5$	10
Québec	$7,67 \times 10^6$	75
Ontario	$1,272 \times 10^7$	106
Alberta	$3,41 \times 10^6$	28
Colombie-Britannique	$4,33 \times 10^6$	36

Source : Adapté de Statistique Canada, Parlement du Canada.

9. Point de vue

La figure ci-contre représente à la fois la vue de face et la vue de droite d'un solide formé de petits cubes isométriques.

Combien de petits cubes peuvent former ce solide ? Explique ton raisonnement.

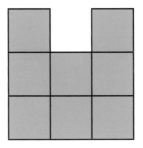

10. Promenade triangulaire

L'illustration ci-contre montre le chemin qu'emprunte Marie-Rose à partir de sa maison, M, lorsqu'elle promène son chien.

a) En supposant que Marie-Rose marche à une vitesse constante, représente graphiquement la distance qui la sépare de sa maison en fonction du temps écoulé depuis le début de sa promenade.

b) Un beau jour, au moment où elle sort de sa maison pour aller promener son chien, Marie-Rose croise Maxence. Ce dernier effectue le même trajet qu'elle, mais en sens inverse. Si Marie-Rose marche à une vitesse de 5 km/h et Maxence, à une vitesse de 6 km/h, à quel endroit, sur le chemin, se croiseront-ils de nouveau ?

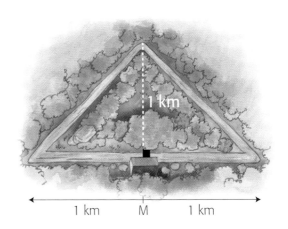

11. Superposition

Dans le plan cartésien ci-contre, la région commune aux triangles rectangles **ABC** et **DEF** est aussi un triangle rectangle.

a) Détermine la mesure de l'hypoténuse de la région commune.

b) Détermine l'aire de la région commune.

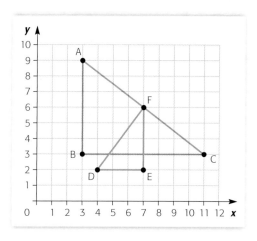

12. À vol d'oiseau

La carte topographique représente la configuration d'un territoire. Elle donne des renseignements sur les éléments naturels (cours d'eau, montagne, végétation, etc.), sur les types de voies de communication (route, chemin ou sentier, chemin de fer, etc.), sur les frontières et les limites administratives, ainsi que sur les types de bâtiments qui se trouvent sur le territoire.

Voici la carte topographique d'un parc national. Les cartes topographiques contiennent des courbes de niveau, c'est-à-dire des lignes qui représentent des variations d'altitude. Dans la carte topographique ci-dessous, il y a une variation d'altitude de 10 m entre chaque courbe.

a) Dessine la vue que tu aurais si tu te tenais :

1) sur la rive ouest du lac Bleu et que tu regardais vers l'est ;

2) sur la rive nord du lac Bleu et que tu regardais vers le sud.

b) Dans un plan cartésien, représente l'altitude en fonction de la distance le long du chemin le plus direct pour aller du point **A** au point **C**.

c) Les dirigeants du parc aimeraient faire installer un téléphérique pour relier les sommets **A** et **B**. Détermine quelle devra être la longueur minimale du câble de ce téléphérique.

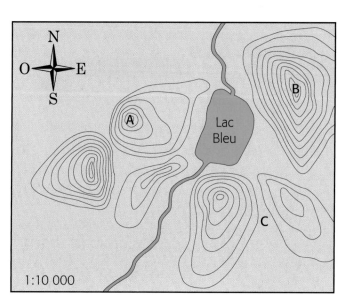

13. Enrouler le tronc

Le problème suivant provient d'un manuel de mathématique chinois vieux de près de 2 000 ans, intitulé *Jiuzhang suanshu*.

Un tronc d'arbre a une hauteur de 20 m. Une vigne s'enroule sept fois autour du tronc jusqu'au sommet de l'arbre.

a) Quelle règle permet de calculer la longueur de la vigne en fonction du diamètre du tronc de l'arbre?

b) Calcule la longueur de la vigne si le diamètre du tronc de l'arbre est de 3 m.

14. La tour de contrôle

Dans la tour de contrôle d'un aéroport, les contrôleurs aériens doivent considérer la distance qui sépare les avions de la tour de contrôle et la distance qui sépare les avions entre eux.

Un avion vient tout juste de décoller et s'éloigne de l'aéroport à une vitesse constante de 720 km/h. Au même moment, un autre avion se trouve à 340 km de l'aéroport et s'en approche à une vitesse constante de 640 km/h.

a) Après combien de temps les deux avions sont-ils situés à la même distance par rapport à la tour de contrôle?

b) À ce moment, l'un des deux avions vole à une altitude de 3 000 m alors que l'autre se déplace à une altitude de 2 200 m. Quel est l'ensemble des distances possibles qui peuvent séparer les deux avions?

Fait divers

Les tours de contrôle des aéroports sont équipées de puissants radars. Ces radars émettent des ondes électro-magnétiques invisibles à l'œil et qui voyagent en ligne droite à la vitesse de la lumière. Lorsque les ondes émises sont réfléchies par un avion, certaines retournent en ligne droite vers l'antenne radar. Le signal reçu est alors transformé en un signal visuel sur un écran radar. Les contrôleurs peuvent ainsi, à chaque instant, connaître la position de tous les avions dans leur espace aérien et suivre le déplacement de ces avions afin d'éviter les collisions.

Perspectives d'avenir

Dès l'an prochain, trois séquences te seront proposées en mathématique : *Culture, société et technique, Technico-sciences* et *Sciences naturelles*. Ces séquences conduisent vers des domaines d'études et des sphères d'emplois qui requièrent des aptitudes particulières. Tu devras donc choisir une de ces trois séquences selon tes habiletés, tes champs d'intérêt et tes besoins. Voici l'occasion de réfléchir à ton choix.

Vers les séquences

Le tableau ci-dessous t'aidera à cerner ce que tu aimes dans l'apprentissage de la mathématique et, par conséquent, à déterminer la séquence qui pourrait te convenir le mieux. Consulte-le en gardant à l'esprit l'intention suivante : « Je fais le point sur la façon dont j'aime apprendre la mathématique. »

Dans les situations portant sur les inéquations, les systèmes d'équations, le sens spatial et la relation de Pythagore…	J'aime le défi que me procurent ces situations…	Séquence
• En présence d'un système d'équations, la représentation graphique m'aide à analyser une situation. • Je détermine plus facilement les valeurs manquantes de figures géométriques lorsque j'en ai une représentation. • Je distingue les situations mettant en relation des variables discrètes et je les traite selon les modes de représentation qui conviennent.	**Chapitre 3** • En route vers le soleil, p. 141 • Une journée bien remplie !, p. 202 **Chapitre 4** • Des vues révélatrices, p. 214 • À l'époque, p. 253	Culture, société et technique
• Je tente de trouver la solution la plus avantageuse en m'attardant aux cas limites. • J'aiguise mon sens spatial et mon sens de la mesure en analysant et en construisant des plans. • J'ai recours à mes outils géométriques et technologiques pour être efficace. • Je confronte ma solution au contexte pour en vérifier la validité.	**Chapitre 3** • Trouver l'erreur, p. 160 • Où est l'intruse ?, p. 205 **Chapitre 4** • Le système d'alarme, p. 239 • Des plis, p. 251	Technico-sciences
• Je respecte les règles pour bien communiquer ma démarche, tant en algèbre qu'en géométrie. • Je valide mes solutions en recourant, lorsque c'est possible, à un autre mode de représentation. • J'ai une habileté à travailler à partir de descriptions verbales de figures géométriques. • J'ai recours à des variables lorsque je cherche des mesures manquantes.	**Chapitre 3** • En parallèle, p. 175 • La table ronde, p. 203 **Chapitre 4** • À la recherche d'une relation, p. 226 • Et les angles ?, p. 255	Sciences naturelles

Le monde du travail

Le tableau suivant présente quelques programmes d'études des formations professionnelle, technique et universitaire. Ces programmes font appel aux concepts et aux processus que tu as abordés dans les chapitres 3 et 4, et à tes compétences en mathématique.

Pour compléter cette information, n'hésite pas à faire des recherches et à consulter tes proches au sujet des métiers qui t'intéressent.

Formation professionnelle	Formation collégiale	Formation universitaire
Arpentage et topographie Décoration intérieure et étalage Réception hôtelière Vente de voyages	Technique de la logistique du transport Technique en estimation et évaluation du bâtiment Technique d'effets spéciaux Taxidermie	Urbanisme Gestion des opérations et de la logistique Génie mécanique Orthodontie

Urbanisme

Les urbanistes sont les maîtres d'œuvre de l'aménagement urbain. Ils travaillent généralement pour un organisme public (municipalité, gouvernement provincial, etc.) au sein d'une équipe composée d'autres spécialistes comme des ingénieurs, des architectes, des arpenteurs et des avocats, ainsi que des politiciens et des groupes de citoyens.

Les urbanistes conçoivent, coordonnent et supervisent la réalisation de projets d'aménagement qui permettent la mise en valeur des ressources du milieu. Le travail des urbanistes, un véritable métier de touche-à-tout, vise essentiellement à organiser l'espace urbain de façon à créer un milieu de vie agréable, sécuritaire et durable qui répond aux besoins des citoyens.

La capacité de communiquer avec aisance est essentielle aux urbanistes. Dans l'exercice de leur métier, ils sont appelés à interpréter des données économiques, sociales, géographiques et environnementales. Les urbanistes doivent élaborer leur projet en tenant compte de toutes les contraintes qui en découlent, telles que des contraintes liées au temps et aux ressources.

Outils technologiques

Le tableur

L'interface

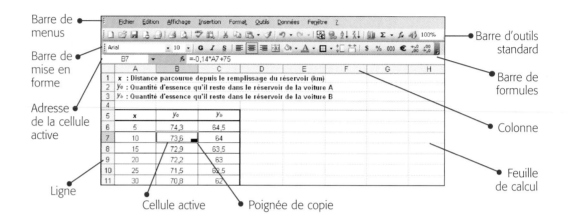

Barre de menus
Barre de mise en forme
Adresse de la cellule active
Ligne
Cellule active
Poignée de copie
Barre d'outils standard
Barre de formules
Colonne
Feuille de calcul

Les formules

Le fait de pouvoir copier des formules dans le tableur permet d'effectuer rapidement un grand nombre de calculs sur des nombres préalablement entrés dans des cellules. Voici la marche à suivre pour entrer une formule dans une cellule.

1) Cliquer sur une cellule pour l'activer.

2) Entrer le symbole «=».

3) Saisir la formule.

4) Appuyer sur la touche «Entrée» pour valider la formule.

Pour copier la formule dans d'autres cellules de la colonne, saisir la poignée de copie et tirer vers le bas.

Cellule insérée dans la formule.

Poignées de copie

Remarque:
Dans une formule, on doit utiliser les symboles «*» pour la multiplication, «/» pour la division et « ^ » pour l'exponentiation.

Activité TIC

La résolution d'un système d'équations à l'aide d'une table de valeurs

1. Que devient en C7 la formule copiée de C6?

2. Quelle formule a été inscrite dans la cellule B6 et copiée jusqu'en B11?

3. À l'aide d'un tableur, reproduis la table de valeurs ci-dessus.

4. Utilise la poignée de copie pour prolonger chacune des colonnes et déterminer la solution de ce système d'équations.

Les graphiques

Le tableur permet de représenter graphiquement les nombres contenus dans une plage de cellules. Il suffit de cliquer sur l'assistant graphique, de choisir un type de graphique et de suivre les étapes de réalisation. Voici la marche à suivre pour afficher un nuage de points et tracer la courbe la mieux ajustée.

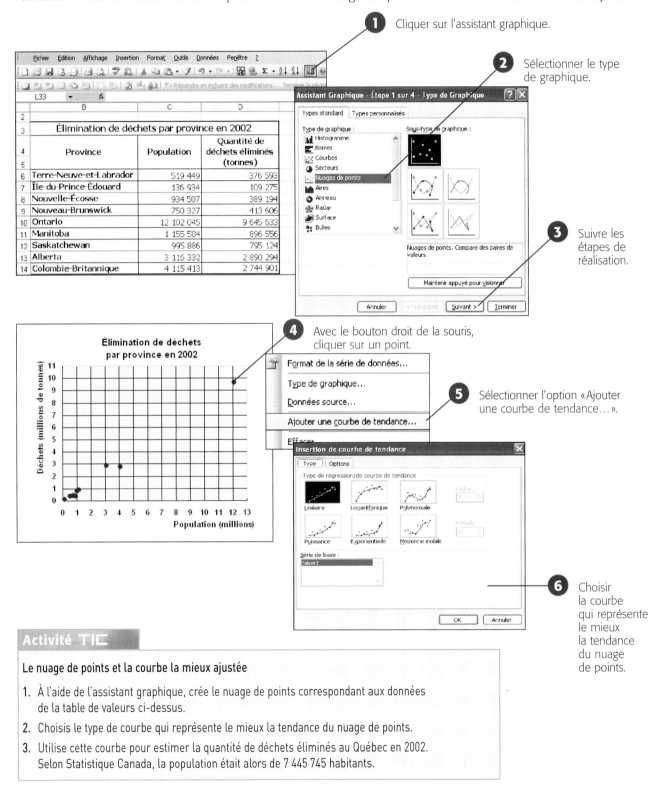

1 Cliquer sur l'assistant graphique.

2 Sélectionner le type de graphique.

3 Suivre les étapes de réalisation.

4 Avec le bouton droit de la souris, cliquer sur un point.

5 Sélectionner l'option «Ajouter une courbe de tendance…».

6 Choisir la courbe qui représente le mieux la tendance du nuage de points.

Activité TIC

Le nuage de points et la courbe la mieux ajustée

1. À l'aide de l'assistant graphique, crée le nuage de points correspondant aux données de la table de valeurs ci-dessus.

2. Choisis le type de courbe qui représente le mieux la tendance du nuage de points.

3. Utilise cette courbe pour estimer la quantité de déchets éliminés au Québec en 2002. Selon Statistique Canada, la population était alors de 7 445 745 habitants.

Le traceur de courbes

L'interface

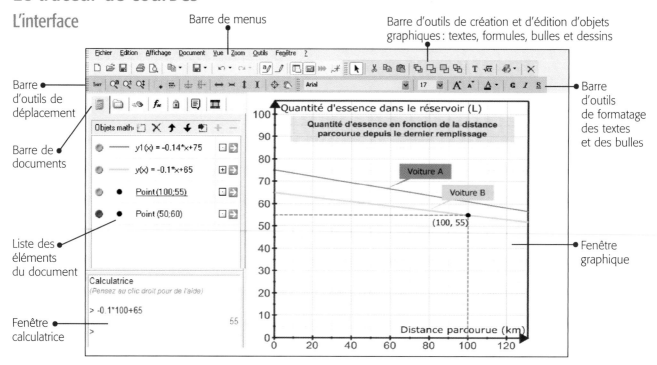

Barre de menus

Barre d'outils de création et d'édition d'objets graphiques : textes, formules, bulles et dessins

Barre d'outils de déplacement

Barre de documents

Barre d'outils de formatage des textes et des bulles

Liste des éléments du document

Fenêtre graphique

Fenêtre calculatrice

La barre de documents et la liste

La barre de documents permet de créer de nouveaux objets mathématiques qui seront ajoutés sur le graphique. On peut aussi voir et modifier les différents objets mathématiques créés, tout en ayant accès à de l'information complémentaire sur tous les objets du graphique.

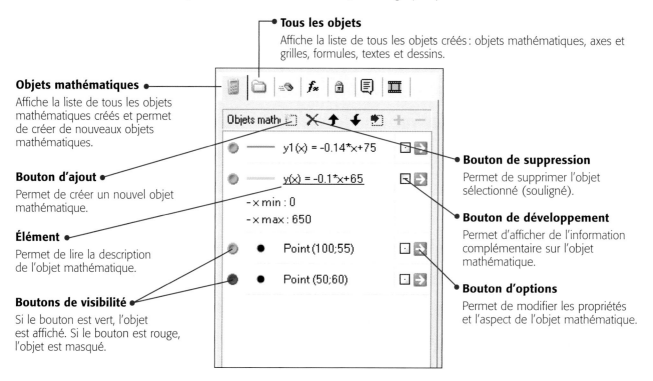

Tous les objets
Affiche la liste de tous les objets créés : objets mathématiques, axes et grilles, formules, textes et dessins.

Objets mathématiques
Affiche la liste de tous les objets mathématiques créés et permet de créer de nouveaux objets mathématiques.

Bouton d'ajout
Permet de créer un nouvel objet mathématique.

Élément
Permet de lire la description de l'objet mathématique.

Boutons de visibilité
Si le bouton est vert, l'objet est affiché. Si le bouton est rouge, l'objet est masqué.

Bouton de suppression
Permet de supprimer l'objet sélectionné (souligné).

Bouton de développement
Permet d'afficher de l'information complémentaire sur l'objet mathématique.

Bouton d'options
Permet de modifier les propriétés et l'aspect de l'objet mathématique.

La création d'un objet mathématique

En cliquant sur le bouton d'ajout, la fenêtre «Choix du type de l'objet mathématique» s'ouvre.
Voici la marche à suivre pour créer un nouvel objet mathématique.

2 Définir les propriétés de l'objet en inscrivant une règle ou des paramètres.

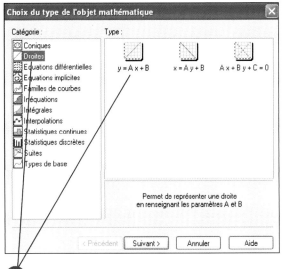

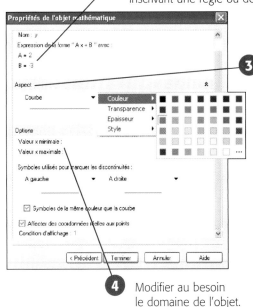

3 Une fois l'objet défini, modifier au goût son aspect.

1 Dans la liste de gauche, sélectionner une catégorie d'objet. Ensuite, sélectionner le type d'objet parmi le choix offert. Cliquer sur le bouton «Suivant».

4 Modifier au besoin le domaine de l'objet.

Les propriétés de la vue

Cliquer sur le bouton droit de la souris et sélectionner l'option «Propriétés vue…».

Les options de cette fenêtre permettent entre autres:

– de modifier les graduations des axes;

– de sélectionner la zone à représenter;

– d'identifier les axes.

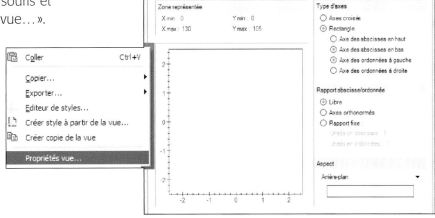

Activité TIC

La résolution graphique d'un système d'équations

1. Représente les courbes de la consommation d'essence des voitures A et B de la page ci-contre.

2. Nomme les axes et ajoute un titre au graphique.

3. Ajoute une grille au plan cartésien afin de faciliter la lecture des coordonnées du graphique.

4. Modifie les graduations des axes et la zone à représenter afin de révéler la solution du système.

5. Crée un point à l'intersection des droites et indique ses coordonnées.

6. À l'aide de la calculatrice du logiciel, vérifie si le couple trouvé en **5** est bien la solution de ce système.

Le logiciel de géométrie dynamique en 3D
L'interface

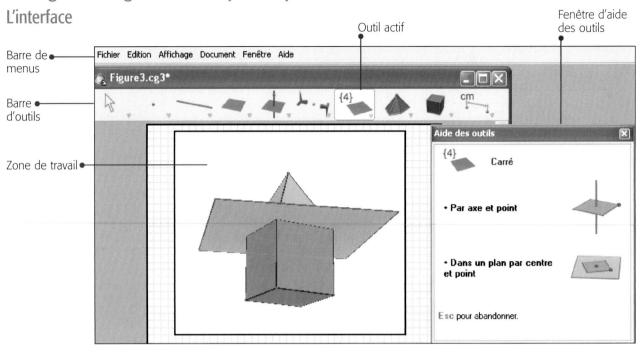

Outil actif

Fenêtre d'aide des outils

Barre de menus

Barre d'outils

Zone de travail

La barre d'outils

La barre d'outils permet de créer des figures en trois dimensions, d'en modifier les mesures et d'effectuer des transformations géométriques à partir de ces figures.

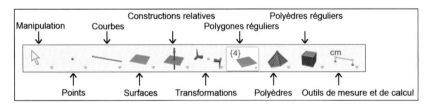

Quelques outils

Voici les différentes figures qu'il est possible de créer à l'aide des outils suivants.

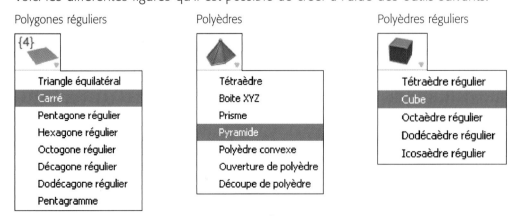

Polygones réguliers

{4}
Triangle équilatéral
Carré
Pentagone régulier
Hexagone régulier
Octogone régulier
Décagone régulier
Dodécagone régulier
Pentagramme

Polyèdres

Tétraèdre
Boite XYZ
Prisme
Pyramide
Polyèdre convexe
Ouverture de polyèdre
Découpe de polyèdre

Polyèdres réguliers

Tétraèdre régulier
Cube
Octaèdre régulier
Dodécaèdre régulier
Icosaèdre régulier

La création de figures en trois dimensions

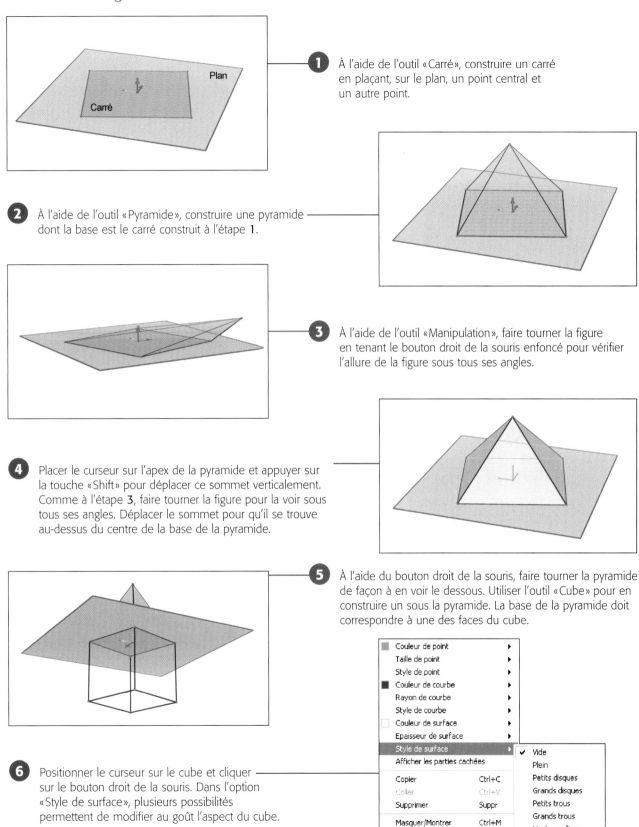

1 À l'aide de l'outil «Carré», construire un carré en plaçant, sur le plan, un point central et un autre point.

2 À l'aide de l'outil «Pyramide», construire une pyramide dont la base est le carré construit à l'étape **1**.

3 À l'aide de l'outil «Manipulation», faire tourner la figure en tenant le bouton droit de la souris enfoncé pour vérifier l'allure de la figure sous tous ses angles.

4 Placer le curseur sur l'apex de la pyramide et appuyer sur la touche «Shift» pour déplacer ce sommet verticalement. Comme à l'étape **3**, faire tourner la figure pour la voir sous tous ses angles. Déplacer le sommet pour qu'il se trouve au-dessus du centre de la base de la pyramide.

5 À l'aide du bouton droit de la souris, faire tourner la pyramide de façon à en voir le dessous. Utiliser l'outil «Cube» pour en construire un sous la pyramide. La base de la pyramide doit correspondre à une des faces du cube.

6 Positionner le curseur sur le cube et cliquer sur le bouton droit de la souris. Dans l'option «Style de surface», plusieurs possibilités permettent de modifier au goût l'aspect du cube.

Le choix de la perspective

Dans un logiciel de géométrie dynamique, les figures en trois dimensions sont représentées automatiquement en perspective à un point de fuite. Il est cependant possible de modifier la perspective ou d'observer une figure selon plusieurs vues à l'aide de la barre de menus.

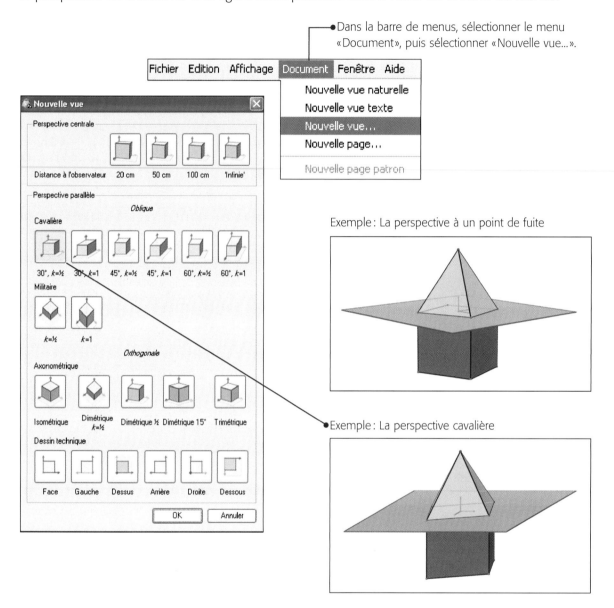

• Dans la barre de menus, sélectionner le menu «Document», puis sélectionner «Nouvelle vue...».

Exemple : La perspective à un point de fuite

• Exemple : La perspective cavalière

Activité TIC

1. Explique la différence entre la pyramide représentée à l'étape **2** et celle représentée à l'étape **4** (page 273).

2. Où se situe le point de fuite utilisé par le logiciel pour représenter les figures en trois dimensions ?

3. À l'aide d'un logiciel de géométrie dynamique en 3D, reproduis la figure en suivant les étapes de la page 273. Fais tourner la figure obtenue à l'étape **5**. Quels indices montrent qu'il s'agit bien d'une perspective à un point de fuite ?

Le moteur de recherche

L'interface

Champ

Précision de la recherche

Type d'objet recherché

Restriction de la recherche

Titre de la page Web

Adresse de la page Web

Nombre de résultats trouvés

Repérage dans la page du mot recherché ou des mots recherchés

Extrait de la page trouvée

La recherche avancée

Les options de recherche avancée permettent de préciser la recherche avant de la lancer.

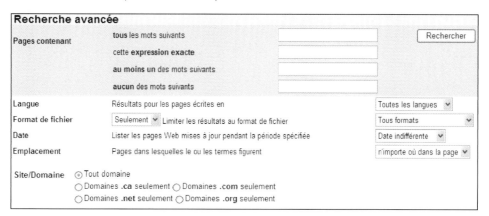

Activité TIC

Les connecteurs logiques et la recherche avancée

Il est aussi possible de préciser une recherche sans utiliser la recherche avancée, à l'aide des connecteurs logiques « et », « ou » ou « pas » (pour « ne... pas »).

1. Associe chacun des connecteurs logiques à une option de recherche avancée présentée dans la région en bleu.

2. Suppose que tu lances une recherche avec les mots « basketball » et « fille » pour chacune des options présentées dans la région en bleu. Laquelle produira :

   a) le plus petit nombre de résultats trouvés ?   b) le plus grand nombre de résultats trouvés ?

3. Décris les résultats que produira chacune des recherches suivantes.

   a) basketball **et pas** fille   c) basketball **et** (fille **ou** Québec)

   b) basketball **et** fille **et** Québec   d) (basketball **et** fille) **ou** (basketball **et** Québec)

4. Dans un moteur de recherche, vérifie les réponses que tu as données aux questions précédentes.

Index

Graphisme, notation et symboles

a^2 — Le carré de a

a^3 — Le cube de a

$\sqrt{a}$ — La racine carrée de a

$\sqrt[3]{a}$ — La racine cubique de a

π — La constante «pi»
$\pi \approx 3,1416$

$=$ — … est égal à…

$\neq$ — … n'est pas égal à…

$<$ — … est inférieur à…

$\leq$ — … est inférieur ou égal à…

$>$ — … est supérieur à…

$\geq$ — … est supérieur ou égal à…

$\approx$ — … est approximativement égal à…

$\cong$ — … est isométrique à…

A′ — L'ensemble complémentaire de l'ensemble A

$A \cap B$ — L'ensemble des éléments qui appartiennent à la fois à A et à B.

$A \cup B$ — L'ensemble des éléments qui appartiennent à A ou à B.

∞ — Infini

$\overset{\bullet\quad\bullet}{A\quad B}$ — Le segment **AB** ou $\overline{\textbf{AB}}$

m $\overline{\textbf{AB}}$ — La mesure du segment **AB**

$/\!/$ — … est parallèle à…

$\perp$ — … est perpendiculaire à…

$\triangle$ ABC — Le triangle **ABC**

∟ — L'angle droit

$\angle$ ABC — L'angle **ABC**

Sources

Photographies

P. **1** : (journaux) Carlos Arranz/Shutterstock ; (souris) © William Whitehurst/CORBIS ; (satellite) SGC/Shutterstock • P. **2** : hd. Carlos Arranz/Shutterstock ; bd. AP Photo/Don Heupel • P. **3** : © Bartomeu Amengual/maXximages. com • P. **5** : Jeff Divine/Getty Images • P. **6** : Transports Québec • P. **7** : hg. Planetary Visions Ltd/SPL/PUBLIPHOTO ; hd. Shutterstock • P. **8** : © Bettmann/CORBIS • P. **10** : © Visuals Unlimited/Corbis • P. **13** : David Scharf/Alpha Presse • P. **15** : hd. © Louie Psihoyos/CORBIS ; bd. BSIP/CORTIER/Alpha Presse • P. **16** : AP Photo/Thanh Nien • P. **17** : British Museum/Art resource, NY • P. **21** : © Richard T. Nowitz/Corbis • P. **28** : Droits réservés • P. **31** : Steve Gschmeissner/SPL/PUBLIPHOTO • P. **34** : © Archivo Iconografico, S.A./CORBIS • P. **39** : AP Photo/David J. Phillip • P. **42** : Space photo • P. **43** : TSchon/Istockphoto • P. **44** : Bibliothèque Nationale, Paris, France/The Bridgeman Art Library • P. **45** : Simon Andrew Smith/Shutterstock • P. **46** : Agence spatiale canadienne • P. **47** : (cheminées) Gary Randall/Getty Images ; (cyclistes) Jerry Horbert/Shutterstock • P. **48** : Nello Giambi/Getty Images • P. **51** : © Amanda Byrd 2004 • P. **52** : Stephen Swintek/Getty Images • P. **53** : Mark Atkins/Shutterstock • P. **56** : Megapress/Abboud • P. **60** : hg. Photos. com ; bg. VisualField/Shutterstock • P. **61** : © Fogstock LLC/maXximages. com • P. **63** : Cloki/Shutterstock • P. **64** : © Royalty-Free/Corbis • P. **65** : Photos. com • P. **66** : LWA/Getty Images • P. **67** : STILLFX/Shutterstock • P. **68** : Natalia Bratslavsky/Shutterstock • P. **69** : © Bettmann/CORBIS • P. **70** : Stefan Glebowski/Shutterstock • P. **73** : Photos. com • P. **74** : Donald Miralle/Getty Images • P. **75** : Maksym Gorpenyuk/Shutterstock • P. **76** : Gregor Schuster/Getty Images • P. **77** : (porteuses d'eau) Ami Vitale/Getty Images ; (chute) Frederick R. Matzen/Shutterstock • P. **78** : © Anne-Marie Weber/Corbis • P. **83** : WizData, inc./Shutterstock • P. **89** : cd. din/Shutterstock ; bd. Elena Aliaga/Shutterstock • P. **91** : © Yann Arthus-Bertrand/CORBIS • P. **93** : Zhiltsov Alexandr/Shutterstock • P. **94** : © David Ball/CORBIS • P. **96** : Zhorov Igor Vladimirovich/Shutterstock • P. **101** : G. McMichael/Photo Researchers/PUBLIPHOTO • P. **102** : Y. Derome/PUBLIPHOTO • P. **103** : hd. Eric Clusiau/Publiphoto ; bd. Photo STQ : Marcel La Haye • P. **104** : Mary Evans Picture Library • P. **105** : Andrew F Kazmierski/Istockphoto • P. **106** : © Alfredo Aldai/epa/Corbis • P. **107** : Liudmila Gridina/Shutterstock • P. **111** : Daniel Ouellette/Publiphoto • P. **112** : Mikhail Lavrenov/Shutterstock • P. **117** : Pixelman/Shutterstock • P. **118** : Stuart Monk/Shutterstock • P. **119** : Utemov Alexey/Shutterstock • P. **121** : hd. Max Creative/Shutterstock ; bd. Baloncici/Shutterstock • P. **123** : Geoffrey Kuchera/Shutterstock • P. **124** : A Witte/C Mahaney/Getty Images • P. **125** : hd. Jose Gil/Shutterstock ; cb. © Bettmann/CORBIS • P. **126** : © NGDC - University of Maryland - GLCF – USGS • P. **127** : Ivan Cholakov/Shutterstock • P. **128** : (Kepler) Science Museum/Science & Society Picture Library ; (système solaire) SPL/PUBLIPHOTO ; (terre) L. Cook/SPL/PUBLIPHOTO • P. **129** : Système solaire L. Cook/SPL/PUBLIPHOTO • P. **130** : hg. C. Butler/SPL/PUBLIPHOTO ; cg. Photo : Dr. Eddy Levin www.goldenmeangage.uk.co ; bg. Gracieuseté de Imperial Oil Limité • P. **131** : SPL/PUBLIPHOTO • P. **132** : Kevin Schafer/Alpha Presse • P. **134** : Richard Hirneisen/Alpha Presse • P. **135** (terre) NASA • P. **135** : (adolescents) Digitalvision ; P. **136** : hg. Konstantin Tavrov/Shutterstock ; bd. Menna/Shutterstock • P. **137** : © Michael Reynolds/epa/Corbis • P. **139** : Photo UQÀM/Nathalie St-Pierre • P. **141** : Ersler Dmitry/Shutterstock • P. **148** : Elena Aliaga/Shutterstock • P. **150** : © PAUL DARROW/Reuters/Corbis • P. **151** : CP PHOTO/Edmonton Sun-Brendon Dlouhy • P. **152** : hd. Dóri O'Connell/Shutterstock ; bc. Opachevsky Irina/Shutterstock • P. **157** : Koksharov Dmitry/Shutterstock • P. **159** : © Douglas Peebles/CORBIS • P. **160** : © Image100/Corbis • P. **166** : Marek Slusarczyk/Shutterstock • P. **167** : Jason Hayes/Alpha Presse • P. **168** : Alex James Bramwell/Shutterstock • P. **170** : Photo : Stéphanie Lachance • P. **171** : Photo : Stéphanie Lachance • P. **172** : ronfromyork/Shutterstock • P. **173** : Dariusz Urbanczyk/Shutterstock • P. **182** : hg. Alphonse Tran/Shutterstock ; bg. Ye/Shutterstock • P. **183** : CP PHOTO/ Dimitrios Papadopoulos • P. **184** : hd. Edyta Linek/Shutterstock ; cg. Wolfgang Schmidt/Alpha Presse • P. **185** : Oleg Kozlov, Sophy Kozlova/Shutterstock • P. **186-187** : kwest/Shutterstock • P. **188** : Sarah Cates/Shutterstock • P. **193** : emily2k/Shutterstock • P. **194** : Dariusz Sas/Shutterstock • P. **195** : Orla/Shutterstock • P. **196** : Vasiliy Ganzha/Shutterstock • P. **197** : © Dylan Ellis/Corbis • P. **200** : CoverStock/Shutterstock • P. **203** : Sergey I/Shutterstock • P. **204** : Geir Olav Lyngfjell/Shutterstock • P. **205** : hd. Claudia Cioncan/Shutterstock ; cd. Peter Samuels/Getty Images • P. **206** : hg. Goran Cakmazovic/Shutterstock ; bd. Le Soleil/Martin Martel • P. **207** : (arpenteur-géomètre) Marcus Lyon/Getty images ; (table à dessin) © SuperStock ; (plans) Carlos E. Santa Maria/Shutterstock • P. **208** : Photocartothèque québécoise • P. **209** Krzysztof Górny/Shutterstock • P. **211** : Michel Lefebvre, architecte et Aba, artiste-peintre • P. **213** : hg. © Archivo Iconografico, S.A./CORBIS ; hd. Scala/Art Resource, NY • P. **214** : hg. Stéphanie Colvey ; hd. Stéphanie Colvey ; cd. Mark Aplet/Shutterstock • P. **221** : Franck Boston/Shutterstock • P. **223** : Sandro Del-Prete • P. **224** : hd. Cristi Matei/ Shutterstock ; bg. Art Resource, NY • P. **225** : hd. Martin Green/Shutterstock ; bc. © Bill Varie/CORBIS • P. **227** : SPL/Publiphoto • P. **226** : Joel Blit /Shutterstock • P. **229** : Megapress/Gagné • P. **230** : Michel Coupal • P. **235** : Johnny Lye/Shutterstock • P. **237** : Paul.G.Adam/ PUBLIPHOTO • P. **239** : hd. Bill McKelvie/Shutterstock ; bd. Stéphanie Colvey • P. **240** : © Patrick Durand/CORBIS SYGMA • P. **245** : © Sherman Sham/Emporis • P. **247** : Phoenix designer/Shutterstock • P. **248** : Julia Chernikova/Istockphoto • P. **253** : PhotoDisc • P. **256** : bg. VisualField/Shutterstock ; bc. Sandro Del-Prete • P. **257** : Michel Coupal • P. **258-259** : © David Jay Zimmerman/Corbis • P. **260** : Andres Rodriguez/Shutterstock • P. **261** : hd. © DBIMAGE/Brand X/Corbis ; bd. Tom C Amon/Shutterstock • P. **262** : Gary Sperrer/ Zirkus Meer • P. **263** : Xavier Subias/Superstock • P. **265** : hd. Ana de Sousa/Shutterstock ; bg. Carlos E. Santa Maria/Shutterstock • P. **267** : © Alen MacWeeney/CORBIS •

Légende : P : page h : haut b : bas c : centre g : gauche d : droite